ÉTUDES

SUR LA

Pensée Scientifique

CHEZ LES GRECS ET CHEZ LES MODERNES

PAR

G. MILHAUD

Professeur à l'Université de Montpellier

L'IDÉE DE SCIENCE. — LA GÉOMÉTRIE GRECQUE ŒUVRE PERSONNELLE DU GÉNIE GREC. — PLATON; LE GÉOMÈTRE ET LE MÉTAPHYSICIEN. — ARISTOTE ET LES MATHÉMATIQUES. — LE HASARD CHEZ ARISTOTE ET CHEZ COURNOT. — LA RAISON CHEZ COURNOT. — LES PRÉOCCUPATIONS SCIENTIFIQUES DE KANT. — LA CONNAISSANCE MATHÉMATIQUE ET L'IDÉALISME TRANSCENDENTAL. — AUG. COMTE ET LE PROGRÈS DE LA SCIENCE. — SCIENCE GRECQUE ET SCIENCE MODERNE.

PARIS

SOCIÉTÉ FRANÇAISE D'IMPRIMERIE ET DE LIBRAIRIE

ANCIENNE LIBRAIRIE LECÈNE, OUDIN ET Cⁱᵉ

15, Rue de Cluny, 15

1906

ÉTUDES
SUR LA
Pensée Scientifique
CHEZ LES GRECS ET CHEZ LES MODERNES

DU MÊME AUTEUR

La Théorie générale des fonctions, de Paul du Bois-Reymond. (Traduction en collaboration avec A. Girot.) — Paris, Hermann, 1887.

Leçons sur les origines de la Science grecque. — Paris, F. Alcan, 1893.

Essai sur les conditions et les limites de la certitude logique, 2ᵉ *édition*. — Paris, F. Alcan, 1898.

Le Rationnel. — Paris, F. Alcan, 1898.

Les Philosophes-Géomètres de la Grèce : *Platon et ses prédécesseurs.* — Paris, F. Alcan, 1900. (Couronné par l'Académie des sciences morales et politiques.)

Le Positivisme et le Progrès de l'Esprit. — Paris, F. Alcan, 1902.

Num Cartesii Methodus tantum valeat in suo opere illustrando quantum ipse senserit. — Montpellier, Coulet, 1894.

ÉTUDES

SUR LA

Pensée Scientifique

CHEZ LES GRECS ET CHEZ LES MODERNES

PAR

G. MILHAUD

Professeur à l'Université de Montpellier

L'IDÉE DE SCIENCE. — LA GÉOMÉTRIE GRECQUE ŒUVRE PERSONNELLE DU GÉNIE GREC. — PLATON ; LE GÉOMÈTRE ET LE MÉTAPHYSICIEN. — ARISTOTE ET LES MATHÉMATIQUES. — LE HASARD CHEZ ARISTOTE ET CHEZ COURNOT. — LA RAISON CHEZ COURNOT. — LES PRÉOCCUPATIONS SCIENTIFIQUES DE KANT. — LA CONNAISSANCE MATHÉMATIQUE ET L'IDÉALISME TRANSCENDENTAL. — AUG. COMTE ET LE PROGRÈS DE LA SCIENCE. — SCIENCE GRECQUE ET SCIENCE MODRENE.

PARIS

SOCIÉTÉ FRANÇAISE D'IMPRIMERIE ET DE LIBRAIRIE

ANCIENNE LIBRAIRIE LECÈNE, OUDIN ET Cie

15, Rue de Cluny, 15

—

1906

ÉTUDES

SUR

LA PENSÉE SCIENTIFIQUE

CHEZ LES GRECS ET CHEZ LES MODERNES

INTRODUCTION

L'IDÉE DE SCIENCE

Dans nos études sur l'histoire de la pensée scientifique, nous avons été amené à dégager deux conclusions en apparence contradictoires. D'une part, nous avons plusieurs fois fait remarquer que les travaux scientifiques d'une même époque ou d'un même peuple portent des marques caractéristiques de leur origine : par exemple, dans la science grecque (mathématique ou biologie), nous avons montré quelques-uns des traits essentiels de l'âme grecque; dans la pensée scientifique du XVIIe siècle, nous avons trouvé les mêmes caractères d'abstraction et d'intellectualité que dans sa littérature ou sa philosophie; dans les travaux du XVIIIe, le même amour de la Nature concrète et vivante, la même aptitude à l'examen de la donnée historique, qu'il s'agisse de

Buffon ou de Rousseau, de Bonnet ou de Montesquieu, de Kant ou de Condorcet... Tandis que, d'autre part, nous avons montré la suite continue des efforts de ceux qui de tout temps ont vraiment mérité le titre de savants : par exemple nous avons énergiquement soutenu que la science moderne est la suite naturelle, par delà des siècles de repos, de la science grecque elle-même.

La difficulté touche au fond même de l'idée de science ; elle s'évanouira peut-être si nous disons que la science se fait par toutes les ressources dont dispose l'âme humaine pour aboutir à une sorte d'objectivité normale, dont la poursuite constitue seule, en fin de compte, la marque essentielle de l'effort scientifique. Et pour que cela devienne plus manifeste, mettons en garde contre certaines formules trop restrictives dans lesquelles on essaie souvent d'enfermer la science.

La plus fréquente est celle qui répond, en somme, à la conception positiviste : les vérités, les explications, les lois, se dégagent exclusivement de l'observation des faits ; l'esprit découvre la science qui lui reste extérieure et qui s'impose à son attention, dès qu'il s'en remet simplement à l'expérience. « La science date du XIXe siècle, me disait récemment un savant distingué, car *la science c'est l'expérience*... » Comme je lui citais les noms d'Archimède, de Galilée, de Newton : « Cela, me dit-il, c'est l'histoire de l'esprit humain, mais non point de la science... » Voilà un mot qui, par son exagération même, fait sentir jusqu'où peut aller, dans les conceptions courantes de la pensée scientifique, l'opposition de ce qu'est l'esprit et de ce qu'est la donnée qui s'offre à lui, quand il sait observer. Du moins il montre aussi qu'on ne peut alors rester logique avec soi-même qu'en refusant le titre de science à toute l'œuvre mathématique qu'ont élaborée les Grecs, puis plus tard les géomètres du xviie et du xviiie siècle, — à la Dynamique rationnelle, à la Mécanique céleste, etc... Et de fait, il semble impossible, après les analyses récentes portant sur les fondements de ces sciences, de ne pas sentir toute la part qui revient à l'esprit dans l'organisation des postulats, des définitions, des principes... Il semble impossible de contester que si une certaine expérience est toujours là qui suggère les démarches du savant, du moins tout ce qu'énonce celui-ci ne se retrouve pas complètement et directement vérifiable dans l'expérience. Faut-il alors vraiment supprimer du domaine scientifique tout ce qui fut construit dans cette sorte de laboratoire intellectuel, y voir seulement un outil commode pour aider à interpréter les faits, sans valeur objective propre ? Ne nous heurterons-nous pas ainsi à un sentiment de répugnance de tous ceux qui collaborent à la recherche de la vérité, sous toutes ses formes, depuis les Grecs jusqu'aux Modernes ? Il n'y a guère lieu d'insister sur ce qu'auraient répondu les Anciens : pour eux ces spéculations théoriques réalisaient la science la plus parfaite. Aujourd'hui quelques-uns n'exagèrent-ils pas la difficulté qu'il y a à parler de vérités mathématiques ? M. Poincaré est l'un de ceux qui sont allés le plus loin dans cette voie : après avoir montré l'impossibilité radicale que l'on trouverait à vouloir rigoureusement vérifier par l'expérience les affirmations du géomètre, il a déclaré que la question de savoir si ces affirmations sont vraies ou fausses n'a, en somme, aucune signification, et qu'il faut se borner à s'interroger sur leur commodité. Mais lui-même déjà nous a fait sentir, dans une étude sur l'objectivité de la Science (1), qu'il est pénétré de ce qu'il y a de grave dans cette commodité même, laquelle n'est pas seulement valable pour lui, mais pour tous les hommes, et non pas seulement pour ceux d'aujourd'hui, mais pour ceux de demain. En somme, personne ne contestera que par l'ensemble de tous les motifs qui suggèrent et justifient les postulats des sciences théoriques, ne se trouve satisfait cette sorte de sens intérieur, le jugement, la raison, de quelque manière qu'on le nomme, qui a pour fonction, comme disait Descartes, de distinguer le vrai du faux. C'est pourquoi nous nous refusons à ôter du champ de la science des spéculations qui, en partie au moins, ont d'autres sources que la seule expérience, et empruntent quelque chose à l'activité inépuisable de l'esprit.

Il importe de dissiper ici tout malentendu. On nous dira peut-être : La conception d'après laquelle nous ne faisons que découvrir la science, comme un donné qui s'offre à nous, ne sépare pas les choses de l'esprit, et personne ne conteste que les choses mêmes, dont la trame constitue le fond de la connaissance scientifique, ne soient fonctions de l'esprit ; mais nous n'admettons pas que, étant donnés l'homme et son organisation physique ou intellectuelle, les énoncés du savant puissent ne pas se dérouler nécessairement dans une série unique et rigoureusement déterminée de vérités successives. L'expérience, d'où elles jaillissent et qu'elles traduisent, n'exclut pas l'usage des catégories, lesquelles au contraire la conditionnent. Soit ! Mais ce positivisme criticiste ne trouve pas plus grâce à nos

---

(1) *Revue de Métaphysique et de Morale*, mai 1902, et depuis dans son livre sur « la valeur de a Science ».

yeux que le naïf empirisme, tout simplement parce qu'il implique une nécessité apodictique, qui nous apparaît aujourd'hui comme la dernière forme de cet absolu, dont la pensée scientifique n'a cessé de se détourner. Il semble bien qu'un des résultats les plus clairs des analyses qui ont porté sur les notions et les principes fondamentaux des sciences théoriques, est que nous nous sentions désormais impuissants à expliquer et à justifier aucune nécessité absolue. Nous ne sommes pas pour cela rejetés dans l'arbitraire ; mais l'esprit nous apparaît, là même où pour nos pères s'imposait la nécessité la plus irréductible, comme jugeant sur un ensemble de suggestions, de présomptions, de vérifications indirectes de toutes sortes, — jugeant raisonnablement, et s'arrêtant, avec une sorte de sentiment de responsabilité propre, aux affirmations qui s'accommodent le mieux à toutes ses exigences. Pour n'être plus astreint à enregistrer passivement une réalité qui s'imposait à lui, pour *faire* la science, et non plus seulement la découvrir, et pour mettre ainsi en œuvre son activité et son énergie la plus profonde, est-il besoin de dire que l'esprit échappe le mieux possible et au scepticisme, qui guette le dogmatique imprudent, et au mysticisme qui est le renoncement à tout effort intellectuel ? C'est là un point sur lequel nous avons insisté ailleurs : bornons-nous à le noter ici, pour qu'on ne se méprenne pas sur nos tendances, et rejetons, sans arrière-pensée et sans crainte, une assimilation trop simpliste de la science à l'expérience, qui méconnaît toute la part d'activité créatrice qu'y apporte notre âme.

Il est une autre formule, voisine de la précédente, à propos de laquelle les mêmes réflexions pourraient se répéter. Il n'y a de science que des faits, dit-on souvent, que de ce qui est, et non point de l'idéal, de ce que nous concevons comme devant être. Si l'on accepte cependant que toutes les recherches spéculatives d'Euclide, d'Apollonius, d'Archimède, de Galilée, de Huyghens, de Newton,... ont le caractère de travaux scientifiques, comment se montrer si rigoureux sur la nature des notions, des définitions, des principes, qui sont au fond de ces recherches ? Quand le géomètre énonce des postulats, sont-ce des faits qu'il exprime ? traduit-il ce qui est ? En un sens peut-être ; mais en un sens beaucoup plus clair il demande qu'on traite en toute occasion les éléments spatiaux en se conformant à ces postulats, qu'il énonce bien plutôt pour régler l'attitude future que pour constater une réalité actuelle. Lorsque nous énonçons le principe d'inertie, ne posons-nous pas les premiers éléments d'une définition de la force quels que soient tous les excellents motifs qui la suggèrent ? N'exprimons-nous pas un principe directeur que nous conseille notre raison, plutôt que nous n'énonçons un fait ? N'indiquons-nous pas ce que nous considérons comme devant être pour la connaissance humaine, plutôt que nous ne disons ce qui est ? Et ainsi de suite... N'y a-t-il pas d'ailleurs plus généralement une part d'idéal dans toute définition, clairement posée ? Dès que nous cessons de *décrire* la réalité sensible qui s'impose à nos organes, dès que nous *définissons*, ne dépassons-nous pas toujours en quelque mesure ce qui *est*, pour parler de ce qui *doit être* ?

Objectera-t-on qu'il n'y a en tout cela qu'anticipation sur le réel, qu'hypothèse momentanée, soumise aux vérifications prochaines ?... D'abord, remarquons que même ainsi on laisserait subsister quelque reste d'idéal, d'un idéal provisoire sans doute, mais débordant tout de même le seul donné, la seule réalité actuelle observée ; et dans ce sens l'induction la plus élémentaire étendant à l'avenir les constatations passées, et affirmant plus qu'une simple et vague possibilité, porterait encore la trace de cet élan irrésistible de l'esprit vers l'au delà du fait. Mais il y a plus, et les analyses récentes sur les fondements des sciences rationnelles nous ont du moins surabondamment démontré qu'en bien des cas toute vérification expérimentale directe d'un postulat, toute preuve rigoureuse de la réalité d'une notion, de la légitimité d'une définition, est impossible ; qu'il faut se contenter souvent de raisons justificatives, et qu'enfin dans le remaniement que suggéreront les démarches futures pour les constructions de la science théorique, il est tel ou tel ordre de principes, comme ceux de la géométrie ou de la dynamique rationnelle, qu'on peut définitivement placer au-dessus de toutes contradictions de l'expérience à venir.

Et alors, s'il est décidément impossible d'enfermer la science dans les limites du donné, du fait, de l'expérience qui s'impose, s'il faut bien faire une part au construit, à l'idéal, il devient aisé de deviner la variété et la richesse des attitudes et des démarches par lesquelles l'âme humaine procédera. Le dynamisme ou le mécanisme, l'attrait des théories quantitatives ou celui des explications qualitatives ; le besoin d'images concrètes, d'intuition sensible, ou la préférence à l'égard des abstractions et des déductions logiques ; le désir de comprendre plus ou moins et de s'interroger sur les « pourquoi », ou au contraire la volonté arrêtée de se borner aux « comment » ; la tendance à noter les différences des choses, et à marquer leur spécification, ou celle qui pousse à chercher les ressemblances, et les origines communes ; l'attachement au discontinu ou au continu, au fini ou à l'infini ; la recherche des seules causes antécédentes, ou le sentiment d'une finalité qui s'exprime soit par le besoin d'ordre, de simplicité (principe des lois, affirmation qu'elles rentrent ou rentreront les unes dans les autres, de manière à être réduites au minimum, peut-être à une seule, etc.) soit par le postulat que le plus utile, le plus avantageux, le meilleur, se réalise — (comme nous le voyons dans l'étude des organismes depuis Aristote jusqu'aux évolutionnistes modernes, quelle que soit d'ailleurs l'explication métaphysique, théologique, ou mécaniste qu'on en donne): il y a là, parmi tant d'autres, la source de mille nuances par lesquelles se différencieront les efforts des esprits en quête de la vérité scientifique. Qu'on ne croie pas d'ailleurs que cette multiplicité de tendances ne se rapporte qu'aux tâtonnements du passé, et que la science, dans ses progrès récents, ait définitivement reconnu la valeur des unes, l'erreur des autres. Ce sont là bien plutôt des courants de pensée, des attitudes, qui continueront à s'opposer indéfiniment, tout en collaborant à l'œuvre commune de la science. A qui en douterait aujourd'hui, nous rappellerons l'étude que publiait il y a quelques années M. Duhem sur « l'Ecole anglaise et les théories physiques » (1). Il montrait, avec sa clarté habituelle, quelques traits caractéristiques de l'esprit anglais dans les conceptions par lesquelles des hommes comme Tyndall, Tait, Thomson, Maxwell, ont apporté la part que l'on sait à l'œuvre grandiose du xix° siècle ; en

(1) *Revue des questions scientifiques*, octobre 1893.

particulier, il opposait leur besoin instinctif d'images concrètes à la puissance d'abstraction et d'analyse d'un Helmoltz, par exemple.

Que des tendances différentes puissent concourir à une vérité qui s'adresse à tous, c'est ce qui se réalisera dans la mesure où elles pourront avoir un retentissement normal dans l'âme de tous, et où elles seront guidées chez le savant par le scrupuleux souci d'atteindre à une objectivité qui le dépasse. L'esprit est comme un instrument aux mille cordes : il n'est pas nécessaire, pour le faire vibrer à l'unisson chez tous les hommes, de s'attaquer à une corde unique ; il faut seulement faire effort pour que les vibrations soient normales, que l'harmonie soit pure, que les accords soient justes, et que seul un instrument fêlé soit incapable de les reproduire.

Ces réflexions se compléteront si nous sortons des spéculations théoriques de la science rationnelle et du genre de vérité qu'elles comportent. Depuis le xviii⁰ siècle, une place de plus en plus marquée est accordée à la vérité de fait, à la donnée historique, — si particulière et contingente qu'elle apparaisse en elle-même, c'est-à-dire si loin qu'on soit, en la constatant, d'en pouvoir donner une explication théorique. C'est faire œuvre de science que de déchiffrer une inscription, de noter la présence au ciel d'une étoile nouvelle, de retrouver l'auteur d'un manuscrit, de remonter aux sources des livres anciens, etc... Il semble que la vieille formule: « Il n'y a de Science que du général » disparaisse à son tour. Ce qui est plus vrai, c'est qu'elle perd sa signification ancienne. On peut la conserver, à la condition de ne plus viser par ce général l'objet même auquel on s'applique, mais les procédés à l'aide duquel on parvient à quelque affirmation relative à cet objet. La recherche, par exemple, de la date d'un document sera œuvre de science, — quoiqu'il s'agisse d'un fait particulier, — si les affirmations formulées se trouvent justifiées par des raisons assez normales pour qu'elles puissent être acceptées par tout homme à l'esprit sain, à quelque ordre d'idée d'ailleurs qu'elles appartiennent. Le *général* s'étend ainsi, — au sens de Socrate plutôt qu'au sens d'Aristote, — à ce qu'il doit y avoir d'universellement humain dans les démarches de la pensée, plutôt qu'à ce qu'il peut y avoir de fréquent ou de permanent dans l'objet.

Mais alors ici encore il est permis de mentionner la richesse infinie des procédés du savant, et la difficulté qu'il y aurait à restreindre sa méthode en quelque formule unique et rigoureuse. Sans doute, en première ligne se trouve l'observation directe, quand elle est possible, — observation scientifique, mise à l'abri par toutes sortes de précautions des particularités subjectives que présente l'observateur. Mais quand l'observation directe n'est pas possible, et que le raisonnement intervient, est-il permis de cataloguer sous un ou deux types l'ordre et la nature des démarches par lesquelles l'esprit parvient à la certitude scientifique ? Tout au plus une remarque s'impose : c'est toujours un accord, une harmonie, une concordance entre certaines constatations, entre plusieurs idées, qui peu à peu chassent le doute, et sont capables d'entraîner la conviction de tout homme qui sans parti pris veut atteindre à la vérité. — Supposons, pour emprunter un premier exemple à Cournot, qu'en lançant une pièce de monnaie au jeu de pile ou face, nous obtenions pile dix fois de suite : nous trouverons cela curieux, et commencerons à nous demander si la pièce n'est pas truquée ; sans pouvoir dire exactement à quel moment le doute se changera en certitude, nous pouvons déclarer que si le même résultat s'obtient encore cinquante fois, nous aurons une certitude scientifique au moins égale à celle qu'entraînerait un examen direct de la pièce. — Qu'il s'agisse de dresser la chronologie des dialogues de Platon : nous avons par les témoignages historiques quelques indications précises, mais peu nombreuses. Lutoslawsky, à la suite de Campbell, nous a montré des particularités de langage s'accordant avec un certain classement des dialogues. Chacune de ces particularités semble bien insignifiante pour autoriser des conclusions sérieuses ; quand on les voit s'ajouter en grand nombre et concourir au même résultat, on se prend à douter. Supposez qu'une évolution très claire, très naturelle, de la pensée platonicienne pût nous être présentée un jour en parfait accord avec les conclusions de cette méthode stylistique ; celles-ci ne sembleraient-elles pas alors scientifiquement établies ? — Citons un dernier exemple, auquel il ne manque rien pour la certitude scientifique la plus parfaite à laquelle il nous soit permis d'atteindre. Parmi les découvertes innombrables auxquelles ont donné lieu les progrès de la critique des textes, rappelons celle qui a définitivement fait rentrer dans la légende l'histoire de Guillaume-Tell. Il y a là une conclusion scientifique aussi rigoureuse que l'annonce de la prochaine éclipse de soleil. Le faisceau des preuves dont l'accord est jugé suffisant par notre raison est très complexe. Les mémoires du xive siècle ne font jamais mention de l'histoire de Tell ; plus tard nous assistons peu à peu à la formation de la légende ; la première fois qu'il en est question, c'est dans une chanson qui raconte l'épisode de la pomme ; or justement un peu avant a pénétré en Suisse la traduction latine d'une légende danoise absolument identique, bien antérieure au xiv° siècle, et dont le héros est un Danois : cela coïncide d'ailleurs avec une série d'efforts tentés de tous côtés pour attribuer un rôle héroïque et même une naissance fameuse aux hommes des « Trois Cantons », etc... Quand on pénètre dans la série des recherches, il est extrêmement difficile d'indiquer l'instant précis où l'on juge la preuve *scientifique ;* mais on n'a plus aucun doute si l'on parcourt la série complète des observations accumulées. La lumière jaillit avec autant de clarté que du raisonnement géométrique le plus rigoureux, malgré la distance où l'on se trouve de semblables démonstrations. N'est-ce pas là, en somme, l'*enumeratio sive inductio* dont parle Descartes dans ses *Regulæ*, et qui d'après lui est la seule manière de prendre contact avec la vérité, quand l'intuition fait défaut ? C'est, en tout cas, la raison faisant normalement sa fonction et affirmant qu'elle reconnaît cette vérité dans la mesure où l'esprit humain en est capable.

.·.

S'il est difficile de fixer en quelque définition précise les procédés du savant, l'est-il moins d'assigner des limites au seul domaine où son effort peut s'exercer ? On discute quelquefois pour savoir si la psychologie, si l'histoire, si la sociologie sont des sciences ; au fond personne ne doute qu'à propos des faits psychiques, du moindre détail historique, de faits sociaux quels qu'ils soient, il ne puisse être fait œuvre de science. De quel côté donc risquons-nous de nous heurter à quelque barrière infranchissable ? — On dit couramment que les recherches scientifiques doivent résolument écarter, comme étant par essence en dehors du domaine propre du savant, les problèmes de la métaphysique, de la morale, de la religion... Est-on bien sûr de ne pas se tromper, quand on fixe ainsi des bornes rigoureuses ?

Qu'on ne se méprenne pas sur notre pensée. Rien ne nous paraît plus antiscientifique que certaine méthode encore trop répandue, qui consiste à emprunter aux sciences positives des notions clairement définies dans un domaine déterminé, — mais dénuées de signification précise hors de ce domaine (infini, énergie, potentiel, etc.) et à les faire servir à la solution de problèmes dont l'objet leur reste complètement extérieur. On a tenté d'expliquer la création *ex nihilo* par les propriétés algébriques du produit de zéro et de l'infini ; de démontrer le déterminisme ou au contraire le libre arbitre par le recours aux équations de la mécanique ; d'établir l'origine empirique des postulats géométriques par les travaux mathématiques de Lobatchewsky et de Riemann ; d'expliquer l'immortalité de l'âme par le principe de Carnot et la notion d'entropie, etc. Tout cela n'est, à nos yeux, que confusion, et c'est dans un autre sens que certains problèmes dits métaphysiques peuvent, en partie du moins, perdre leur caractère subjectif.

Combien peut-on citer de questions déclarées jadis inabordables, et où les travaux des savants jettent quelque lumière ? « Etudions les phénomènes calorifiques, lumineux, électriques, sans jamais nous demander ce que c'est que la chaleur, la lumière, l'électricité : ce serait de la métaphysique ! disait et répétait Aug. Comte. Contentons-nous de noter les faits et leur succession sans jamais chercher leur mode de production ; énonçons les rapports constants, les lois, — et laissons de côté les causes, etc. » On sait à quel point ces conseils ont été peu suivis. Nous avons voulu voir par-dessous les phénomènes ; et les théories les plus fécondes se sont constituées sur les vibrations de l'éther, ou sur les oscillations électriques. Sans doute le dernier mot n'a pas été dit sur ces problèmes, ni ne le sera jamais : mais peut-on citer une seule question où la solution dernière de toutes les difficultés puisse jamais se rencontrer ? Les savants ont fait rentrer le phénomène des marées, celui de la chute des corps, celui du mouvement des planètes dans la grande loi de la gravitation ; un jour sans doute celle-ci se rattachera à quelque théorie plus générale ; mais après ? Il faudra toujours s'arrêter à une explication limitée, incomplète, des choses. Si la perspective de cette limitation nécessaire devait faire écarter certains problèmes du champ de l'activité scientifique de l'homme, on ne voit pas comment il en resterait un seul que l'on consentît à lui laisser. Ce qui importe, c'est que, dans une direction quelconque, les recherches scientifiques ne soient pas complètement stériles. Et personne ne contestera que ce ne soit le cas pour les questions que nous avons citées. Il en est de même pour celles qui touchent à la constitution de la matière. Jamais nous n'aurons les secrets derniers de cette constitution ; un immense inconnu restera toujours derrière les découvertes nouvelles, c'est entendu ! Mais qui oserait dire que les innombrables travaux des physiciens depuis vingt-cinq ans, et notamment les plus récents, sur les radiations de toute espèce, ne nous font pas réaliser quelque progrès dans la connaissance des propriétés fondamentales de la matière ?

Au reste, la qualité de *métaphysique* attribuée à un problème n'a-t-elle pas quelque chose d'éminemment relatif ? Sans remonter jusqu'à Socrate pour qui la seule étude du ciel était interdite à la science humaine, qui n'eût écarté comme métaphysique, il y a deux cents ans, la question de l'origine du système solaire ? et plus encore la question de l'évolution des êtres vivants et de la transformation des espèces ? N'avons-nous pas pourtant le droit de dire que, dans ces deux ordres d'idées, les travaux ont pris une telle importance qu'ils font partie intégrante de l'astronomie et des sciences naturelles ? C'est au point que, en ce qui concerne l'étude de la nébuleuse solaire, Aug. Comte lui-même n'hésite pas à lui donner une place dans la science positive. Il rejette, il est vrai, la transformation des espèces avec autant de vigueur que Cuvier, le représentant de l'Ecole des faits, l'avait combattue contre Geoffroy Saint-Hilaire et Lamarck ; mais c'est affaire de date : trente ans plus tard, Comte en eût fait sans hésiter un exposé dogmatique.

Le problème moral viendra-t-il plus rigoureusement imposer des barrières aux efforts de la pensée scientifique ? Ou ne leur sera-t-il accessible qu'à la condition de se réduire à une description des mœurs ? Nous ne le pensons pas. Que ce soit par nature, que ce soit par l'effet d'une longue éducation de l'humanité, c'est un fait des plus positifs que des aspirations morales sont ancrées dans nos âmes, et qu'elles y déterminent un élan vers certaine action, vers certaine expérience qui ne se sépare pas de quelques problèmes posés à notre raison : nous voulons en effet que cet élan soit de moins en moins subjectif, que cette expérience soit de plus en plus réglée par des principes normaux, — non point par les principes qui *sont actuellement* ceux de tous, mais par les principes que notre raison pratique de mieux en mieux cultivée nous désignera comme *devant être* ceux de tous ; nous voulons que nos conceptions du bien, de la justice, s'épurent au contact de tous les faits moraux et sociaux, par la réflexion et le libre examen, et que de notre effort se dégagent les postulats idéaux de la conduite humaine, comme se dégageaient les principes fondamentaux réglant l'attitude du géomètre et du physicien dans leurs spéculations sur l'univers.

Et il en est de même de la pensée religieuse. Si l'on dit que le sentiment religieux, c'est-à-dire ce besoin obscur et profond de nous attacher à un idéal qui nous dépasse et donne un sens à notre vie, si l'on dit que ce sentiment échappe aux théorèmes de l'analyse, aux équations de la chimie ; qu'en dehors de toute science il subsiste et se manifeste partout où il y a des hommes, nous ne songerons pas à le contester, parce que, sans doute, comme les aspirations morales dont il se rapproche étrangement, il est au fond de notre âme. Mais quant à la forme sous laquelle il s'exprime, depuis les dogmes énoncés par les différentes confessions religieuses, jusqu'aux conceptions idéalistes de tels ou tels libres penseurs, la diversité même des formules ne pose-t-elle pas à l'homme le plus désireux de s'abandonner aveuglément la question de leur vérité ? On dira que c'est ici une vérité d'un genre spécial, vers laquelle on s'élance d'un mouvement spontané du cœur? Soit! Mais même alors faut-il accepter qu'il y ait dans ce mouvement quelque chose de subjectif, d'exceptionnel, que déterminent uniquement les hasards de la naissance? Ne faut-il pas en garantir la valeur par des raisons où se retrouvent nécessairement, avec le souci de l'objectivité, les exigences naturelles d'une connaissance qui veut pouvoir s'offrir librement à tous? En fait, chez les peuples occidentaux, rompus à l'effort critique de la science, et devenus par là avides de cette vérité normale, qui n'exclut pas le sentiment, mais dont l'idée ne se sépare pas de la possibilité future d'une communion universelle, les dogmes ne cessent de se dissoudre, prenant chaque jour une signification plus pure, plus dégagée de tous les éléments concrets et extérieurs, tels que les évènements historiques, directement soumis à la critique la plus rigoureuse ; les divergences s'atténuent pour laisser s'affirmer chaque jour davantage l'unité de la conscience humaine, cet autre nom de la raison.

Bref, il n'est pas un domaine de pensée, il n'est pas un ordre de sentiments ou d'idées, qui ne soit appelé à revêtir un aspect objectif, où chacun de nous ne recherche en quelque façon à dépasser l'individualité de sa nature intellectuelle ou sensible pour atteindre au vrai sous toutes ses formes.

Et alors il nous paraît décidément impossible de limiter la pensée scientifique de quelque manière que ce soit, ni dans ses procédés, ni dans son objet ; il nous paraît impossible de la définir par aucune formule qui restreigne le champ d'activité de l'esprit, soit par des conditions trop rigoureuses assignées à la nature de ses démarches, soit par des bornes trop étroites imposées au domaine de ses recherches. D'une part on ne peut désigner aucun problème qui doive complètement échapper à l'effort scientifique de l'homme, et d'autre part on ne peut faire un classement des ressources de l'âme, logique, sensations, sentiments, tendances, — qui permette de mettre d'un côté les éléments requis, de l'autre les éléments exclus, par le travail de notre esprit en quête de vérité objective. C'est uniquement par l'attitude, par le sens de l'effort vers cette objectivité, que, dans tous les domaines et à l'aide de tous les éléments normaux de la vie de l'esprit, se caractérise la recherche scientifique. C'est seulement en un sens dynamique que celle-ci peut se définir : elle représente au plus haut degré la tendance de notre âme à communier par les voies les plus diverses, mais avec un scrupuleux souci d'objectivité normale avec l'âme même de l'humanité ; elle représente la défiance extrême à l'égard de soi-même, de ses sens, de ses opinions, de ses préjugés, de tout ce qui risque d'être individuel et subjectif ; elle est essentiellement la tendance de tout ce qui en nous pense, juge, sent, veut, à se dégager des circonstances particulières et exceptionnelles, et à ne chercher que des raisons de croire assez normales, assez humaines, pour que tout homme à l'esprit sain doive être convaincu par elles ; elle est la volonté d'atteindre, en pleine liberté d'examen et à l'aide de la plus minutieuse critique, à une vérité qui contienne en soi sa propre force de persuasion et d'expansion.

Sans doute cet effort, cette tendance sont plus aisément réalisables dans un domaine que dans un autre ; les démarches par lesquelles ils s'exercent sont plus faciles à définir à propos de tels problèmes qu'à propos de tels autres ; les résultats auxquels on aboutit sont plus ou moins faciles à systématiser. Ces différences laisseront indéfiniment subsister tout l'intérêt des classifications des sciences ; mais il ne sera jamais question que de moments divers, et que de divers aspects, d'une œuvre qui se continue à travers les siècles, empruntant son unité à la raison elle-même. Les peuples, les temps, les individus même, peuvent y laisser leur marque : la suite des efforts se poursuit normalement, pourvu qu'ils ne cessent de se diriger vers ce qui sera — non point la nécessité impersonnelle et absolue — mais la vérité humaine indéfiniment perfectible.

Congrès de Genève, septembre 1904.

I

LA GÉOMÉTRIE GRECQUE

CONSIDÉRÉE COMME ŒUVRE PERSONNELLE DU GÉNIE GREC

On imagine aisément ce qu'il faudrait penser d'un homme qui prétendrait connaître l'esprit grec dans ses traits essentiels, et qui n'aurait lu Homère ni Platon, ou qui ignorerait l'existence des chefs-d'œuvre de Phidias. Par quelle étrange inconséquence croit-on généralement pouvoir laisser de côté, lorsqu'on étudie les Grecs, une des œuvres où ils ont le plus fortement marqué leur empreinte, œuvre sinon éternelle, du moins aussi solide et durable que peut l'être une création humaine : œuvre achevée au point que les travaux de deux mille ans apparaissent comme le développement normal des germes qu'elle contenait? Nous voulons parler de leur géométrie.

La raison de cet oubli n'est pas seulement dans l'ignorance où se trouve généralement le public à l'égard de la géométrie elle-même. Quel est le bachelier qui ne pourrait lire dix pages d'Euclide, comme il a lu quelques pages d'Homère? Quel est l'écolier même qui ne se trouve en fait avoir lu Euclide sans le savoir, en étudiant simplement, par endroits, tel traité de géométrie élémentaire? — Non ; la principale raison de la négligence des historiens ou des critiques à l'égard de la géométrie grecque, c'est qu'ils se doutent à peine qu'il y ait une géométrie *grecque*, qu'il puisse y en avoir une. On ne sait pas assez que les Grecs ont été créateurs en mathématiques, comme ils l'ont été en philosophie ou en sculpture ; et c'est d'abord ce que nous voulons faire comprendre. — Nous nous demanderons ensuite si cette création, quelque merveilleuse qu'elle soit, ne peut pas s'expliquer naturellement par les caractères généraux qui se dégagent des autres productions du même peuple ; et nous nous trouverons, en retour, éclairer d'une plus vive lumière les traits essentiels qui caractérisent son génie.

I

Les progrès de la science théorique apparaissent au plus grand nombre comme les découvertes successives faites par l'homme sur un domaine déterminé, qui s'oppose à lui et qu'il apprend à connaître lambeau par lambeau. D'après cette manière de voir, les vérités scientifiques s'énoncent dans l'ordre même où se suivent les individus, et la science d'un peuple est purement et simplement l'ensemble des découvertes qui se produisent entre des limites données dans le temps ou dans l'espace. On fait naturellement remonter les premières vérités connues aux tâtonnements les plus primitifs de l'esprit humain ; et, s'il s'agit de géométrie, par exemple, on conçoit une chaîne de propositions successives dont les premiers anneaux se rattachent à des temps préhistoriques, et qui se poursuit indéfiniment, sous une forme déterminée, à travers les siècles.

La géométrie grecque n'est-ce pas alors la liste des connaissances géométriques que les Grecs ont dressée à la suite des Égyptiens, des Chaldéens, et de tous les peuples dont la civilisation a précédé la leur ? On peut bien consentir à parler de création, mais pour exprimer seulement la production de telles et telles découvertes, c'est-à-dire presque dans un sens passif, pour signaler l'apparition de ces découvertes au temps des Grecs. Certes, l'œuvre mise à jour peut bien exiger par son importance une certaine vigueur intellectuelle, et même quelques qualités d'esprit spéciales ; mais en tous cas la trame des vérités énoncées passe par-dessus les individus et les peuples, sans plus recevoir l'empreinte de leurs caractères personnels que le sillon tracé par la charrue ne peut refléter l'âme du laboureur.

Cette conception de la marche de la science n'est pas exacte, même quand il s'agit d'une des sciences auxquelles on a coutume d'attribuer le plus d'impersonnalité, même quand il s'agit de la *géométrie*.

Qu'il y ait des phénomènes géométriques naturels, des images qui nécessairement se dégagent pour notre esprit des choses observées, des formes abstraites où se trouvent enveloppés à la fois des rapports de situation et des rapports de quantité, c'est ce que personne sans doute ne saurait contester. Il y a évidemment un ensemble de représentations communes à tous les hommes, partout où il s'en trouve : représentations résultant à la fois, et dans une mesure que nous n'avons pas à rechercher ici, de la constitution même de notre esprit et de la nature des choses. Telles sont les idées de points, de direction, de ligne droite, d'inclinaison de droites ou d'angle, de distance, de ligne courbe, de surface, de volume, etc... Que nous dégagions ces notions, ces impressions, si l'on préfère, d'une expérience journalière, comme le veut l'école empiriste, ou qu'elles se posent comme éléments nécessaires et *a priori* de toute intuition sensible, comme le pensait Kant : il faut bien voir dans ces idées des faits universels, incapables de révéler par eux-mêmes la moindre originalité d'esprit. Les relations sociales les plus simples, la nécessité de construire des maisons ou des routes, de mesurer des surfaces ou des volumes, de suivre, — ne serait-ce que pour les besoins de l'agriculture ou pour l'organisation régulière des actes de la vie civile, — les révolutions célestes, amènent évidemment les hommes de très bonne heure à manier un ensemble de notions géométriques usuelles, à trouver des règles pratiques pour mesurer avec quelque approximation la surface d'un terrain ou la capacité d'un récipient, à placer des cercles sur la voûte céleste pour essayer de se représenter le cours des astres, et tenter de prévoir les faits les plus saillants de leurs révolutions. Certes, on peut dire que c'est là une science qui se forme, qui progresse, qui, par l'accumulation des faits observés et des inductions habiles, enrichira peu à peu la connaissance humaine, et on peut bien appeler cette science « géométrie » pour exprimer qu'elle a pour objet d'enregistrer une certaine catégorie de phénomènes. Mais si aucune circonstance ne vient lui donner une allure spéciale, elle restera fort éloignée de la science qui pour nous a le même nom.

On sent bien tout d'abord qu'elle risquera de se développer dans la suite des temps sans se séparer du souci de l'utilité immédiate ; on sent bien que rien ne l'obligera nécessairement à se replier sur elle-même et à trouver dans la spéculation pure et désintéressée un charme assez puissant pour s'élever au-dessus de toute application immédiate.

Qu'on ne se méprenne pas ici sur le fond de notre pensée. S'il est arrivé à la science, dans tous ses domaines, de fournir une abondante matière aux spéculations théoriques, s'il est arrivé à l'homme de la cultiver pour elle-même, en elle-même, nous ne prétendons pas dénoncer là un phénomène surnaturel, nous ne crions pas au miracle. Il est trop clair que l'amour que l'humanité a manifesté pour la recherche du vrai en soi tient aux sources même du culte qu'elle voue à l'idéal, sous toutes ses formes, et la naissance d'une science spéculative et abstraite n'a pas de quoi nous étonner plus que l'apparition, à quelque moment déterminé du passé, de l'art dramatique ou de l'épopée. Qui ne conçoit très naturellement de longs siècles écoulés, et de nombreuses époques de civilisation déjà franchies, sans que l'homme se soit encore élevé à l'une des formes spéciales sous lesquelles il est capable de manifester son sens esthétique? Sans remonter aux origines de l'humanité, si nous envisageons l'évolution de tel ou tel peuple depuis le moment où il joue quelque rôle dans l'histoire des idées, sommes-nous surpris d'avoir à constater que ses productions artistiques d'un genre déterminé n'apparaissent que fort tard ? Nous savons qu'il est possible d'en rattacher l'apparition à des phénomènes connus et de l'expliquer par des raisons naturelles ; nous nous plaisons à comprendre qu'elle *devait* se produire ; et pourtant nous ne nous sentons pas en présence d'une suite fatale d'événements se succédant, pour ainsi dire, en dehors de l'âme humaine et dans de telles conditions que celle-ci ne puisse en être qu'un témoin étranger. Nous avons nettement l'impression qu'elle prend au contraire une part active à l'évolution qui nous intéresse ; nous sentons qu'elle met quelque chose d'elle-même dans les œuvres qui se font jour, quelque chose de personnel et de tellement lié à ses qualités intellectuelles ou morales que, sans la rencontre de celles-ci, les œuvres ne se produiraient pas. C'est dans ce sens et de la même manière que nous pouvons envisager comme ayant un caractère suffisant de contingence l'apparition de la science purement spéculative. Non seulement il a pu s'écouler des siècles sans nombre avant que se manifestât pour la première fois le désir d'étudier pour elles-mêmes les formes de l'intuition géométrique, mais rien même ne nous empêche de penser qu'il nous eût été possible de parvenir à l'heure actuelle, entassant connaissances sur connaissances, sans que ce désir se fût jamais encore manifesté, tout au moins d'une façon assez efficace pour produire une œuvre durable.

Ce n'est pas tout. Lorsque l'esprit veut s'enfermer dans la contemplation et l'étude des éléments de l'intuition géométrique, il s'applique d'abord tout naturellement à ceux de ces éléments qu'il avait dégagés par abstraction de ses représentations habituelles, tels que le cercle, l'angle, le triangle, le carré, etc... Le nombre et la variété des recherches qu'il peut entreprendre sur eux présentent une indétermination dont le caractère n'échappera à personne ; ces éléments se prêtent à une quantité innombrable de combinaisons, et donnent lieu à une infinité de problèmes divers, de façon à laisser le champ libre à l'imagination du géomètre. Puis son activité créatrice qu'alimentent, non plus seulement la succession des choses venues du dehors, mais sa propre capacité de construction et son ingéniosité, pourra s'employer de mille façons à fournir des objets nouveaux. Quel domaine immense s'offre ainsi à lui, tout prêt à être franchi, depuis les premières questions qu'avait suscitées l'observation même, jusqu'aux limites extrêmes où peut atteindre la puissance créatrice de son imagination ! Tels le poète ou le sculpteur dépassant les bornes de l'imitation vulgaire des objets qui les entourent, s'élèveront par un libre essor à l'expression des idées les plus ingénieuses et les plus fines. Le géomètre, comme l'artiste, pourra dans cette création s'éloigner plus ou moins de la réalité concrète, manifester un goût plus ou moins vif pour l'abstraction ; en tous cas, dans ce domaine où l'esprit ne poursuit qu'une vérité ou qu'une beauté idéale, le caractère de ses conceptions, loin d'être déterminé par la nature de la science ou de l'art, doit refléter jusqu'à un certain point le tempérament même de l'artiste ou du géomètre.

Mais ces objets d'étude une fois choisis, n'y aura-t-il qu'une façon de les traiter ? Est-il de l'essence d'une chose géométrique de ne pouvoir être envisagée que d'une manière unique ? — Quelques exemples simples en diront plus long que toute discussion sur ce point.

Euclide, au commencement du IIIe livre des *Éléments*, énonce cette proposition : « Si sur une circonférence de cercle on prend deux points, la droite qui les joint tombe à l'intérieur du cercle. » Quiconque se représentera par la pensée ce rond parfait qu'est le cercle, pourra affirmer, sans la moindre hésitation, que la corde joignant deux de ses points est tout entière intérieure au cercle. Il lui suffira d'une vue intuitive directe, et la vérité qu'énonce Euclide peut résulter immédiatement de la forme même de ces êtres géométriques qui sont le cercle et la droite. — C'est par une méthode toute différente qu'Euclide justifie sa proposition. Il considère un point quelconque de la corde, et, en vertu de théorèmes établis au premier livre, il est amené à déclarer que, si ce point était extérieur au cercle, sa distance au centre serait à la fois supérieure et inférieure au rayon. Par un chemin relativement long, Euclide montre donc que l'hypothèse de l'extériorité d'un point de la corde conduit à une absurdité logique, à une contradiction.

Prenons un second exemple : si deux côtés d'un triangle sont également inclinés sur le troisième, ils sont égaux. — On peut invoquer, pour établir cette proposition, de simples raisons : l'homogénéité de l'espace, la symétrie, ce principe évident que les mêmes données doivent déterminer les mêmes résultats, et qu'on ne comprendrait pas que des droites s'élevant au-dessus d'une même troisième, avec une même inclinaison, donnassent lieu à des déterminations de longueurs différentes. N'y aurait-il pas, dans de telles remarques, de quoi entraîner l'adhésion la plus formelle ? — C'est pourtant d'une tout autre façon que nous justifions cette proposition dans nos traités ordinaires de géométrie. Nous démontrons que l'inégalité des côtés serait en contradiction manifeste avec des théorèmes déjà établis.

Ces exemples, où nous avons opposé deux méthodes extrêmes, feront sentir tous les degrés par lesquels aurait pu passer la méthode géométrique, depuis la constatation intuitive et directe de chaque vérité, jusqu'à une démonstration logique qui se place, le plus qu'il est possible, sous la garantie du principe de contradiction.

La géométrie qu'on nous enseigne est éminemment démonstrative, et sa tendance à cet égard s'accentue chaque jour, de sorte que nous avons instinctivement l'idée que la méthode démonstrative et logique est celle qui convient nécessairement à l'étude des faits géométriques. Nous pensons volontiers que cette méthode est inséparable de la définition même de la géométrie. C'est que nous concevons alors une géométrie spéciale, et notre erreur est comparable à celle que nous commettrions si nous jugions, comme peuvent faire les enfants, la rime inséparable de toute poésie.

Du reste, ce sentiment instinctif que nous avons de la nécessité des démonstrations logiques en géométrie n'est pas sans présenter d'exception, et nous citerons, par curiosité, le jugement que porte Schopenhauer sur la méthode démonstrative d'Euclide : « La méthode logique d'Euclide n'est qu'une brillante absurdité... Dès le commencement, quand il aurait dû montrer comment dans le triangle les angles et les côtés se déterminent réciproquement et sont cause et effet les uns des autres selon la forme que revêt le principe de raison dans l'espace pur, forme qui, là comme partout, crée la nécessité qu'une chose soit telle qu'elle est; au lieu de nous donner une aperception complète de la nature du triangle, il établit quelques propositions détachées,..... et en donne un principe de connaissance logique par une démonstration fatigante, basée logiquement sur le principe de contradiction... Nous sommes certainement forcés de reconnaître, en vertu du principe de contradiction, que ce qu'Euclide démontre est bien tel qu'il le démontre ; mais nous n'apprenons pas pourquoi il en est ainsi. Aussi éprouve-t-on presque le même sentiment de malaise qu'on éprouve après avoir assisté à des tours d'escamotage, auxquels, en effet, la plupart des démonstrations d'Euclide ressemblent étonnamment..... » Sans insister sur la méthode qu'eût préférée Schopenhauer, on comprend du moins que ses reproches à celle d'Euclide sont fondés dans une certaine mesure. Il est bien clair que pour démontrer logiquement il faut s'éloigner d'autant plus de l'intuition directe qu'on veut être plus rigoureux. Il faut élaborer des définitions, créer des fictions que l'on substitue aux éléments naturels de l'intuition.

Ainsi non seulement la démonstration logique ne se présente pas comme nécessaire à toute étude géométrique; non seulement il y a dans notre sentiment à cet égard l'effet d'une longue habitude, mais même la méthode démonstrative présente ce caractère indéniable de transformer les objets géométriques, et d'y substituer des notions qui tendent à éloigner le géomètre de l'intuition, c'est-à-dire du fond naturel d'où semblent devoir sortir ces objets. Si donc la géométrie a revêtu la forme démonstrative et logique, ce n'est pas en vertu d'une nécessité qu'explique suffisamment la nature même des choses qu'elle étudie. Elle pouvait sans doute par sa définition être appelée à recevoir un jour ce caractère spécial, comme il devait être réservé à la littérature de revêtir, entre autres, la forme dramatique; mais, en tous cas, l'association de la démonstration logique à la géométrie se présente, dans l'histoire des idées, avec ce caractère de contingence qui fait l'intérêt suprême de l'évolution de la pensée; simplement parce qu'il laisse subsister comme facteur essentiel la personnalité de l'âme créatrice.

Enfin, il ne faudrait pas croire la forme de la géométrie à jamais et rigoureusement déterminée par cette seule condition qu'elle soit démonstrative. Pour démontrer, nous l'avons dit, il faut définir ; mais on ne saurait tout définir, et il faut bien faire un choix de propositions que l'on demandera d'admettre sans démonstration, des postulats, des axiomes, des notions communes, que l'on posera purement et simplement. Ce sera, en somme, pour le géomètre une façon de se donner un ensemble minimum d'éléments devant représenter à ses yeux la matière irréductible, à laquelle il ne saurait substituer une série de concepts définis. Ici encore, lorsque nous adoptons les postulats de notre géométrie ordinaire, nous nous y croyons souvent obligés par une nécessité impérieuse. Tout axiome différent de ceux que nous sommes habitués à énoncer nous semble insoutenable. C'est ainsi que l'absolue vérité des principes de la géométrie ordinaire a été admise comme un dogme par tous ceux qui, jusqu'au commencement de ce siècle, ont médité sur la valeur de la connaissance. Aux yeux de Kant, par exemple, les axiomes de la géométrie s'imposent à nous avec une nécessité apodictique. On peut bien dire que cela est conforme à son idéalisme, puisque, d'après lui, les jugements géométriques ne font que traduire certaines conditions sous lesquelles notre esprit est tenu, par sa constitution même, de connaître les choses. Mais cette explication de Kant n'est venue pour lui qu'après coup, c'est au contraire à l'origine même de ses méditations sur le problème de la connaissance, et peut-être comme leur point de départ véritable, qu'on peut placer la croyance toute naïve au caractère apodictique et absolu des jugements de la géométrie, — croyance que Kant partageait d'ailleurs avec tous ses devanciers.

Quoi qu'il en soit, un courant d'idées nouveau tend à se faire jour maintenant. De nombreux travaux nous ont habitués aujourd'hui à des géométries qui se construisent sur des postulats différents de ceux d'Euclide. Les unes, acceptant pour l'espace le même nombre de dimensions, rejettent tels axiomes jusqu'ici essentiels; les autres admettent un nombre quelconque de dimensions pour l'espace. Celles-ci ont, il est vrai, un caractère presque exclusivement analytique. Pour nous borner aux premières et à l'exemple le plus saisissant, on sait que Lobatchewsky a construit une géométrie sur le modèle de la géométrie ordinaire, au point de vue de la méthode démonstrative, en évitant cependant d'admettre que par un point ne passe qu'une seule parallèle à une droite donnée. Naturellement les énoncés de Lobatchewsky diffèrent de ceux d'Euclide : par exemple, la somme des angles d'un triangle est, pour le géomètre russe, *inférieure à deux droits*.

On a beaucoup disputé sur l'importance de ces géométries nouvelles. Les uns ont voulu n'y voir que de vains enfantillages. Les autres y ont trouvé la solution du grand problème de l'origine des notions géométriques ; et, tandis que, pour quelques-uns, comme Riemann ou Helmholtz, les géométries nouvelles, en ruinant le caractère apriorique des axiomes, apportent la preuve de leur origine empirique, d'autres ont vu au contraire dans ces travaux la justification d'un idéalisme plus large que celui de Kant. Nous avons exposé ailleurs les raisons qui nous empêchent de prendre au sérieux les arguments des uns et des autres. Mais du moins il est incontestable que ces géométries ont contribué à mettre à jour un état d'esprit nouveau, une nouvelle façon d'envisager le rôle et la signification des axiomes.

Qu'est-ce qui a fait, dès leur apparition, l'intérêt des géométries non-euclidiennes ? C'est qu'elles se sont présentées comme des chaînes de propositions rigoureusement liées les unes aux autres, comme dans la géométrie ordinaire. La question de la nécessité des anciens axiomes se posait alors d'une façon toute naturelle. Ne fallait-il pas attribuer aux postulats euclidiens une valeur intrinsèque absolue, telle que par là même la vieille géométrie seule fût valable ? — Mais sur quoi pouvait-on fonder cette validité exclusive ?

L'expérience ne saurait ici apporter une preuve irréfutable. Elle a pu suggérer les postulats, mais il ne pouvait être question d'observer directement les vérités qu'ils expriment. On a proposé de soumettre à une vérification expérimentale non pas les axiomes eux-mêmes, mais quelqu'une de leurs conséquences, par exemple en cherchant si, dans un grand triangle, aisément fourni par l'astronomie, la somme des angles est ou non égale à deux droits. Mais nous ne nous faisons plus illusion aujourd'hui sur ces sortes de vérifications expérimentales (1). Si la somme calculée était inférieure à deux droits, on saurait seulement que toutes les hypothèses qui ont nécessairement présidé à l'expérience ne s'accordent pas avec celles de la géométrie ordinaire ; mais pourquoi renoncer alors à celles-ci de préférence à telles autres ? ne suffirait-il pas, par exemple,

---

(1) Les intéressants travaux de MM. Poincaré et Duhem, en particulier, nous ont suffisamment édifiés à cet égard.

pour expliquer le désaccord, de ne plus admettre la nature rectiligne des rayons de lumière et de renoncer ainsi d'un coup au triangle rectiligne sur lequel on aurait cru opérer ? — L'expérience est donc impuissante à décider.

S'en remettra-t-on à l'impression spéciale que font sur nous les axiomes de la géométrie ordinaire ? — Qui nous garantira que ce n'est pas simplement l'effet d'une vieille habitude, que n'était venu troubler encore aucun examen critique ?

Reste le recours à la nature apriorique de certaines notions. Mais qu'est-ce qui nous guidera dans les concessions que nous ferons à Kant ? — Que notre esprit ne puisse voir les choses que comme étendues, soit ! Mais pourquoi en résulterait-il nécessairement qu'il ne pût les saisir que sous certains rapports spatiaux déterminés ? Et si cela même était vrai, quel criterium aurions-nous pour reconnaître, à tels rapports, plutôt qu'à tels autres, la nécessité apodictique qui doit les caractériser ?

Nous voilà donc réduits à l'impossibilité de rejeter les géométries nouvelles au nom de la validité *incontestable* des axiomes euclidiens, et nous voilà obligés par conséquent de considérer toutes les géométries, y compris la géométrie ordinaire, comme des échafaudages bien faits, et plus ou moins intéressants en eux-mêmes, reposant sur des axiomes, dont il n'y a pas à discuter la vérité intrinsèque. Ceux-ci représentent uniquement, pour chacune d'elles, la première assise d'une construction qui, pour être édifiée, demandait une base, quelle qu'elle fût. Certes, il restera toujours à notre libre disposition de préférer telle géométrie à telle autre parce qu'elle s'appliquera plus commodément, plus simplement, aux problèmes de physique générale ; parce qu'elle nous semblera s'accorder mieux avec d'autres vues, avec d'autres théories. Mais, en tous cas, considérées en elles-mêmes du point de vue interne de la science théorique et spéculative, la géométrie qui repose sur les axiomes anciens apparaît comme une entre toutes, et non pas comme la seule qu'il fût possible à l'esprit humain d'édifier.

Bref, sans entrer dans plus de détails, en nous bornant à quelques caractères généraux de la géométrie, nous croyons avoir montré qu'elle ne devait pas trouver dans sa définition même, ni par sa matière ni par sa forme, les raisons suffisantes d'un développement uniforme, nécessaire, fatal, à travers les siècles. Si le cours qu'elle a suivi peut recevoir une explication naturelle, c'est en tout cas de la même manière que peut se comprendre aussi l'évolution de tel ou tel ordre d'idées qui représente à quelque degré l'expression de la pensée humaine.

II

Quel a été maintenant le rôle des Grecs ? D'un mot nous pourrons nous faire comprendre : ils ont créé la géométrie spéculative et désintéressée, ils lui ont donné la forme démonstrative et logique, ils l'ont faite idéaliste sans s'éloigner outre mesure de l'intuition naturelle ; enfin, ils l'ont dotée d'une matière si riche et d'un ensemble de principes si simples, qu'ils ont fondé, en quelques siècles une des œuvres à la fois les plus admirables et les plus fécondes dont nous ayons pu hériter.

Pour justifier cette assertion, nous devons dire jusqu'à quel point la géométrie des Grecs, celle que nous font connaître surtout Euclide, Archimède, Apollonius, a bien les caractères que nous signalons, — sauf à donner ensuite les motifs que nous avons de croire qu'elle ne leur venait pas de l'Orient ou de l'Egypte.

« Si la géométrie, dit Socrate dans la *République*,
« porte l'âme à contempler l'essence des choses, elle
« nous convient ; si elle s'arrête à ses accidents, elle
« ne nous convient pas. — Or, la moindre teinture de
« géométrie ne permet pas de contester que cette
« science n'a absolument aucun rapport avec le lan-
« gage qu'emploient ceux qui en font leur occupation.
« — Leur langage est plaisant, vraiment. Ils parlent
« de quarrer, de prolonger, d'ajouter, et emploient
« d'autres expressions semblables, comme s'ils opé-
« raient réellement et que toutes leurs démonstrations
« tendissent à la pratique. Mais cette science n'a, tout
« entière, d'autre objet que la connaissance... Elle a
« pour objet la connaissance de ce qui est toujours,
« non de ce qui naît et périt..... Elle attire l'âme vers
« la vérité, elle forme en elle cet esprit philosophique
« qui élève nos regards vers les choses d'en haut, au
« lieu de les abaisser, comme on fait vers les choses
« d'ici-bas. » (VII, p. 526).

Voilà comment Platon apprécie la géométrie de son temps : or, elle a atteint déjà un développement considérable. Depuis plus de deux siècles l'École pythagoricienne a élaboré, dans le fond et dans la forme, la plupart des problèmes essentiels qui feront la matière des *Éléments* d'Euclide. La théorie des sections coniques a pris naissance, et Platon et ses disciples contribuent certainement à lui faire réaliser des progrès sérieux. La rigueur des démonstrations et la variété des méthodes de raisonnement, le choix des postulats font déjà l'objet des méditations du géomètre : on le devine au sens des traditions dont le commentaire de Proclus sur Euclide nous apporte l'écho. En tout cas, nous ne sommes pas très éloignés des temps où Euclide, Archimède, Apollonius de Perge, vont publier des travaux d'une perfection si achevée : leur lecture fournit le plus merveilleux commentaire des paroles de Socrate à Glaucon.

Quels sont, en effet, les éléments qui forment le fond de cette géométrie ? Il serait naïf d'insister sur ce qu'ils ne sont pas empruntés de toutes pièces au monde matériel où nous vivons. Il y est question de lignes infiniment minces, absolument droites ou parfaitement rondes, et la réalité ne nous en offre jamais de telles. Une lecture attentive montre de plus que les éléments maniés par le géomètre grec ne sont même pas de simples objets réduits à leur forme extérieure, et dont l'imagination a porté les contours à un certain degré de perfection. S'il en était ainsi, la matière sur laquelle spéculent Euclide ou Apollonius ne serait qu'un ensemble d'abstractions tirées de l'expérience, et le géomètre ne serait pas aussi loin qu'on pourrait croire de la réalité concrète. Mais il la dépasse infiniment et s'efforce de pénétrer dans le monde de l'idée pure, en construisant à sa façon les éléments qui seront pour lui des objets d'étude. Le cercle ne sera pas le rond parfait dont l'intuition nous donne l'image ; ce sera la figure engendrée par un rayon de longueur donnée tournant autour d'une de ses extrémités ; la sphère sera la surface qui naît de la rotation d'un demi-cercle autour de son diamètre ; le cône sera engendré par un triangle rectangle qui tourne autour d'un côté de l'angle droit ; et ainsi de suite. La perpendiculaire à une droite devient celle qui fait avec elle deux angles superposables. Un point n'est pas « sur un cercle », « hors d'un cercle », « à l'intérieur d'un cercle », — mais sa distance au centre est égale, supérieure ou inférieure au rayon. — Bref, aux éléments de l'intuition, à la forme, à la position, aux qualités concrètes particulières qui apparaissent dans la vue des objets géométriques, le géomètre grec s'efforce de substituer des concepts définis, construits par lui-même, d'où la qualité sensible est partiellement exclue, et où entrent à sa place des rapports quantitatifs saisissables par l'intelligence. Il dirait volontiers lui-même de ces concepts qu'il en a retiré l'*accident* pour n'y laisser subsister que l'*essence* intelligible. Et on a l'impression que s'il n'a pas perdu le contact de la réalité concrète, du moins sa matière a une tendance à se confondre avec un monde idéal d'êtres conceptuels.

On peut aller plus ou moins loin dans cette voie, lorsque, en mathématique, on veut perdre de vue les choses concrètes, et réaliser des constructions tellement idéales que l'esprit puisse s'assimiler d'une façon adéquate les éléments de chacune d'elles. Depuis Descartes on aurait peine à dire les progrès que les géomètres ont faits dans ce sens. Il suffirait au premier venu, pour s'en rendre compte, d'entrer quelques instants dans une des salles où sont interrogés chaque année les candidats à l'École polytechnique. Après avoir entendu poser une question où l'examinateur aura entassé sphères, cylindres, surfaces circonscrites les unes aux autres, et sans voir tracer au tableau une seule figure, il aura quelque surprise à constater que deux lignes de calcul résolvent le problème. Et encore il s'agit là en général d'une géométrie concrète, qui serait du moins susceptible d'une certaine représentation. Dans quelques-uns de ses chapitres, la géométrie moderne se confond avec un symbolisme abstrait dont les signes reçoivent des définitions absolument indépendantes de toute figure représentable. Des travaux des Grecs jusqu'à ceux d'aujourd'hui on ne saurait parler de transformation radicale. Si l'analyse algébrique a pu si bien traduire et résoudre les questions de géométrie, et s'il y a fusion si intime entre ces deux modes de la pensée mathématique, c'est qu'au fond précisément les Grecs avaient préparé cette fusion en construisant la géométrie sur des concepts définis à l'aide de relations quantitatives, en substituant déjà ces relations aux qualités de forme. Si donc la géométrie atteint aujourd'hui à ce degré d'abstraction et de généralisation qui semble s'élever tellement au-dessus de notre monde réel que celui-ci paraisse à certains égards comme un cas particulier parmi une infinité d'intelligibles, si la géométrie a pu s'éloigner aussi étonnamment des réalités concrètes, c'est que déjà, entre les mains des Grecs, et par le caractère spécial qu'elle avait reçu d'eux, elle se prêtait à cette marche ascendante et continue vers le pur intelligible.

Mais il nous faut pourtant signaler une différence capitale sinon essentielle entre la pensée géométrique des Grecs et la pensée moderne. Si Euclide ou Apollonius raisonnent sur des êtres qu'ils ont construits par des définitions spéciales, et d'où ils ont tâché d'exclure en partie les qualités sensibles de forme ou de situation, ils ont du moins conservé, comme matériaux essentiels de leurs constructions, des éléments empruntés à l'intuition spatiale. C'est ainsi que toutes les opérations que nous effectuons sur des nombres, et une foule de relations simples, que nous exprimons et étudions à l'aide de symboles abstraits, se retrouvent chez les Grecs, mais dans un tout autre langage, où il intervient, au lieu de nombres, des longueurs, des carrés, des rectangles. C'est ainsi que, s'ils parlaient de longueurs ou de carrés *incommensurables*, ils n'auraient certainement pas compris notre idée de *nombre incommensurable*. C'est ainsi encore que, pour construire les êtres géométriques, ils empruntaient franchement à l'intuition, sans crainte de nuire ni à la rigueur ni à la clarté de leurs raisonnements, des notions aussi complexes que le mouvement et la continuité. Les exigences des analystes modernes qui, dans leurs efforts incessants, cherchent à exclure ces notions intuitives fondamentales, et qui, par exemple, pour éviter le continu, le décomposent en un ensemble d'éléments, chacun clairement défini, de façon à supprimer jusqu'à l'ombre d'une trame mystérieuse qui les relie entre eux, — ces exigences eussent été lettre morte aux yeux des Grecs. Ils voulaient que leur géométrie n'eût pour objets que des êtres créés par eux-mêmes ; mais ils n'eussent pas compris qu'on cherchât en dehors de l'intuition les éléments essentiels des constructions. Bien plus, l'intuition reste pour eux le fond lumineux à la clarté duquel ils forment toutes leurs conceptions. Si elle ne doit apporter dans les raisonnements aucun argument positif sur lequel on puisse se contenter de faire reposer la démonstration, du moins il serait difficile de contester qu'elle ne cesse d'éclairer et de soutenir la pensée. De sorte que la géométrie grecque nous apparaît comme un admirable effort d'échapper, mais seulement dans certaines limites, aux conditions concrètes, et de spéculer sur des objets qui soient rationnellement construits, sans cependant renoncer à trahir leur origine intuitive, sur des êtres qui soient saisissables par l'intelligence sans cesser de donner prise à l'imagination sensible. Ce double caractère va d'ailleurs ressortir plus clairement encore, si nous poursuivons l'examen de cette géométrie.

Faut-il insister sur ce qu'elle est démonstrative ? Ce trait essentiel est à peine séparable de sa nature conceptuelle. Qui veut démontrer est obligé de ne manier que des notions dont il puisse nommer le contenu. La rigueur de la conclusion ne peut résulter que de la connaissance claire et exacte du sens de tous les termes, et elle exigera par conséquent que chacun d'eux réponde à une définition parfaitement intelligible. Faute de substituer des concepts à des représentations qui s'imposent à nous, nous aurons le sentiment que nous constatons, que nous observons, que nous enregistrons des impressions, nullement que nous établissons une vérité rationnelle. Il suffisait, pour que la géométrie méritât le nom de science au sens où l'entendaient Platon et Aristote, qu'elle eût pour objets des idées générales. Si les Grecs ont voulu de plus que celles-ci fussent construites par l'intelligence au lieu d'être tirées par abstraction pure et simple de choses observées, leur intention est nettement saisissable. Ils ont voulu parler à l'intelligence et non à l'imagination ; ils ont voulu parvenir à des vérités que consacrât la raison ; ils ont voulu *démontrer en toute rigueur et clarté*. C'est ainsi que le caractère de science démonstrative, dont la lecture de quelques pages d'Euclide suffit à donner l'impression si manifeste, ne se sépare pas au fond de la méthode constructive de la géométrie grecque, et peut même en sembler la raison essentielle.

En même temps, c'est une question de savoir jusqu'où les Grecs démontraient véritablement. Certes, on sera tenté, à première vue, de trouver à leurs raisonnements une rigueur absolue : ils ont réduit à si peu de chose, semble-t-il, les emprunts à l'intuition sensible ; ils ont laissé si peu d'éléments non définis, ils ont mis un art si parfait à leurs constructions, que nous avons bien de la peine à distinguer, dans l'impression de clarté et de lumière qu'ils nous donnent, ce qui est véritablement et rigoureusement démontré, et ce qui n'est que senti, pour ainsi dire, que saisi par une intuition immédiate et directe. Il est évident cependant qu'à y regarder de plus près, on constatera que des notions fort complexes, qu'on ne peut songer à analyser et à reconstruire pour l'intelligence seule, qu'on ne peut *comprendre* par conséquent, au sens où cela serait nécessaire pour la démonstration rationnelle idéale, restent au fond des idées les plus importantes. Mais les Grecs n'y eussent pas contredit et ils auraient pensé sans doute que ce substratum visible par l'imagination est indispensable pour servir de base aux démonstrations, et ne saurait en altérer la rigueur.

Quel est maintenant l'intérêt qui guide le géomètre grec ? Qu'est-ce qui le séduit dans son œuvre ? — A coup sûr d'abord ce n'est pas le désir de trouver des règles pratiques pour les besoins journaliers de la vie. Il n'est même pas question, dans les *Éléments* d'Euclide, du moindre procédé d'arpentage, ni même de la moindre formule pour l'évaluation numérique d'une surface ou d'un volume (1). Le ton même, le style, le langage, la nature des questions soulevées, le souci d'être clair et rigoureux, au risque d'être souvent minutieux et très long, de se répéter plutôt que de laisser sous-entendue quelque idée intermédiaire, tout donne nettement l'impression que ce n'est pas l'application usuelle que l'on vise. La longueur même de la rédaction semblerait bien plutôt indiquer que l'auteur se complaît dans la confection de son œuvre, qu'elle le séduit par elle-même, et qu'il n'a pas besoin d'y trouver autre chose que l'occasion de contempler une des formes du beau intelligible, de la pensée claire et harmonieuse se déroulant sur le fond infiniment riche et varié de l'intuition géométrique.

On se demandera peut-être si le but visé n'est pas plus haut que dans cet exercice des facultés intellectuelles les plus précieuses. Les Grecs ne doutaient pas que raisonnant sur des essences intelligibles, sur des concepts rationnellement construits, ils n'atteignissent la vérité absolue, une vérité bien au-dessus des témoignages des sens, la vérité idéale. On ne peut nier par conséquent qu'ils n'eussent le sentiment de la puissance de l'instrument merveilleux qu'ils perfectionnaient de tous leurs soins, pour la science générale de l'univers, pour la science de ce qui dépasse les phénomènes journaliers, pour la science de ce qui est éternel, de ce qui demeure, comme le monde, le ciel, les astres... Non seulement les théories de Pythagore et de Platon ne nous laissent aucun doute là-dessus, mais nous savons bien aussi que l'astronomie était déjà devenue une.

---

(1) Voir, à ce sujet, notre *Rationnel*, ch. III : Une condition du progrès scientifique.

science théorique, depuis les travaux des pythagoriciens, et qu'elle n'allait pas tarder à se constituer avec Hipparque et Ptolémée en une sorte de géométrie appliquée aux phénomènes célestes. Mais peut-on dire que ce soit le souci exclusif de cette science générale de l'univers qui guide Euclide ou Apollonius ? Est-ce que vraiment, pour citer un exemple saisissant, les Grecs ont étudié les sections coniques parce qu'ils pressentaient de quelle utilité merveilleuse seraient un jour ces courbes pour la détermination des mouvements planétaires ? Personne n'oserait le soutenir. Quand le géomètre de Perge, après avoir exposé ce que ses prédécesseurs savaient déjà des sections coniques, publiait à son tour ses immortels travaux sur ces lignes qu'on nommait déjà ellipse, hyperbole, parabole, — pouvait-il raisonnablement prévoir l'usage qu'en feraient Kepler et Newton ? Platon, s'il revivait parmi nous, n'en manifesterait sans doute aucun étonnement : la géométrie, qui par sa forme est œuvre de l'intelligence, doit naturellement atteindre aux vérités éternelles et aux lois immuables de Dieu. Celui-ci n'est-il pas d'ailleurs l'éternel géomètre ? Quelque chose de ce sentiment de Platon anime assurément les géomètres grecs : pourtant s'il les pousse à continuer indéfiniment leurs études spéculatives, à aller toujours de l'avant, ce n'est pas en désignant de préférence tel ou tel chemin plus facile pour la découverte des grandes lois du monde, telle ou telle matière plus directement utilisable, mais seulement en excitant le géomètre grec à s'abandonner à son libre essor.

Il s'est trouvé que celui-ci a fait œuvre utile, que ses travaux ont abouti à d'importantes applications, et nous avons pu dire, en énumérant les caractères essentiels de la géométrie grecque, qu'elle a été merveilleusement féconde pour l'humanité. Comment cela a-t-il été possible ? Les Grecs auraient-ils dit vrai en parlant de vérités éternelles à propos de leur géométrie ? Platon aurait-il eu raison de croire qu'on « géométrisant » l'homme devait fatalement retrouver une à une les lois divines de l'univers ? Ou bien les géomètres grecs auraient-ils par hasard rencontré sur leur chemin, parmi tant d'autres aisément imaginables, ce qu'Auguste Comte ne craint pas d'appeler des « courbes réalisées dans la nature », visant par là sans doute, en particulier, les trajectoires des planètes ?

Nous ne pensons, à cet égard, ni comme Platon ni comme Auguste Comte. Quand l'esprit humain construit ses concepts et ses lois, nous sentons trop ce qu'il y met de lui-même pour croire à la valeur absolue de tout ce qu'il édifie ; et quant à une rencontre heureuse et accidentelle avec quelque lambeau de la réalité, il faudrait, pour y croire, comprendre d'abord ce que peut être la réalisation objective d'un concept, ce que peut être, par exemple, la trajectoire elliptique d'une planète véritablement tracée dans le ciel. Le problème astronomique du mouvement des planètes, pour nous arrêter à cet exemple, n'est autre que celui-ci : imaginer des constructions géométriques telles que les positions d'un point variable de nos figures correspondent aussi exactement que possible à celles de la planète, de sorte que nos constructions puissent le mieux possible refléter, exprimer à nos yeux le mouvement de cette planète. Qui ne sent toute l'indétermination d'un pareil problème ? La réponse qu'on y fera dépendra de bien des éléments, mais en particulier et aussi de la nature des constructions géométriques que l'on est capable d'effectuer, des questions qui se trouvent déjà étudiées, élaborées. Le langage en lequel on s'exprimera ne peut être que celui dont les éléments ont été déjà définis et fixés pour la pensée. Il en est de même d'ailleurs dans tous les domaines de la science théorique. Si l'intérêt des applications suggère souvent de nouveaux concepts, la solution particulière qu'on apporte aux questions soulevées est naturellement liée aux connaissances théoriques déjà acquises. Les progrès de la science moderne sont bien dus surtout aux effets de la méthode expérimentale, mais pense-t-on que les études spéculatives des anciens aient été pour rien dans les belles théories que nous offrent aujourd'hui les savants ? Elles ont fourni au contraire des éléments tout prêts à entrer dans le langage par lequel nous voulions interpréter l'expérience. Les théories se sont édifiées, nombreuses, rapides, étonnantes parfois de simplicité et d'élégance, parce qu'on a pu aujourd'hui puiser à pleines mains dans le trésor qu'avait amassé la pensée purement spéculative d'autrefois. Celle-ci n'avait pas besoin de prévoir les applications futures ; il lui suffisait de s'abandonner à l'attrait de ses recherches. Ç'a été au contraire le rôle des savants modernes de traduire les faits dans la langue qui avait été créée. Les géomètres grecs, en particulier, n'avaient pas à rechercher, dans des tâtonnements qui eussent risqué de rester stériles, la rencontre heureuse de courbes « réalisées dans le monde » ; c'était à leurs successeurs de savoir mettre à profit, pour représenter les phénomènes naturels, les éléments qu'ils avaient élaborés.

Est-ce à dire que toute autre géométrie que celle qu'ils ont construite se fût aussi bien adaptée à la physique générale de l'univers ? Non, sans doute. Il s'est trouvé évidemment qu'ils avaient confectionné un outil particulièrement précieux pour l'esprit humain. Et leur géométrie nous semble devoir cette puissance spéciale, d'une part à la nature idéale, claire, intelligible, des notions qu'elle a créées, et, d'autre part, à la base intuitive et naturelle sur laquelle elle s'est édifiée.

D'un côté, les concepts dégagés des déterminations concrètes, en même temps qu'ils acquièrent la précision indispensable à la science théorique et rigoureuse, deviennent aussi plus aptes à pénétrer dans tous les domaines de la pensée, à être utilisés par conséquent à propos des phénomènes les plus variés. D'autre part, le souci de l'intuition naturelle fait qu'instinctivement les éléments choisis pour la construction des concepts peuvent être pris parmi les phénomènes les plus généraux, ou, pour parler plus exactement, parmi ceux que, par sa propre nature, notre esprit ne sépare pas de ses représentations les plus générales de toutes choses : telles sont les idées de mouvement, de continuité, de situation, d'étendue, de ligne, de direction, etc., etc. Or, ce sont ces phénomènes généraux qui sont au fond de toutes les constructions de la géométrie grecque : nous l'avons dit à propos de la formation des concepts et des démonstrations ; on va le sentir plus encore à propos des résultats fondamentaux.

Si on lit les premières pages des *Éléments* d'Euclide, celles où le géomètre pose ses définitions et ses axiomes, on est frappé du peu de mots par lesquels il tâche de se faire comprendre : le point est ce qui n'a pas de parties ; la ligne est une longueur sans largeur ; la ligne droite celle qui est également placée aux points qui sont en elle, etc. Il est bien évident que l'auteur de ces définitions ne peut prétendre suppléer par des explications aussi concises à la vue intuitive directe des éléments dont il s'agit. C'est presque comme s'il renonçait à définir, comme si, dressant la liste des objets dont il sera question, il se contentait de dire: tout le monde sait ce qu'on entend sous ces mots. Aucune subtilité ; quelque naïveté au contraire dans une sorte de recours au sens commun.

Euclide va parler constamment d'égalité de figures : qu'entendra-t-il par là ? Il dit simplement, dans les notions générales qui suivent les définitions et les demandes : « Les choses qui s'adaptent entre elles sont égales. » Et de fait, toutes les fois qu'il sera question de montrer l'égalité de deux figures, Euclide prouvera simplement qu'elles peuvent être amenées à coïncider. Mais cela exige le déplacement sans déformation de l'une des deux. Or, qu'est-ce que ce déplacement ? C'est une notion synthétique empruntée de toutes pièces au sens commun, dans ce qu'il a de plus primitif. Si on essayait d'analyser ce que peut être le déplacement sans déformation d'une figure, on ne se heurterait pas seulement au fait complexe du mouvement d'un point dans l'espace, mais au mouvement simultané d'un ensemble de points dans des conditions telles que tous les éléments servant à déterminer la grandeur de la figure restent constants, c'est-à-dire restent *égaux à eux-mêmes*, et on tournerait ainsi dans un cercle vicieux pour essayer de définir l'égalité. Mais le géomètre grec n'en demande pas tant : la notion du mouvement et celle du déplacement d'une chose quelconque sont purement et simplement empruntées à une intuition naturelle, et appliquées aux figures de la géométrie.

Enfin, lorsque Euclide énonce ses postulats tels que : conduire une droite d'un point quelconque à un point quelconque ; prolonger indéfiniment, selon sa direction, une droite finie ; deux droites ne renferment pas un espace ; par un point ne passe qu'une parallèle à une droite (ce n'est pas sous cette forme qu'il le dit, mais l'énoncé d'Euclide revient au même) ; personne ne contestera que, même en dehors des effets possibles d'une vieille habitude de la géométrie grecque, ces vues ne soient les plus conformes à l'intuition commune. En particulier, s'il s'agit du fameux postulat des parallèles, outre qu'il se présente à notre imagination avec une très grande clarté, il est essentiel de remarquer qu'il a pour conséquence la théorie géométrique de la similitude, et que réciproquement celle-ci le suppose. Or, l'idée de similitude, de proportionnalité, de réduction d'un modèle dans des conditions qui n'altèrent que les grandeurs absolues sans changer ni les angles, ni les rapports des longueurs, — cette idée est si naturelle à l'homme qu'elle est impliquée dans les tentatives les plus naïves qu'il a dû faire pour dessiner ou peindre les objets.

Ainsi nous retrouvons au plus haut degré, dans le choix des premiers éléments fondamentaux, ce caractère, déjà signalé dans toute l'œuvre, qui la rapproche de l'intuition naturelle et du sens commun.

Resterait, pour n'être pas trop incomplet, à passer en revue les principaux problèmes qu'a soulevés la géométrie grecque : cela nous entraînerait hors des limites imposées à ce travail. Nous nous contenterons de signaler la variété des questions et des méthodes, de dire qu'il y a de tout dans cette géométrie : de l'arithmétique, de l'algèbre, et jusqu'à un certain point de la géométrie analytique et des considérations infinitésimales ; qu'enfin on y trouve déjà élaborés, dans un language spécial, la plupart des concepts fondamentaux qui, abstraction faite de l'algorithme nouveau, se trouveront à la base de l'analyse moderne.

Au surplus, il est temps de nous demander si nous n'exagérons pas le rôle des Grecs dans ce que nous avons nommé jusqu'ici leur géométrie, et s'ils n'ont pas simplement ajouté quelques pierres à une construction qui pouvait dater de plusieurs milliers d'années.

III

Rappelons d'abord le plus brièvement possible les principaux documents positifs capables de nous éclairer sur les connaissances géométriques des civilisations orientale et égyptienne (1).

Le plus important est le papyrus de Rhind, qu'a traduit M. Eisenlohr (2). On n'a pu en fixer la date, mais il y a de fortes raisons de penser qu'il remonte à la XVIIIe dynastie. Ce papyrus contient un assez grand nombre de problèmes d'arithmétique et de géométrie. Les premiers présentent quelque intérêt par ce qu'ils

---

(1) Nous nous permettons de renvoyer à nos *Leçons sur les Origines de la science grecque* le lecteur désireux d'avoir des renseignements plus complets sur cette question.
(2) *Ein mathematisches Handbuch der alten Ægypter*, übersetzt und erklärt von August Eisenlohr ; Leipzig, 1877. — Cf. Rodet, *Sur un Manuel du calculateur découvert dans un papyrus égyptien*. (*Bull. de la Soc. math. de France*, t. VI, 1878.)

nous apprennent de l'arithmétique pratique des Égyptiens, et par les rapprochements qu'on en peut faire de certaines manières de calculer des Grecs ; mais ils ont en vue des règles de la vie usuelle et ne manifestent aucune préoccupation de théorie pure. A la suite de la solution indiquée chaque fois sous forme de précepte à suivre, se trouve non pas une *démonstration*, mais une *vérification*. — En géométrie, il s'agit surtout de surfaces et de volumes à évaluer. Il a été à peu près impossible de rien comprendre aux règles suivies pour les volumes ; quant aux surfaces, l'aire d'un carré et celle d'un rectangle se calculent régulièrement ; celle d'un quadrilatère quelconque est déjà inexacte. En dehors de ces questions sur les mesures de surfaces ou de volumes, il y a lieu de signaler quelques problèmes où l'on demande, à propos de certains solides, le rapport de deux longueurs, par exemple le rapport d'une arête d'une pyramide à la diagonale de base : problèmes intéressants en ce qu'ils montrent quelque souci de la similitude, de la proportionnalité ; mais les calculs arithmétiques eux-mêmes donnaient déjà cette impression, et, ainsi que nous l'avons déjà observé, il faut voir là un fait des plus naturels, pouvant se retrouver dans une foule de manifestations de l'activité intellectuelle, sans qu'il soit permis d'y voir rien de commun avec la théorie de la similitude qu'exposera plus tard le V⁰ livre d'Euclide. En tous cas, le papyrus de Rhind ne donne nulle part le sentiment d'une tentative de démonstration logique.

Clément d'Alexandrie nous a conservé un mot de Démocrite qui mérite d'appeler l'attention. « Pour la combinaison des lignes avec démonstration, aurait dit le philosophe d'Abdère, personne ne m'a dépassé, pas même ceux qu'on nomme en Egypte des *Harpedonaptes* (1). » Les Égyptiens se seraient-ils livrés à des études de géométrie démonstrative ? — Le sens du mot « Harpedonaptes » (ceux qui attachent le cordeau), quelques indications fournies par un vieux document de la collection de Berlin (2), et aussi certaines peintures égyptiennes, où l'on voit le roi lui-même, une corde et des piquets à la main, procéder à l'orientation d'un temple, laissent peu de doute sur la nature des fonctions de ces personnages que vise Démocrite. L'orientation d'un monument exigeait d'abord la détermination de la méridienne, de la ligne Nord-Sud, ce qui se faisait très simplement, puis celle de la ligne Est-Ouest, perpendiculaire à la précédente. C'est ici sans doute, suivant l'ingénieuse et très vraisemblable opinion de M. Cantor, qu'intervenait un procédé plus ou moins mystérieux, pouvant donner l'apparence d'un grand savoir, ou d'une théorie avancée, et qui devait consister en l'application de ce fait que le triangle de côtés 3, 4, 5 est rectangle. Il faut seulement supposer la connaissance, dans un cas tout particulier, de ce que nous nommons le théorème de Pythagore. Cela nous est d'autant plus facile que quelques passages de livres chinois et hindous mentionnent aussi, dès une époque assurément fort reculée, la propriété du fameux triangle 3, 4, 5 ; et il n'y a vraiment aucune raison de rejeter la connaissance empirique d'une règle aussi simple et aussi commode chez des hommes que des constructions incessantes devaient exciter à rechercher de toutes façons des procédés ingénieux et pratiques. Rien

---

(1) Clément d'Alexandrie, éd. Potter, I, 357.
(2) Cf. Cantor, *Vorlesungen*, I, p. 57.

d'ailleurs ne peut nous faire soupçonner chez les Harpedonaptes égyptiens, pas plus que chez les Chinois ou les Hindous (avant la conquête d'Alexandre), la moindre tentative de démonstration du théorème de Pythagore.

A peine mentionnerons-nous certaines figures géométriques retrouvées parmi des peintures chaldéennes, représentant le plus souvent des cercles dont la circonférence est partagée en six parties égales, — et nous n'insisterons pas sur le peu d'importance théorique de semblables dessins.

La tradition, il est vrai, pourrait donner à penser. Chez les auteurs anciens, la géométrie est ordinairement présentée comme étant d'origine égyptienne. Une critique prudente doit faire un choix parmi ces témoignages. Tous ceux qui ont voyagé en Égypte après la conquête d'Alexandre, et qui nous rapportent, comme Diodore de Sicile, l'opinion des prêtres égyptiens sur leur antique savoir, doivent nous être suspects. La géométrie grecque, quand elle pénétra en Égypte au IIIe siècle, avait déjà atteint un prodigieux développement, et les prêtres égyptiens furent trop tentés de la revendiquer comme leur propre bien, pour que nous ajoutions foi à leurs assertions. Or, si nous remontons au delà du IIIe siècle, les témoignages favorables aux Égyptiens sont très vagues. Hérodote dit que la géométrie est née en Égypte, et c'est cette tradition qui se transmet jusqu'à Platon et Aristote. Mais de quelle géométrie s'agit-il ? On peut bien dire, jusqu'à un certain point, que les questions soulevées dans le papyrus de Rhind sont de la géométrie, géométrie assurément de beaucoup antérieure à Pythagore, mais, nous l'avons dit, c'est de la géométrie usuelle, où ne se trouve pas trace d'une théorie rationnellement constituée.

Les monuments qui couvrent encore le sol de l'Égypte et de la Chaldée ne supposent à aucun degré l'existence d'une géométrie théorique, mais seulement une grande expérience, un grand art des architectes, — une soumission passive et une énorme puissance de travail du personnel qu'ils dirigeaient.

Enfin, les études astronomiques des Chaldéens, pour citer les plus anciennes dont parle la tradition, n'exigeaient-elles pas des connaissances géométriques avancées ? — Sans nous attarder aux détails et aux petits problèmes, dont on a pu longtemps s'exagérer la difficulté (détermination de la méridienne en un lieu, des solstices, des équinoxes, — détermination sur la sphère céleste de l'écliptique, de l'équateur, etc.), allons droit à la question capitale, celle des éclipses. Hérodote raconte (1) que Thalès avait prédit l'éclipse qui vint mettre fin à une bataille entre Lydiens et Mèdes. Or, Thalès, un des premiers parmi les Ioniens, avait voyagé dans cette mystérieuse Égypte, qui venait tout à coup s'ouvrir à la curiosité des Grecs : n'est-il pas naturel d'admettre qu'il y avait appris l'art de prédire les éclipses ?

Nous ne doutons plus aujourd'hui que, bien avant Thalès, Égyptiens et surtout Chaldéens ne s'essayassent couramment à des prédictions d'éclipses. — Mais que faut-il en conclure ? Nous sommes bien sûrs que notre explication théorique du phénomène ne fut pas connue des Orientaux, et que leur méthode de prédiction ne reposait pas sur elle. Car Thalès, Pythagore, Démocrite, et tous ceux qui voyagèrent en Égypte ou

---

(1) *Histoires*, I, 74.

en Orient l'auraient transmise en Grèce, et nous n'assisterions pas pendant plusieurs siècles, de Pythagore à Aristarque de Samos, aux tâtonnements progressifs des Grecs dans la recherche de l'explication des éclipses. D'autre part, il n'est pas difficile de comprendre qu'il ait été possible de les prédire, en faisant abstraction de leur cause. Si les Chaldéens ont vraiment observé et noté les éclipses depuis de longs siècles (et il est impossible d'en douter), comment n'auraient-ils pas remarqué qu'au bout de dix-huit ans environ les éclipses de soleil et de lune se reproduisent périodiquement dans le même ordre et aux mêmes intervalles ? Nous savons d'ailleurs positivement, par des allusions trouvées dans quelques textes cunéiformes, que les prédictions ne se faisaient pas d'une façon rigoureuse et que toutes ne se confirmaient pas.

Ainsi nous ne trouvons aucune trace réelle d'une géométrie théorique qui eût été transmise aux Grecs. Cette consultation est-elle bien décisive ? Tant d'œuvres écrites ont pu disparaître depuis ces temps si reculés ! tant de témoignages, sans être anéantis, peuvent encore être cachés à nos yeux ! — Sans doute, mais qu'on y songe ! Les inscriptions qui couvrent les monuments, et les innombrables papyrus, soigneusement enfouis dans les tombeaux, nous ont fait pénétrer, depuis le commencement de ce siècle, dans les secrets les plus cachés de la civilisation égyptienne. Dans tous les ordres d'idées nous avons trouvé de quoi nous éclairer, de quoi répondre aux questions les plus indiscrètes, de quoi nous permettre de reconstituer les mœurs, les croyances, les lois des Égyptiens. Nous n'avons rien trouvé qui pût révéler l'existence d'une géométrie rationnelle et spéculative.

Et puis, n'avons-nous pas aussi quelques témoignages positifs à l'appui de notre opinion ? Nous avons cité le mot de Démocrite : il prouve au moins que dès le ve siècle les Grecs se sentaient supérieurs aux Égyptiens en géométrie. — Un mot bien connu de Platon est aussi fort instructif à cet égard : suivant lui, les Égyptiens ne s'attachent qu'à la vie pratique ; toutes leurs découvertes ou inventions ont un but utilitaire, ils sont indignes d'être appelés *Amis de la science*.

Enfin, si nous n'avons malheureusement plus l'histoire des mathématiques que composa Eudème, disciple d'Aristote, nous pouvons en retrouver un écho dans ce qui reste du commentaire de Proclus sur Euclide. Or, Proclus, d'après Eudème (1), fait remonter aux Pythagoriciens la recherche et la solution des principaux problèmes qui constituent la matière première essentielle des éléments d'Euclide, — attribuant à Pythagore lui-même la méthode démonstrative : « Py« thagore, dit-il, transforma l'étude de la géométrie et « en fit un enseignement libéral, car il remonta aux « principes supérieurs et rechercha les problèmes abs« traitement et par l'intelligence pure. »

Peut-être reste-t-il encore quelque doute, dans l'esprit du lecteur, sur le caractère autochtone de la géométrie grecque. Nous allons exposer l'argument le plus décisif en montrant que la création de cette géométrie peut être présentée comme une conséquence naturelle de ce que nous savons de l'esprit grec, en montrant que les qualités qu'elle exigeait sont au premier rang parmi celles que nous révèlent toutes les autres manifestations de la pensée hellène.

---

(1) Sans doute par l'intermédiaire de Geminus. Cf. P. Tannery, *Géométrie grecque*, Gauthier-Villars, 1887.

IV

Le passage de la géométrie pratique à la géométrie spéculative exigeait avant tout une curiosité des plus vives, une aptitude spéciale à la méditation libre, une très grande initiative de recherche, jointe évidemment à une certaine confiance dans ses propres forces intellectuelles. Voici un fait connu depuis les temps les plus reculés, et utilisé par les architectes et constructeurs chinois, hindous, égyptiens : si on replie une corde en trois morceaux dont les longueurs soient 3, 4, 5, de façon à former un triangle, les côtés dont les longueurs sont 3 et 4 sont perpendiculaires l'un sur l'autre. Combien de siècles ont pu s'écouler avant qu'il se trouvât des esprits capables de se demander : pourquoi cela est-il ainsi ? L'étonnement et l'admiration pouvaient naître chez un homme d'Orient, chez un Hébreu, chez un Chaldéen, chez un Chinois, — et produire en lui un enthousiasme plus ou moins éloquent pour ce qui est, pour ce qu'ont voulu le destin ou la divinité, mais à une pareille question : pourquoi le triangle 3, 4, 5, a-t-il un angle droit ? — il eût répondu à coup sûr : cela est parce que cela est, comme il y a une terre, des cieux, des animaux et des plantes, et pour la même raison qui fait que nous avons un nez, des yeux, des cheveux, qu'il existe des montagnes, des fleuves, des abeilles, des fleurs... Dans un dialogue écrit par l'empereur chinois Tchaou-Kong (1), et où il figure lui-même comme personnage, son interlocuteur venant à lui révéler la propriété du fameux triangle, l'empereur se contente de répondre :

(1) Traduit par Biernatzki.

« Vraiment, c'est merveilleux !... » il ne songe nullement à en demander la raison.

Les Grecs se présentent à nous, dans l'histoire des idées, comme les premiers hommes dont l'intelligence a témoigné, dans tous les ordres d'idées, le désir de s'émanciper, de secouer tous les jougs. Ils ne sont pas attachés, comme les Orientaux, à la lettre de quelque livre sacré, dans les limites duquel leur pensée se croie obligée de se mouvoir. Ils sont religieux par tradition, mais ils ne sont pas dominés par leurs croyances au point que leur activité et leur initiative individuelle s'en trouvent gênées. Tandis que jusqu'à eux toute tentative d'explication des choses se réduisait à une cosmogonie religieuse, ils se posent librement, en dehors des dogmes, les grands problèmes de la formation du monde et de son avenir. Ils donnent le premier exemple de la méditation philosophique libre et indépendante, et soulèvent les questions fondamentales de la science de l'Univers, pour tenter de les résoudre avec les seules ressources de leur intelligence.

Dès le VIIe siècle avant J.-C. les théories cosmogoniques et physiques se produisent, et, à mesure qu'elles se font jour, sont librement examinées, discutées, corrigées. Thalès veut que l'eau soit le principe de toutes choses ; Anaximandre fait sortir le monde de l'*indéterminé* par l'effet de la rotation diurne du cosmos ; Anaximène précise ses vues en choisissant l'air pour matière première indéterminée. Et leurs conceptions audacieuses s'élèvent déjà jusqu'à expliquer, avec ces seuls éléments, l'*indéterminé* et le *mouvement*, une suite périodique de générations et de destructions, suite éternelle dans le passé et dans l'avenir. — Quand les malheurs de l'Ionie ont obligé ses penseurs à chercher un refuge vers quelque côte hospitalière, Pythagore vient proclamer en Italie la nécessité d'expliquer toutes choses par le nombre. Parménide à Élée, puis Zénon et Melissus, établissent la distinction claire et définitive dans l'évolution de la pensée humaine, du domaine de la *Vérité* et de celui de l'*Opinion*, c'est-à-dire de ce qui est vrai devant la raison et de ce qui est donné par les sens, et achèvent de fonder la notion même de la science théorique en posant le postulat de la constance de la somme des choses, de l'équivalence à certains égards des phénomènes les uns aux autres, de l'*Unité* sous la multiplicité apparente, tant de fois signalée d'ailleurs par Héraclite. Enfin, par une dialectique serrée, restée célèbre dans toute l'antiquité, ils amènent la pensée mathématique à une notion plus claire du continu. — Au ve siècle, Empédocle, Anaxagore, Démocrite, tenant compte déjà des méditations de leurs devanciers, apportent à leur tour des réponses nouvelles et déjà moins naïves aux grandes questions posées par les premiers Ioniens. Empédocle crée la théorie des quatre éléments ; Anaxagore sépare la matière première du Nous organisateur ; Démocrite fonde la première conception atomique. Ce ne sont là sans doute que des tâtonnements, mais n'ont-ils pas de quoi nous surprendre par la hardiesse étonnante des questions soulevées, par l'audace des solutions proposées ? La pensée grecque, d'abord dans l'enfance, a pu attendre, pour s'affranchir, que le contact avec les vieilles civilisations eût excité sa curiosité : ce qui est incontestable, c'est que cette curiosité se manifesta avec la plus vivante intensité, c'est que, dès ses débuts, l'esprit hellène donna la preuve d'une prodigieuse initiative.

Il en est de même si de la philosophie nous passons

à l'œuvre esthétique des Grecs. En Orient et en Égypte les manifestations de l'art sont sans doute fort anciennes ; mais on sait à quel point elles sont étroitement liées au fétichisme religieux et aux formules traditionnelles qu'on accepte sans discussion.

L'art grec n'est certes pas étranger aux traditions religieuses : bien au contraire, c'est la mythologie qui inspire sans cesse l'artiste, poète ou sculpteur. Mais les dieux d'Homère ou de Phidias ne sont pas ces puissances souveraines que l'on se contente de glorifier pieusement et d'honorer par un respect et une soumission qui imposeraient des limites à l'imagination ou à la fantaisie. Loin d'être asservis et écrasés par leurs divinités, les Grecs, au contraire, les dominent plutôt, en ce sens qu'ils les font descendre à leur propre niveau, qu'ils leur donnent des sentiments humains, et qu'enfin, lorsqu'ils les prennent pour sujets de leurs œuvres, c'est déjà l'âme humaine avec l'infinie variété de ses émotions et toutes les subtiles nuances de ses pensées qui inspire leur génie et fait de leur art quelque chose de si vivant.

La contrainte religieuse n'est d'ailleurs pas la seule dont l'art grec sait s'affranchir. Des traditions, des habitudes séculaires venaient sans cesse en Orient gêner l'essor et imposer à l'imagination les limites les plus étroites. Pour citer un exemple saisissant, le savant danois M. J. Lange a récemment découvert (1) que toutes les statues anciennes, en quantité innombrable, provenant d'Égypte, de Chaldée, d'Assyrie ou de Perse, sont soumises à la règle que voici : dans toutes

(1) *Mémoires de l'Académie royale des sciences et lettres de Danemark*, 6ᵉ série, classe des Lettres, tome V, n° 4. Copenhague, 1892.

les attitudes « *le plan médian qu'on peut se figurer passant par le sommet de la tête, le nez, l'épine dorsale, le sternum, le nombril et les organes sexuels, et qui partage le corps en deux moitiés symétriques, reste invariable, ne se tournant ni ne se courbant d'aucun côté.* »
Comme l'a observé M. Lange, cette loi qui s'oppose d'une façon si gênante à la mobilité et à la variété des attitudes peut, jusqu'à un certain point, s'expliquer par des raisons naturelles, convenant à une période primitive du développement intellectuel de l'humanité. Mais ce qui nous intéresse surtout ici, ce n'est pas que l'art à ses débuts ait rencontré naturellement de telles entraves, mais bien qu'il les ait acceptées passivement durant des milliers d'années, sans que nous puissions constater à leur égard la moindre tentative sérieuse d'émancipation. Les exceptions à la loi de M. Lange commencent à être appréciables et deviennent de plus en plus fréquentes avec les figures grecques archaïques, et dès le ve siècle l'artiste grec s'affranchit complètement et définitivement de cette contrainte. Il y a là plus qu'une évolution naturelle et continue d'une tendance de l'humanité, il y a surtout passage d'une civilisation à une autre, de l'esprit oriental à l'esprit grec. Celui-ci, dès ses premières productions, a annoncé « la fin d'une ankylose de trente siècles », comme a spirituellement observé M. H. Lechat, dans une étude sur la loi de frontalité (1), où il montre clairement toute l'importance significative des premières exceptions fournies par l'art archaïque grec. Les Hellènes, dès leurs tâtonnements primitifs, ont fait preuve, dans leurs œuvres artistiques, d'un esprit d'indépendance qui ne

---

(1) *Revue des Universités du Midi*, janvier-mars, 1895.

pouvait comporter longtemps l'asservissement à aucune contrainte.

N'ont-ils pourtant pas suivi eux aussi des règles générales fixes ? Ce serait folie de le nier. Pour la sculpture, l'architecture, la poésie, le théâtre, les Grecs ont eu une esthétique qui, sur certains points, a pu s'énoncer en règles quelque peu restrictives. Mais cette esthétique s'est dégagée de leur propre inspiration, de leur génie personnel. Les règles qu'elle leur prescrivait ne leur étaient imposées par aucune autorité, par aucune tradition séculaire, par aucune loi impérative ; elles émanaient de l'esprit grec lui-même, elles étaient sa création ; elles traçaient d'après lui. le chemin qui peut le mieux conduire au beau idéal.

N'est-ce pas la même indépendance, la même impatience de toute entrave, qui, après tant de siècles où les connaissances géométriques s'énonçaient en formules empiriques devant lesquelles on s'inclinait sans songer à les raisonner, a dû naturellement pousser les Grecs à s'en affranchir dans une certaine mesure par le seul fait que leur intelligence les expliquerait ?

Ainsi nous comprenons que les Grecs aient pris une autre attitude que les Orientaux devant le « merveilleux » des faits géométriques, et qu'ils aient cherché à le dissiper par des raisons naturelles. Mais il ne s'agit pas ici de phénomènes physiques dont on puisse chercher la cause dans les faits antécédents, comme tentaient de faire déjà les Ioniens pour l'explication des grands phénomènes de l'univers. Dans quel sens pouvait-on bien chercher la raison d'un fait géométrique ? S'il se trouve vérifié dans certaines circonstances matérielles, il ne dépend évidemment pas d'elles : le triangle 3, 4, 5, a un angle droit, que ses côtés soient des fragments de corde tendue ou des tiges en bois. C'est là une vérité portant sur des éléments abstraits que l'esprit envisage de certaines façons. Dans quelle direction la pensée songera-t-elle à en poursuivre la raison ? — Si déjà les Pythagoriciens n'ont pas hésité à la chercher dans la formation de concepts, ou de notions clairement définies, d'où la vérité en question pût se déduire, est-ce là un fait isolé, accidentel dans la manifestation de la pensée grecque ?

Remarquons d'abord qu'il se rattache encore étroitement à l'allure indépendante de l'esprit grec. Qu'est-ce, en effet, que poser des définitions, que former des concepts précis dont on puisse énumérer les éléments, sinon employer son activité intellectuelle à créer, à construire certains êtres abstraits, au gré de sa volonté ? Les matériaux sont empruntés à l'intuition, et les constructions sont plus ou moins suggérées par elle, mais qu'importe ? On ne lui obéit pas passivement quand on détermine le contenu exact des notions que l'on crée. Un angle formé par deux droites dont l'une tombe tout droit sur l'autre est une figure que nous fournit l'intuition géométrique la plus simple, ce n'est encore qu'une impression, tant que le géomètre n'a pas déclaré qu'il appellera angles droits ceux que fait une droite tombant sur une autre lorsque ces deux angles seront superposables. — La sphère est une boule dont la vue du ciel a pu suffire à fournir l'image aux premiers hommes : c'est l'activité créatrice de l'intelligence qui fera de la sphère la surface engendrée par la rotation d'un demi cercle autour de son diamètre, ou encore le lieu géométrique des points de l'espace situés à une distance donnée d'un point fixe. L'intuition la plus primitive fournit l'idée de la longueur d'un arc de courbe, celle, si l'on veut, d'un fil très mince enroulé sur l'arc : le géomètre décide d'appeler longueur de l'arc « la limite du périmètre d'une ligne brisée inscrite ayant mêmes extrémités et dont le nombre des côtés croît indéfiniment, tous les côtés tendant vers zéro ». L'effet de son intervention est une création, une sorte de reconstruction pour l'esprit des éléments qui s'imposaient à lui, et que l'imagination pouvait entrevoir d'une façon plus ou moins confuse. Cette reconstruction, les Grecs l'ont poursuivie avec tant d'ardeur, que nous avons vu Schopenhauer les accuser, avec quelque apparence de raison, d'avoir *escamoté* les données de l'intuition géométrique. Sans aller aussi loin, ne peut-on y voir le fait d'une intelligence assez éprise de liberté pour ne pas même accepter les impressions du dehors, les images que les choses lui fournissent naturellement, et pour y substituer des êtres créés par sa propre activité?

Est-ce à dire qu'en s'éloignant ainsi des choses données pour construire des concepts intelligibles, les Grecs eussent consenti à voir dans ces concepts des créations arbitraires ? Ils auraient, au contraire, rejeté de toutes leurs forces l'accusation de spéculer sur des êtres fictifs. La réalité était pour eux dans la notion définie, et, en la prenant pour objet d'étude, au lieu de l'élément intuitif vague et obscur, ils avaient conscience qu'ils allaient puiser la connaissance à ce qui est le plus véritablement, à ce qu'ils auraient nommé volontiers l'essence des choses. Les premiers géomètres grecs n'eussent peut-être pas traduit leur pensée à cet égard en des termes aussi précis, mais du moins le sentiment qui les poussait déjà vers les notions définies était le même qui les entraînait à la poursuite du vrai idéal. Leur esprit d'indépendance ne s'en trouvait pas plus atteint que pouvait l'être leur génie artistique par le sentiment qu'ils poursuivaient le beau absolu, le beau en soi, en se traçant les règles de leur esthétique. L'idéal dans le vrai ou dans le beau n'est pas distinct aux yeux des Grecs de ce que leur raison conçoit comme tel ; ce n'est donc pas pour eux se soumettre à une contrainte extérieure que de le poursuivre de toutes leurs forces : tout chemin qui les y conduit est, au contraire, celui où ils se sentent le plus vivement guidés par leur activité personnelle et libre.

En tout cas, sans insister davantage sur le lien qui peut rattacher au besoin d'indépendance et d'initiative créatrice la méthode conceptuelle des Grecs en géométrie, ne voit-on pas qu'il y a là, dans un domaine spécial, la manifestation d'une de leurs tendances les plus générales ?

L'histoire de la pensée philosophique nous montre déjà les Pythagoriciens et les Éléates tenter de faire une séparation féconde pour la connaissance entre les phénomènes d'expérience et les notions idéales, claires, rationnelles. Et ces premières ébauches de philosophie idéaliste aboutissent avec les Socratiques à la philosophie du concept.

Si nous ouvrons les œuvres littéraires des Grecs, que de fois ne sommes-nous pas frappés du caractère de généralité souveraine des créations du poète ? Que de fois ne pouvons-nous y voir des types chez qui se trouvent incarnés tels sentiments éternels, ou telles idées intelligibles, bien plutôt que des êtres particuliers présentant les mille singularités accidentelles de la vie ordinaire ? Et cela même dans la poésie lyrique, dans un genre où la vivacité des impressions et la variété des images sensibles sembleraient plus naturellement éloigner les notions logiques. Qu'on lise, à propos de Pindare, ces réflexions d'un juge particulièrement compétent : « La nature visible tout entière se réfléchit dans son imagination; mais en même temps sa pensée, déjà philosophique et active, pénètre la nature et la spiritualise. De sorte que, d'une part, en vrai poète, il exprime les idées abstraites par des images, et que, de l'autre, il peint les objets concrets à la fois aux yeux et à l'esprit, dans leur effet pittoresque et dans leur rapport avec la loi générale dont ils offrent une application..... » Et plus loin : « Il préfère au mot précis, mais vulgaire, qui désigne l'objet connu par son nom, un *terme plus général qui le laisse voir sans le montrer, qui le débarrasse du cortège des idées accessoires et communes pour n'en faire connaître que l'essence, et qui le rattache au genre abstrait dont il fait partie* (1). » Si l'on oubliait qu'il s'agit de Pindare, ne croirait-on pas volontiers que les dernières lignes veulent caractériser la langue d'Euclide?

Lorsqu'enfin on passe aux œuvres classiques par excellence, soit au théâtre grec, soit à la sculpture ou à l'architecture du siècle de Périclès, ne peut-on dire d'un mot que, si la beauté de ces œuvres est de tous les temps, et doit s'imposer à jamais à l'admiration de tous les hommes, c'est justement parce qu'elles expriment, en dehors des circonstances accessoires et variées où nous les trouvons accidentellement réalisées sous nos yeux, des sentiments essentiellement humains, des idées éternelles? On convient sans doute que c'est là

---

(1) *Histoire de la littérature grecque*, A. et M. Croiset, tome II, pp. 394 et 396.

au fond le propre de l'art le plus élevé : ce qu'on sait moins c'est à quel point la création des concepts géométriques, des idées claires, des notions faites pour l'intelligence et la raison, procède du même caractère de l'esprit grec, c'est à quel point la géométrie idéaliste s'accorde avec toutes les manifestations de son tempérament artistique.

Ce n'est pas tout. Si les Grecs ont conçu des notions intelligibles pour expliquer les vérités géométriques, nous avons brièvement indiqué aussi comment ils procèdent pour rattacher celles-ci à celles-là : leur méthode est essentiellement *démonstrative*. Eh bien, je le demande, y a-t-il lieu d'être fort surpris de voir les Grecs se montrer logiciens et raisonneurs à outrance ? La création d'une pareille méthode nous révèle-t-elle un côté nouveau, inconnu jusqu'ici de leur tempérament intellectuel ? N'y retrouvons-nous pas au contraire un des traits les plus saillants de leur caractère ?

On sait trop, pour que nous ayons besoin d'y insister, le rôle que joua chez eux de bonne heure l'art de la parole, considéré comme l'art de la persuasion. Ce qui séduisait les Athéniens dans les disputes oratoires, c'était surtout l'art de démontrer ou de réfuter, de saisir les points faibles d'un raisonnement, de chercher à les éviter pour soi, de savoir au contraire les démasquer chez autrui, d'acculer l'adversaire à quelque absurdité logique. Le succès des sophistes est né sans contredit de cette préoccupation et de ce goût, et, sans parler d'écoles philosophiques secondaires, comme les Mégariques, — les procédés dialectiques d'un Socrate et d'un Platon sont tout à fait édifiants à cet égard.

La métaphysique, il est vrai, pouvait se prêter avec une aisance toute particulière à la tendance raisonneuse des Grecs ; mais personne n'ignore que cette tendance est aussi manifeste dans les œuvres de leurs poètes.

Au reste, qui n'accorderait que le goût de la discussion logique, de la dispute, a été poussé chez les Grecs au delà des limites que semble prescrire le simple bon sens ? Il est bien certain qu'ils ont mis quelque enfantillage dans leur manie raisonneuse, dans leur insistance à présenter leurs idées avec la rigueur la plus subtile, avec une abondance de détails insignifiants. « Il y a dans tout cela, dit très justement M. Perrot, quelque enfantillage, et, quand on lit un dialogue de Platon, bien souvent on se défend mal d'une certaine impatience : il semble que, pour établir telle ou telle distinction, tel ou tel principe auquel tient l'auteur, deux mots auraient suffi (1). » L'effort tenté par l'esprit paraît souvent n'être pas en rapport avec l'importance de la question qu'il examine. Que faut-il en conclure, sinon qu'en raisonnant à outrance les Grecs cédaient surtout à un penchant naturel, et que l'attrait qu'ils y trouvaient était principalement dans le libre exercice de leurs facultés ?

Mais alors, va-t-on peut-être objecter, comment songer à rapprocher ce goût aussi irréfléchi et aussi naïf pour un amusement intellectuel, des qualités d'esprit autrement sérieuses que semble avoir exigées la création de la géométrie rationnelle ? Passe pour les sophismes et pour les querelles subtiles qui peuvent être avant tout des jeux d'esprit ; mais quant à

---

(1) *L'éloquence politique et judiciaire à Athènes*, p. 66.

la géométrie, n'était-ce pas plutôt la pensée égyptienne ou orientale, vieillie et parvenue à maturité après tant de siècles d'existence, qui seule avait pu enfanter une œuvre aussi sérieuse ? — Ce serait une erreur de juger de la sorte. Qu'on ouvre un Euclide, et qu'on lise attentivement quelques démonstrations : que de fois ne sera-t-on pas tenté de trouver le géomètre trop minutieux, que de fois n'aura-t-on pas envie de dire à sa place : « et ainsi de même dans les autres cas, » « et ainsi de suite », au lieu de reprendre patiemment avec lui quelque suite d'idées presque identique à une autre ! Que de fois aussi n'aura-t-on pas l'impression que c'est trop long, que deux mots auraient suffi au lieu d'un long raisonnement ! Les démonstrations d'Euclide tiennent bien leur nature et leur forme de la même ardeur naïve que nous montrent les Grecs pour l'art des raisonnements minutieux et subtils ; c'est d'elle aussi par conséquent que la méthode euclidienne tient sa rigueur inattaquable. Mais il y a plus, et ce n'est pas seulement le ton général de la démonstration qui s'explique ainsi ; c'est aussi la marche du géomètre grec à travers une telle richesse de questions. S'il eût réfléchi sur l'importance spéciale de tel ou tel problème, il n'en eût pas traité d'aussi nombreux ni d'aussi variés. Loin d'avoir nui à l'œuvre mathématique des Grecs, leur jeunesse d'esprit y a puissamment aidé, non pas seulement par la souplesse intellectuelle qu'elle suppose, mais aussi et surtout peut-être par l'ardeur et l'enthousiasme qui poussent en avant quand même, sans qu'on prenne le temps de se demander où l'on va, et sans savoir si les résultats en vaudront la peine. Il fallait, pour que la géométrie fût créée, précisément une certaine dose d'insouciance, d'irréflexion, de désintéressement, qualités qui tiennent plutôt à une pensée toute jeune, telle que l'était celle des Grecs. Le prêtre égyptien l'avait dit à Solon : « Vous autres, Grecs, vous êtes jeunes par vos âmes » (1). Si cette qualité peut servir à comprendre une des productions des Grecs, n'est-ce pas surtout leur géométrie? Poussés par le plaisir qu'y trouvait leur intelligence, ils ont accumulé une foule de notions théoriques, résolu un grand nombre de problèmes abstraits, où les savants ont pu plus tard puiser à pleines mains. Une œuvre immortelle est née du jour où se sont rencontrés des esprits assez jeunes pour en poursuivre la création et le perfectionnement aussi loin que possible pour le charme seul qu'ils y trouvaient.

Enfin, nous l'avons dit, cette œuvre eût peut-être risqué d'être une chimère et de rester à jamais stérile, si elle n'avait ses racines mêmes dans une saine observation commune, si elle ne trouvait sa base et souvent même sa clarté dans quelques notions intuitives toutes simples, toutes naïves, acceptées sans discussion. Tout n'est pas subtil dans la géométrie grecque : une large place est laissée au sens commun; les axiomes, les définitions, les demandes et parfois même les raisons de certaines conclusions d'apparence purement logique sont empruntées à une vue naturelle que le géomètre ne cherche pas à dissimuler. Faut-il apporter ici quelques restrictions à l'idée que nous nous faisons d'ordinaire de l'esprit grec, et faire appel, pour expliquer ce caractère de leur géométrie, à quelque disposition

(1) *Timée*, p. 22.

exceptionnelle de cet esprit? C'est au contraire une des impressions qui ont le plus frappé tous ceux qui l'ont étudié dans ses manifestations les plus générales, dans sa philosophie, dans sa littérature, dans son art, dans sa religion, que cet équilibre harmonieux de toutes ses facultés, de l'imagination et de la raison, de l'idée et du sentiment, du sens commun et de la pensée réfléchie.

Jamais les Grecs, dans leur envolée vers l'idéal, ne perdent complètement de vue le phénomène simple et naturel. Ils n'ont connu ni le mysticisme ni l'ascétisme. Autour de leurs dieux, des fables, des légendes, où ceux-ci jouent un rôle presque humain : pas de mystère qui confonde l'imagination. La philosophie grecque prend sa source dans la nature même, dans la multiplicité des phénomènes de l'univers qu'elle veut expliquer ; et quand elle atteint avec Platon et Aristote aux sommets de la métaphysique la plus savante, ou qu'elle touche avec les stoïciens aux grandeurs d'une morale qui semble, par bien des côtés, préparer le christianisme, elle reste inséparable de qualités objectives et concrètes qui l'empêchent de franchir les bornes de la raison naturelle. Dans toute leur œuvre esthétique, ce qui frappe au plus haut degré, n'est-ce pas, comme l'a dit E. Zeller, la pénétration plastique du fond et de la forme ? Le fond, c'est la nature, ce sont les impressions infiniment variées que l'artiste grec en reçoit, qui le séduisent par elles-mêmes, et auxquelles il emprunte les éléments objectifs de toutes ses créations. Guidé par cet instinct des choses naturelles, ce n'est pas seulement le mysticisme qu'il évite, c'est même l'exagération dans quelque sens que ce soit, c'est le ridicule ou l'invraisemblable. Même dans les épopées homériques où l'héroïque et le merveilleux doivent jouer un grand rôle, le sens commun n'est jamais choqué d'aucune exagération. « L'humanité dépeinte dans le poème est une humanité idéale, que le poète et ses contemporains considéraient, il est vrai, comme réelle dans le passé, mais non dans le présent. On imaginait pour elle des richesses merveilleuses, des arts tout-puissants ; les héros sont couverts d'or, leurs armes sont ciselées avec une perfection dont aucun artiste du temps n'était assurément capable. C'est là le seul genre d'exagération que se permette cette poésie si vraie. D'ailleurs, il faut remarquer que, dans l'exagération même, elle se garde naturellement de dépasser une certaine mesure qui lui est indiquée par un sens délicat de la vraisemblance. Si les héros de l'*Iliade* sont plus robustes et plus légers que les hommes les plus lestes et les plus vigoureux, cette supériorité n'est pas telle pourtant que notre imagination ne puisse l'admettre à titre d'exception. La poésie homérique se souvient de la réalité alors même qu'elle la dépasse, et elle reste sensée jusque dans ses fantaisies... Son art est de ménager l'imagination tout en favorisant son essor. Tout ce qu'elle crée est grand; rien n'est démesuré(1). » Les idées si justement exprimées dans ces quelques lignes s'appliquent à toute l'œuvre esthétique des Grecs. Et ce n'est d'ailleurs pas d'aujourd'hui que cette qualité essentielle de leur esprit qui consiste à prendre son essor vers l'idéal sans oublier la réalité, sans tomber ni dans l'extase, ni dans la rêverie pure, ni dans la fantaisie vaine, a frappé les historiens et

---

(1) Croiset, *op. cit.*, I, p. 225.

les penseurs. N'est-ce pas, au fond, cet équilibre de l'imagination et de la raison qu'ont tant admiré, en l'opposant au caractère des Orientaux, Hippocrate, Hérodote, Aristote, cherchant à l'expliquer déjà par des causes naturelles, telles que l'influence du climat tempéré de la Grèce et de l'Ionie ?

Nous nous sommes demandé au cours de cette étude comment les Grecs, dans leurs conceptions géométriques désintéressées, avaient pu édifier une œuvre qui devait tant profiter à la science de l'univers, et nous l'expliquions déjà par le côté naturaliste de cette œuvre. Ne semble-t-il pas que tout devienne plus clair encore après les réflexions qui précèdent ? Et sentons-nous maintenant le besoin de chercher pourquoi la géométrie grecque, quel que fût le mobile qui entraînât ses créateurs, a pu être autre chose qu'un échafaudage vain et fantaisiste ? L'instinct du génie hellénique nous apparaît comme une garantie suffisante que cette mathématique, qu'ils ont cultivée avec tant de goût, ne pouvait pas ne pas prendre racine dans des conditions naturelles et normales où se trouve placé notre esprit en face des choses.

Bref, il semble que rien ne reste inexpliqué de ce qui touche à la création et au caractère même de la géométrie grecque. Elle apparaissait comme un miracle dans l'histoire de la pensée, venant au jour brusquement, en peu de siècles, après tant de civilisations vieillies dans la réflexion et l'étude. Le miracle est de même sorte que l'avènement, à la même date, et chez les mêmes hommes, de la pensée libre en face de l'univers, et de l'art le plus indépendant, le plus élevé, le plus idéaliste en même temps que le plus vrai et le plus vivant. Et si le miracle disparaît devant les mêmes qualités exceptionnelles qui peuvent servir à expliquer l'œuvre entière des Grecs, leur géométrie ne doit-elle pas nécessairement en retour jeter une grande clarté sur leur esprit, sur leur tempérament intellectuel ?

Qu'on y songe en effet : c'est déjà au viie siècle, avec les Pythagoriciens, que la géométrie théorique prend naissance et qu'elle est cultivée avec passion : les légendes ne nous montrent-elles pas Pythagore faisant un sacrifice aux dieux dans la joie d'une découverte mathématique ? Les travaux récents de la critique ont d'ailleurs pour effet de reculer singulièrement les limites de l'œuvre de l'école italique (1). Il semble que dès le ve siècle déjà la majeure partie de ce que devaient contenir les *Éléments* d'Euclide se trouvait avoir atteint sa forme presque définitive ; et les *Dialogues* de Platon nous permettent de juger dans certaine mesure quelle place tenaient de son temps les mathématiques dans les programmes scolaires. Les Athéniens du siècle de Périclès, qui savaient si bien goûter la grandeur et le charme de leurs tragiques, la finesse comique d'Aristophane, la beauté sereine des marbres du Parthénon, avaient eu l'esprit formé en partie par l'étude de la géométrie rationnelle, qu'ils poussaient plus loin, même lorsqu'ils ne dépassaient pas le premier degré d'instruction générale, que nos bacheliers ès lettres (2) d'aujourd'hui. D'ailleurs, combien d'entre eux durent se passionner pour cette étude et franchir le cadre des *Éléments !* Nous pouvons nous en rendre compte par le nombre relativement si considérable de ceux que la tradition nous fait connaître comme les

---

(1) Cf. P. Tannery, *La Géométrie grecque*.
(2) Cf. P. Tannery, *L'Éducation platonicienne* (*Revue philosophique*, X, XI et XII).

précurseurs, aux IVe et IIIe siècles, d'Euclide, d'Archimède, d'Apollonius. Mais alors nous n'avons pas de peine à comprendre quelle influence put avoir sur le développement de l'esprit des Grecs cette géométrie qui tenait tant de place dans leur éducation et dans leur pensée : les qualités premières qu'elle avait dû rencontrer pour naître et grandir aussi rapidement, nous sentons à quel point elle a dû en retour les accroître et les rendre de plus en plus manifestes ! On peut dire sans exagération qu'il y a de la géométrie infuse dans l'intelligence grecque, et celle-ci ne nous apparaîtrait pas avec toute la clarté qu'exige la vérité historique, si nous ne tenions compte, pour l'apprécier et la connaître, d'un élément aussi capital.

« L'histoire générale, dit Bacon, sans l'histoire lit-
« téraire, ressemble à une statue de Polyphème dont
« l'œil serait crevé : ce qui manque alors au tout c'est
« justement ce qui fait le mieux connaître le génie
« propre de la nature de la personne. »

Nous voudrions avoir convaincu le lecteur que ce mot de Bacon, loin de devenir un paradoxe, peut, dans certains cas, exprimer une grande vérité, si l'on y substitue à « l'histoire littéraire » « l'histoire de la pensée scientifique ».

Revue des *Etudes Grecques*, 1897.

PLATON

LE GÉOMÈTRE ET LE MÉTAPHYSICIEN (1)

Ce que je veux tout particulièrement étudier, cette année, c'est, dans la pensée de Platon, le rapport de sa géométrie et de sa philosophie, l'influence de l'une sur l'autre. Ceux qui ont suivi mes leçons de l'an dernier savent ce que j'entends par là. Il ne s'agit pas de montrer un lien plus ou moins fantaisiste entre tels théorèmes de géométrie et telles affirmations métaphysiques. La connaissance des vérités mathématiques n'est pas capable de dicter une solution déterminée des problèmes que s'est posés de tout temps l'humanité sur le monde, sur l'âme, sur Dieu. Que de penseurs ont été de grands mathématiciens, dont jamais aucun n'aurait accepté sans frémir les opinions philosophiques des autres ! Autant d'hommes, autant de systèmes ! Il est bien arrivé à quelques-uns de vouloir nous donner une démonstration mathématique de quelque grande vérité métaphysique. On a voulu établir le dogme de la création *ex nihilo*, en invoquant cette remarque que

---

(1) Leçon d'ouverture d'un Cours sur Platon (1898-1899).

le produit de l'infini par zéro, malgré sa forme illusoire, peut prendre, comme chacun sait, une valeur quelconque. Et M. Renouvier, après Cauchy, nous démontre de nos jours que le monde a commencé, par ce raisonnement fort simple que, dans l'hypothèse contraire, il y aurait, pour constituer le passé, un nombre infini d'années écoulées ; or, l'arithmétique ne connaît pas de nombre entier infini. Je pourrais citer bien d'autres exemples. Platon n'a certes pas échappé à ce désir d'appliquer au monde mystérieux de la métaphysique les vérités claires et précises de la science des nombres et de l'étendue. C'est ainsi, par exemple, que nous le verrons proclamer la nécessité de quatre éléments constitutifs des corps, au nom d'une proposition d'arithmétique relative aux nombres solides. Je n'ai nullement l'intention de laisser de côté cet aspect si curieux de la pensée platonicienne, par lequel elle reflète en partie l'influence directe des Pythagoriciens, en partie une tendance générale, tellement inhérente à l'âme humaine, que nous la retrouvons dans tous les temps, et parfois chez les savants dont l'esprit semble le plus solidement à l'abri de toute rêverie métaphysique : car les géomètres ne sont pas les seuls à réaliser ainsi leurs symboles. Quoi qu'il en soit, c'est quelque chose de plus qui me guide, lorsque, à propos d'un penseur comme Platon, je rapproche deux ordres d'idées en apparence si distincts. Au-dessous des doctrines formulées, des solutions dernières apportées aux grands problèmes, des systèmes auxquels aboutit la pensée de Platon, je voudrais saisir, à leur source cachée, les courants, les tendances qui l'ont guidée. Ce que j'ai surtout en vue dans l'histoire des idées, telle que je m'efforce de vous la présenter, ce ne sont pas les réponses précises apportées aux graves questions éternellement agitées ; c'est bien plutôt, pour chaque doctrine, un ensemble de caractères plus internes, portant mieux la marque de ce qu'il y a d'original, de personnel, dans les conceptions du philosophe, de ce qui définit le plus exactement sa tournure d'esprit, ses habitudes de pensée, ses tendances les plus intimes.

Un exemple me fera mieux comprendre : ne croyez-vous pas qu'il existe une tournure d'esprit *idéaliste*, indépendamment des réponses formelles qui peuvent être faites par chacun de nous aux questions de l'existence de Dieu, de la spiritualité de l'âme, de la vie future, de la constitution de l'univers ? Voyez cet affreux matérialiste qui se refuse à reconnaître deux essences distinctes dans le monde, mais qui, s'élevant démesurément au-dessus de ce que les sens lui révèlent, attribue à la matière, sous l'influence d'une organisation progressive, la puissance de se mouvoir, de sentir, de connaître, de vouloir, et qui se passionne pour l'admirable roman qui lui tient lieu de cosmogonie générale. Il y a des chances pour que le même homme soit un rêveur ou un poète, qu'il aime à parler de justice, de charité, de pitié, et que, poursuivi jusque dans les circonstances les plus banales de sa vie, il se montre ordinairement détaché de préoccupations utilitaires et positives. Ne croyez-vous pas alors que vous pénétrerez plus profondément dans son âme, que vous la saisirez mieux dans ses tendances essentielles, si vous parlez de son idéalisme, sauf à en décrire les aspects divers, que si vous vous attachez à ce fait spécial, isolé, qu'il ne croit pas à la nécessité de deux éléments constitutifs des choses ?

J'ai précisément distingué, dans mon cours de l'an dernier, un certain nombre de courants, de tendances, d'attitudes, si vous voulez, qui, dans l'histoire des idées, me semblent le mieux justifier les classifications, et autoriser, sur le terrain psychologique, les analyses les plus instructives.

C'est ainsi que nous avons été amenés à énumérer une série d'oppositions fondamentales marquées par ces mots, que je me borne en ce moment à rappeler sans commentaire :

Idéalisme.	*Empirisme* et *Utilitarisme,*
Conceptualisme.	*Réalisme,*
Dogmatisme.	*Scepticisme* et *Esprit critique* ;
Attachement à *la quantité.*	à *la qualité,*
— au *mécanisme.*	au *dynamisme,*
— au *discontinu.*	au *continu,*
— au *fini.*	à *l'infini,*
— à *la causalité.*	à *la finalité.*

Il y a là comme des pôles extrêmes, vers lesquels se porte, suivant les cas, la pensée philosophique. Dans ce mouvement, ce ne sont pas des affirmations précises qui se trouvent formulées sur des questions données ; ce sont des tendances qui se manifestent, et s'expriment finalement d'ailleurs sous des formes infiniment variées.

Et alors, de ce point de vue, où est la difficulté d'admettre qu'un contact prolongé avec cette géométrie, dont j'ai déjà dit tout le charme prestigieux pour l'esprit hellène, ait pu exercer sur la pensée philosophique des Grecs une influence profonde ? Comment ne pas deviner au contraire que, dans des âmes dont l'éducation s'était faite en grande partie par l'étude des conceptions et des méthodes mathématiques, les mouvements de pensée habituels, les tendances générales, les commencements d'action intellectuelle, pour ainsi dire, d'où résulteront les grandes lignes des systèmes, devaient en recevoir une impulsion caractéristique ?

Du moins, s'il s'agit de Platon, faut-il encore savoir, — et c'est la question que j'ai hâte d'aborder, — jusqu'à quel point il fut géomètre, et à quel moment de son évolution progressive se trouvait la géométrie qu'il a particulièrement connue et cultivée.

Platon n'a laissé aucun écrit spécial qui puisse nous renseigner. Ses dialogues sont pleins d'allusions mathématiques ; il y a parfois jusqu'à des jeux de mots tirés de la géométrie. Avons-nous là les preuves de connaissances vraiment sérieuses ? Bien des exemples ont pu provoquer nos soupçons à cet égard. Voyez combien sont nombreux autour de nous ceux qui empruntent incessamment au langage scientifique des expressions comme celles de masse, de force vive, de potentiel, d'énergie..., quoiqu'ils n'aient pas toujours une claire intuition de ce qu'ils veulent dire. Que de fois nous risquerions de faire fausse route, si, sur ces apparences, nous songions à étudier chez tel ou tel auteur la saine influence d'une solide éducation scientifique. Rassurons-nous: il y a, dans les Dialogues de Platon, en fait de géométrie, plus que des mots sonores et vides ; il y a des idées profondes ; il y a des démonstrations complètes ; il y a tels détails assez importants pour nous aider à reconstituer une page de l'histoire des mathématiques au commencement du IVe siècle. Les théorèmes d'arithmétique rappelés dans le *Timée* ne sont pas de ceux auxquels songerait un amateur qui n'aurait qu'une connaissance superficielle de la théorie des proportions ; la leçon de géométrie du *Ménon* est intéressante, et touche à des notions d'une importance capitale ; Théétète nous apprend, dans le dialogue qui porte son nom, où en sont exactement les travaux des géomètres sur les irrationnelles ;... et ainsi de suite.

En dehors de Platon lui-même, nous adresserons-nous à Aristote ? Il insiste, dans la *Métaphysique*, sur ce que, aux mains de Platon, la philosophie a fini par se fondre dans la mathématique, et il consacre un livre entier à la discussion des Idées-Nombres. Mais, d'une part, il vise ainsi l'usage que fait Platon de la mathématique bien plutôt que ses connaissances spéciales ; et, de plus, ce témoignage d'Aristote, en raison de ce que les Dialogues semblent ne pas l'appuyer suffisamment, donne lieu aux plus grandes difficultés. Aristote est suspect, quand il s'agit de Platon, et plus d'un a pu croire qu'en transformant la doctrine fondamentale de son maître en une théorie mathématique, il voulait la rendre plus ridicule et plus accessible à sa critique. Tel n'est pas mon avis, et la suite de ce cours laissera une place à la question des Idées-Nombres ; mais il sera sage alors d'avoir rendu au témoignage d'Aristote toute sa portée, et c'est pourquoi j'aime mieux chercher en dehors de lui des raisons de croire au mathématisme dont fut certainement imprégnée la pensée de notre philosophe.

Une tradition s'est formée et conservée dans toute l'antiquité, relative à Platon, remontant probablement à ce disciple d'Aristote, Eudème, qui fut l'auteur d'une histoire des mathématiques, — tradition s'exprimant en formules plus ou moins précises, mais toujours enthousiastes. Elle présente Platon comme ayant déployé pour la géométrie un zèle infatigable, et comme lui ayant fait prendre un très grand essor. Il se serait particulièrement occupé, — en outre d'une méthode de démonstration, sur laquelle je reviendrai dans la suite du cours, — du problème de la duplication du cube, et aurait donné un puissant élan à la théorie naissante des sections coniques. Ce qui est certain en tous cas, c'est que, après la mort de Socrate, il a vécu près d'un certain nombre d'hommes, qui tous ont leur nom dans l'histoire de la géométrie. C'est Théodore de Cyrène, dont Platon suivit les leçons ; c'est Théétète, à qui nous devons, selon toute probabilité, les livres arithmétiques et surtout la théorie des incommensurables que renferment les *Éléments* d'Euclide ; c'est Eudoxe, de qui date certainement dans sa partie essentielle, d'après des remarques concordantes d'Eudème et d'Archimède, le Ve livre des *Éléments*, c'est-à-dire la définition et l'étude des proportions présentées de façon assez générale pour exclure toute préoccupation de commensurabilité ; c'est Ménechme, qui passe pour avoir étudié le premier les sections du cône, et les avoir fort heureusement appliquées au problème de la duplication du cube ; c'est le pythagoricien Archytas, avec qui Platon s'était lié d'amitié en Sicile, et qui donna pour la même question une solution fort curieuse. C'est Amyclas d'Héraclée, c'est Dinostrate, frère de Ménechme ; c'est Theudios de Magnésie ; c'est Athénée de Cyzique, et d'autres, dont Proclus nous dit, d'après Eudème, qu'ils se réunissaient à l'Académie, et qu'ils ont contribué chacun pour sa part aux progrès de la géométrie. Si nous ne pouvons assigner avec précision l'œuvre personnelle de Platon, nous avons du moins la certitude que, près de lui, le plus souvent sans doute sous sa direction, un travail énorme s'est accompli.

L'admiration de Platon pour les mathématiques, qui déborde de ses œuvres et qui se dégage de tout ce que la tradition nous dit de lui, n'a donc rien d'extérieur ni de superficiel. Quand il demande, dans la *République,* aux futurs philosophes de s'enfermer longtemps dans l'étude et dans la méditation de ces sciences, c'est qu'il en a subi le charme puissant, et qu'il a le sentiment de puiser à leur source même ce qui peut le mieux justifier l'élévation de ses doctrines.

J'ai montré, l'an dernier, l'idéalisme de la philosophie grecque naissant, pour ainsi dire, en même temps que la géométrie rationnelle : et les notions générales commençant à s'élever au-dessus de la réalité sensible et concrète, avec les premiers Ioniens, à l'époque où la géométrie présente déjà, au milieu de règles simplement empiriques, un certain nombre de conceptions abstraites, suivant le témoignage même d'Eudème. La forme logique date des premiers Pythagoriciens : ce sont eux qui cherchent la réalité suprême dans le nombre, et, près d'eux, en Italie, ce sont les Eléates qui, formulant le premier mot de la philosophie de la connaissance, séparent radicalement le domaine de l'opinion, c'est-à-dire le monde des sens, et celui de la vérité, le monde de la raison. Cette distinction prendra avec Platon une importance capitale et décisive.

D'une façon générale d'ailleurs, tout ce que la géométrie grecque, par ses conceptions et ses méthodes essentielles, pouvait suggérer dans le sens de l'idéalisme rationnel et de la confiance en la sûreté de l'intelligence humaine, nous le trouverons au plus haut degré chez Platon. Et, à la lumière de cette géométrie, ce sont les notions fondamentales elles-mêmes de la philosophie platonicienne que nous verrons s'éclairer d'un jour inattendu. — Mais il y a plus, et nous ne devons pas nous borner à considérer la mathématique grecque en général. Par les efforts de Platon et de ses contemporains, celle-ci, je l'ai dit, se trouve réaliser un progrès important. Je voudrais vous montrer brièvement que l'œuvre ainsi accomplie n'ajoutait pas seulement à une liste déjà longue un certain nombre de vérités nouvelles, mais qu'elle était de nature à appeler tout particulièrement la pensée du géomètre sur des conceptions qui, si elles n'étaient pas tout à fait neuves, prenaient désormais une signification plus profonde. — J'ai en vue tout d'abord et surtout l'étude de plus en plus complète des incommensurables.

Les Pythagoriciens avaient déjà remarqué que la diagonale d'un carré ne peut se mesurer par le côté du carré. Vous entendez bien ce que cela veut dire. Que de deux longueurs l'une ne soit pas contenue un nombre exact de fois dans l'autre, il n'y a rien là de curieux. Il s'agit ici de bien autre chose. Non seulement la diagonale du carré n'est pas un multiple entier du côté, mais même vous pouvez diviser ce côté en parties égales, aussi nombreuses que vous voudrez, dix, cent, mille; jamais une de ces parties, si petites qu'elles deviennent, ne sera contenue un nombre exact de fois dans la longueur de la diagonale. Supposez que, le côté devenant l'unité de mesure, on cherche à fixer numériquement la longueur de la diagonale, on ne réussira pas à l'exprimer. On peut dire qu'aucun nombre ne correspondra à la grandeur déterminée que l'on a sous les yeux, ou, en d'autres termes, si vous voulez, entre la diagonale et le côté du carré, il n'existera pas de rapport numériquement exprimable.

Je parais certainement à quelques-uns d'entre vous insister en ce moment sur des banalités fastidieuses : c'est que, depuis les Pythagoriciens, bien des siècles se sont écoulés, et, pour marquer d'un mot le chemin qu'ont fait nos idées, ce qui leur est apparu comme une prodigieuse exception est pour nous le fait général, le fait habituel. Imaginez des milliers et des milliers de longueurs tracées au hasard de constructions tout à fait arbitraires : nous devinons qu'il faudra choisir l'unité d'une façon spéciale pour que, dans cette infinité de longueurs, il s'en trouve une seule numériquement exprimable. Mais, en faisant abstraction de notre manière de voir actuelle, nous nous représentons sans peine l'étonnement profond où durent être plongés les premiers géomètres qui ont découvert, dans un cas particulier, l'incommensurabilité de deux longueurs.

Il ne semble pas d'ailleurs que les idées des Pythagoriciens sur la constitution des choses aient été modifiées en rien par cette découverte. J'ai parlé, l'an dernier, de cette sorte d'atomisme spatial qui leur faisait appeler le point « l'unité ayant une position », et les amenait à se représenter la droite comme une somme de ces unités-points, la surface comme une somme de droites, et ainsi de suite. Les témoignages d'Aristote relatifs à cette conception, et aussi la tradition arithmétique pythagoricienne, qui fait porter les démonstrations sur des figures formées par des lignes de points, jettent un jour spécial sur cette façon toute naïve d'entendre la fusion du nombre et de l'étendue. L'incommensurabilité des longueurs se heurtant à une pareille conception aurait dû suffire pour la ruiner : chose étrange, ce fut elle au contraire qui dut paraître comme une anomalie monstrueuse, qu'il était bien difficile d'expliquer. Pour elle, en tous cas, on ne pouvait renoncer, — en dehors de l'atomisme dont j'ai parlé, — à une théorie constituée, qui rendait déjà de grands services à la science générale du monde, je veux dire à la théorie des rapports et proportions. Cette théorie trouvait si facilement son application à la connaissance des choses les plus variées, à la musique, par exemple, comme à la géométrie ! Eh quoi ! dans l'étude de l'harmonie, fallait-il entrevoir cette éventualité de longueurs de cordes vibrantes dont il y aurait lieu de comparer les sons, et qui n'auraient pas de rapports ? En géométrie, où les lignes proportionnelles jouent un rôle permanent, dès les questions les plus élémentaires, fallait-il y renoncer parce que l'existence des rapports ne pourrait pas d'avance être affirmée ? Une redoutable antinomie venait de se poser, qui, si elle ne fut pas capable d'ébranler une science désormais trop solidement constituée, fut du moins de nature à jeter le plus grand trouble dans les esprits. Et, de fait, il y eut, jusqu'au commencement du IVe siècle, un effort visible au moins en géométrie, pour se mettre à l'abri des difficultés, en supprimant le plus possible toute considération de proportionnalité. Les quatre premiers livres d'Euclide, dont la forme et le fond remontent certainement aux Pythagoriciens, se passent complètement de cette notion, et donnent plus d'une fois l'impression d'un effort voulu par le détour curieux qui permet au géomètre d'éviter la méthode si simple de la similitude. Si, comme je l'ai déjà rappelé, c'est à Eudoxe qu'est dû le contenu du ve livre d'Euclide sur les proportions, et si c'est Théétète qui composa le xe, celui qui essaie une classification des grandeurs irrationnelles, il n'est pas douteux que l'antinomie cesse d'exister aux yeux de Platon. Son esprit n'est plus troublé par l'existence des incommensurables ; mais combien nous le voyons pénétré de leur importance ! C'est pour lui un des points fondamentaux de la géométrie. Il ne peut s'empêcher d'y faire allusion chaque fois qu'il cherche dans le domaine de la science l'exemple d'une vérité capitale, que tout le monde devrait connaître et méditer. Et la raison n'en est pas difficile à saisir. Pour que la notion nouvelle de la grandeur incommensurable prît enfin sa place naturelle en géométrie, il n'avait fallu rien de moins, au fond, que la transformation radicale de l'idée de nombre, transformation toute grosse de conséquences.

Reprenons, si vous voulez, deux grandeurs telles que la diagonale et le côté d'un carré : ne sont-elles pas liées entre elles par une certaine manière d'être quantitative, comme dit Euclide, κατὰ πηλικότητα ποιὰ σχέσις, indépendante de tout calcul, de tout procédé qui pourrait nous servir à l'exprimer ? Ce sera là, dans ce qu'il aura de plus général, le λόγος, le rapport des deux grandeurs. Il ne revêt pas la forme particulière d'un nombre entier ou d'une fraction : qu'importe ? Cela prouve simplement que les moyens qui nous faisaient aboutir à cette sorte d'expression étaient insuffisants ; que l'idée de quantité, de rapport, de nombre, n'était pas épuisée par la méthode qui consistait à ajouter simplement, à juxtaposer des éléments identiques, unités ou fractions d'unité. Lorsque je dis, en présence de mes deux longueurs, que l'une est déterminée en quelque façon par l'autre, qu'elle en participe de quelque manière, je suis en même temps dans l'impossibilité absolue de montrer certains éléments identiques de l'une, dont la collection, la répétition permettrait de reconstituer l'autre : c'est tout simplement que ce mode nouveau de participation échappe à toute image additive.

Dira-t-on qu'il y a là un genre de quantité tout à fait singulier, n'ayant aucun rapport avec le nombre, seul connu jusqu'ici? Il est, au contraire, assez facile de donner une place au nombre nouveau dans l'échelle de ceux dont nous disposions auparavant. Il suffit pour cela de se laisser guider par Platon lui-même, qui précisément a choisi ce problème pour faire Ménon témoin des merveilleux effets de la réminiscence. Le procédé est très clair ; mais il n'a plus aucun rapport avec la comparaison des nombres de l'arithmétique primitive : il consiste à comparer des longueurs entre elles, non plus par les sommes d'éléments qu'elles représentent, mais par les carrés qu'elles sont en puissance de fournir.

L'intuition géométrique prend désormais un rôle spécial et nouveau en tant que représentative de la quantité. D'une part, elle a révélé des états de grandeur que la simple addition d'éléments identiques ne suffit plus à constituer, et, en même temps, elle a fourni elle-même le moyen de les faire entrer dans l'échelle des nombres. — D'autre part, voyez comme elle généralise les propriétés quantitatives. Les nombres arithmétiques ne sont que très rarement des carrés ; 2, par exemple, n'est pas un carré. Or, en géométrie, si vous partez du carré de côté 1, c'est-à-dire du carré 1, il vous suffira de construire, comme dans le *Ménon*, le carré qui aurait la diagonale pour côté, ce sera le carré 2. Les nombres arithmétiques 1 et 2 étaient à cet égard dissemblables ; la géométrie leur rend la similitude. Écoutez ce que dit, dans l'*Epinomis*, sinon Platon lui-même, quelqu'un en tous cas qui est pénétré, soyez-en sûr, de sa pensée : « Après cette étude (celle de l'arithmétique) vient immédiatement celle que l'on nomme bien ridiculement géométrie (mesure de la terre), et qui consiste à donner à des nombres naturellement dissemblables une similitude se manifestant sous la loi des figures planes. C'est là une merveille qui, si l'on arrive à la bien comprendre, apparaîtra clairement, comme venant non de l'homme, mais de la divinité. »

Mais, si tel était déjà le rôle de la géométrie plane, que ne pouvait-on attendre des figures à trois dimensions ? Au problème de la duplication du carré, correspond celui de la duplication du cube : construire le côté d'un cube double d'un cube donné. La question était loin d'être résolue avant Platon. Hippocrate de Chios avait seulement montré qu'elle se ramène à la construction de deux moyennes proportionnelles. Que Platon et ses contemporains se soient passionnés pour ce problème, cela ressort surabondamment d'une foule de témoignages et de faits précis, parmi lesquels je me bornerai à citer les solutions mêmes d'Eudoxe, d'Archytas, de Ménechme. La légende fait remonter cette série de travaux à un ordre d'Apollon lui-même. Pour mettre fin à la peste qui ravageait l'Attique, le dieu exigea qu'on doublât son autel. Celui-ci avait la forme d'un cube, et, dans leur ignorance naïve, les architectes doublèrent simplement la longueur du côté. La peste continuant, on s'adressa à Platon, qui fut épouvanté par la difficulté du problème. Cette fable peut au moins donner quelque idée de l'importance énorme que donna l'antiquité à la question de la duplication du cube. Platon lui-même, d'ailleurs, se plaint amèrement dans la République, de ce que, faute d'enthousiasme de la part du public et malgré le zèle d'un petit nombre, les difficultés suscitées par la troisième dimension n'aient pu encore être résolues.

En voulant arracher à la géométrie des solides de nouveaux secrets, de nouvelles contributions assurément précieuses à la science des grandeurs, Platon et ses contemporains se trouvaient tout naturellement amenés à manier, avec les sections planes du cône, d'autres courbes que le cercle, et à généraliser la notion de ligne par celle de lieu géométrique. Comment, en effet, se présentaient à eux les courbes qu'ils nommèrent ellipses, hyperboles, paraboles? Leur signification, leur importance, étaient tout entières dans ce fait qu'à chacun de leurs points correspondaient des longueurs et des surfaces liées par une relation quantitative déterminée. C'était déjà, deux mille ans avant Descartes, la géométrie analytique qui prenait naissance, sinon dans sa forme, au moins dans son esprit.

La participation des formes spatiales à la quantité, que les Pythagoriciens avaient devinée plus qu'ils ne l'avaient comprise, et qu'en tous cas ils interprétaient si naïvement en projetant simplement le nombre discret dans l'étendue continue, cette participation pouvait donc prendre désormais pour Platon un sens autrement profond. Non seulement la quantité ne risquait pas d'entrer en conflit avec le continu de l'intuition sensible; mais elle recevait de lui l'extension la plus féconde. Ce n'est pas l'arithméticien, celui qui forme le nombre par l'addition des unités, c'est le géomètre, pour lequel toute figure exprime à sa façon des rapports quantitatifs, qui seul est capable de saisir toute la signification du nombre. Ainsi les qualités de forme, de figure, de continuité, celles qui se traduiront pour telle ligne par ce fait concret à sa façon, ce fait interne, dynamique, si vous voulez, qu'elle peut donner lieu à telle construction; cet ensemble de *qualités* qui touchent à des considérations d'ordre *synthétique*, en ce sens qu'elles échappent à une vue purement analytique comme celle de l'arithméticien, — loin d'exclure le nombre, ou de ne l'admettre qu'en se dissolvant elles-mêmes, comme le supposait l'école de Pythagore, — semblent être au contraire les conditions les plus favorables à l'épanouissement complet de la quantité. — Un travail d'élaboration, dont on trouve déjà chez Euclide des marques plus ou moins inconscientes, essaiera plus tard de rendre à la quantité son caractère exclusivement analytique. Cela n'aura rien de surprenant d'ailleurs, car c'est un des caractères essentiels de la mathématique de poursuivre le maximum d'intelligibilité, et par conséquent de ramener le plus possible à l'analyse toutes les notions dont elle s'enrichit. A mesure que sa matière s'accroît, elle s'efforce aussi de s'assimiler tous les éléments nouveaux. Mais ce travail continu est plus ou moins lent, selon les temps et les circonstances ; et comme la science, pour se développer, n'attend pas qu'il soit accompli, il arrive à chaque instant, dans l'histoire de la mathématique pure, que certaines idées revêtent tout d'abord plus de complexité et d'attributions qualitatives qu'elles n'en garderont plus tard.

C'est ainsi que Platon, tout imprégné qu'il soit de la science analytique par excellence, ne songe certainement pas à dépouiller les conquêtes de la géométrie nouvelle de toutes leurs richesses, sous prétexte qu'elles changent les conditions ordinaires d'intelligibilité. Bien au contraire, il les accueille avec enthousiasme, il les admire, et chez lui il en résulte simplement, à côté des tendances naturelles à tout mathématicien, une attitude nouvelle, qui lui fait rejeter volontiers les explications purement additives ou mécaniques, et qui l'entraîne sans cesse, tout en lui laissant le sentiment qu'il atteint de mieux en mieux la vérité, c'est-à-dire pour lui la réalité dernière, vers des préoccupations dynamistes et qualitatives.

De là la double forme que revêt sa philosophie. D'une part elle est intellectualiste et logique, comme si pour Platon tout allait *s'expliquer*, au sens propre du mot, s'étaler au dehors avec une clarté parfaite, de façon à répondre complètement au besoin d'intelligibilité mécanique et causale ; d'autre part, il est visiblement attiré par les conceptions qui gardent quelque chose d'irréductible à l'analyse, où les éléments ont entre eux des rapports internes de convenance, d'adaptation harmonieuse, et qui imprègnent toute sa philosophie d'un caractère esthétique et moral. L'originalité de Platon, c'est justement que ces tendances opposées, absolument contraires, se trouvent étroitement unies dans son esprit. L'opposition disparaît complètement pour lui, en ce sens que le nombre ne reçoit toute la signification qu'il comporte que d'une synthèse qualitative, et que, inversement, l'être qualitatif à aucun degré n'atteint toute sa réalité qu'en ne se séparant pas de l'idée de détermination quantitative.

De là la richesse infinie de sa pensée ; de là aussi le danger de ne la voir que sous une de ses faces multiples, et la difficulté de la saisir tout entière.

S'il ne sépare jamais le pur intelligible du nombre, de la mesure, jamais non plus il ne le sépare de l'ordre que crée le nombre, du beau, du parfait, et, par cela même, du bien.

Le mouvement de rotation uniforme d'une sphère autour de son axe, celui même dont l'univers est animé donne le mieux à ses yeux l'impression du stable, du permanent, du régulier ; et en même temps, il est comme l'image de l'intelligence suprême, l'émanation et comme la marque du divin dans le ciel. — La proportion géométrique est la relation fondamentale que la science découvre partout dans son explication des choses, et c'est celle aussi qui donne le lien le meilleur pour unir deux corps ; c'est grâce à elle, suivant les expressions du *Timée*, que « le monde tient de sa composition même cet amour par lequel il s'unit de manière à ne faire qu'un avec lui-même. »

La cosmogonie de Platon laisse une large place au mécanisme, en expliquant toutes les transformations des éléments, eau, terre, air, feu, par les substitutions de triangles infiniment minces, et l'on pourrait s'oublier jusqu'à rapprocher cet atomisme curieux de celui de Démocrite, si les réflexions du *Timée* ne ramenaient à chaque instant des préoccupations finalistes, comme pour justifier le mot de Socrate dans le *Phédon* : « Si quelqu'un veut trouver la cause de chaque chose, comme elle naît, périt ou existe, il n'a qu'à chercher la meilleure manière dont elle peut être. »

Peut-on comprendre la dialectique platonicienne, cette marche ascendante de la pensée du sage depuis les ombres du monde sensible jusqu'à l'éblouissante lumière de l'Idée du Bien, si l'on ne fait appel, en même temps qu'aux facultés logiques, à une force toute-puissante que Platon appelle l'amour, désignant ainsi cette attraction qu'exerce le Beau sur notre âme, et qui la pousse de degré en degré jusqu'à la communion avec la beauté éternelle ? — Et pourtant Platon n'est pas un mystique, ce n'est pas par une sorte de méditation pieuse, par une simple réflexion de la pensée sur elle-même, par un élan naturel de l'âme vers le divin, que le sage parviendra à la contemplation de l'Unité suprême. Non, il faut une patiente préparation, et elle consiste essentiellement dans l'étude approfondie des sciences. Seuls seront accessibles à l'attraction divine qui les emportera vers la vérité et la justice idéale, ceux dont l'esprit aura mûri au contact intime et prolongé de la spéculation scientifique.

D'ailleurs, si l'étude de la mathématique rationnelle est, aux yeux de Platon, la meilleure préparation à la philosophie, ce n'est pas seulement parce qu'elle fixe la pensée sur des vérités éblouissantes de clarté logique ; c'est aussi que ces vérités sont faites d'ordre, de mesure, d'harmonie, et qu'elles donnent à l'âme une impression profonde de pureté et de beauté sereine. Le plaisir que donne la vue des belles figures est mis dans le *Philèbe* au rang de ceux qui sont les plus vrais. Et comme pour éviter tout malentendu, Socrate dit avec précision : « Je parle de ce qui est droit et circulaire, plan et solide... Ces figures ne sont pas, comme les autres, belles relativement ; elles sont toujours belles par elles-mêmes et de leur nature... »

Si l'on aborde enfin certains ordres d'idées où les préoccupations morales semblent devoir exclure tout souci de détermination trop rigoureuse, il faut s'attendre à voir Platon y revenir avec tranquillité. On sait, par exemple, quels efforts sont les siens pour trouver une définition satisfaisante de la justice. Les quatre premiers livres de la *République* aboutissent à cette conclusion que la justice se définit à l'aide de trois vertus : tempérance, courage, prudence. Ce n'est pas qu'elle soit leur somme, ni que ces vertus soient les parties d'un tout suffisamment désigné par leur simple énumération. La justice se détermine par elles ; elle est le principe d'unité qui établit entre elles l'accord parfait, « comme entre les sons extrêmes de l'harmonie, l'octave, la tierce et la quinte ».

Déjà, à l'occasion de ce problème moral, Platon manifestait des tendances à voir les idées dépendre les unes des autres, participer les unes aux autres, se déterminer les unes par les autres, comme font les grandeurs, tout en attribuant au mode de participation un caractère synthétique qui ne rappelait plus le moins du monde la simple dépendance du tout à l'égard de ses parties. Ce n'était encore qu'un cas particulier, où peut-être domine simplement la vieille notion pythagoricienne de l'harmonie.

Le *Parménide*, le *Sophiste* et le *Philèbe* nous feraient pressentir, à défaut d'Aristote, la généralisation audacieuse qui allait introduire dans les Idées, c'est-à-dire dans les essences qualitatives suprêmes, la notion de dépendance avec détermination rigoureuse, qui est, au fond, celle de la fonction mathématique, celle qui se présente, au plus haut degré, comme la synthèse de la variabilité indéfinie et du déterminé, de l'$ἄπειρον$ et du $πέρας$, et qui peut bien continuer à se désigner du nom de nombre, puisque aussi bien c'était celui par lequel se nommait la première fonction, la plus simple, la plus naïve, la somme d'unités juxtaposées. De cette première notion jusqu'à celle de l'Idée-Nombre, la distance peut être grande: le chemin qui mène de l'une à l'autre a du moins quelque uniformité. La qualité s'introduit de plus en plus, et, loin de détruire la quantité, elle en élargit le sens, tout en apportant elle-même le principe d'unification et de comparaison. C'est là, nous l'avons vu, le rôle de l'intuition géométrique pour un cas qui reste encore particulier, comme une étape intermédiaire (μεταξύ) : les choses à comparer échappaient bien déjà à toute représentation qui essayait d'y montrer une composition identique d'éléments ; mais elles étaient homogènes, ὁμοειδεῖς, même avant l'intervention du géomètre ; c'étaient, par exemple, des longueurs. La diversité spécifique va en augmentant démesurément jusqu'aux Idées, qui puiseront tout leur être qualitatif à la source de l'Idée suprême, pendant que celle-ci sera le principe d'unité qui, selon les expressions de l'*Epinomis*, rendra semblables les choses dissemblables par nature, expliquera leur rapport, et sera le fondement de leur détermination réciproque. — Aristote, qui ne sait apercevoir chez Platon que le caractère analytique et additif de ses tendances, ne voudra jamais voir, sous l'idée de nombre, qu'une collection d'unités identiques ; comme il ne cherchera à comprendre la participation platonicienne que sous les représentations d'une imagination facile, où les éléments se trouvent d'abord posés extérieurement les uns aux autres. Il n'aura pas grand'peine ainsi à montrer l'absurdité choquante de la doctrine. Tout lui eût semblé à la fois plus profond et moins facile à réfuter, s'il avait su voir que chez Platon la transcendance n'exclut pas plus l'immanence que la qualité n'exclut le nombre.

Maintenant n'allez pas croire, je vous prie, que je prétends mettre à nu tous les ressorts de la philosophie de Platon, parce que j'aurai montré l'évolution des idées géométriques, à laquelle il a lui-même contribué. Je n'ignore pas quelle a pu être sur lui l'influence des événements politiques de son temps, de la religion qui lui avait été enseignée, de la philosophie d'hommes comme Héraclite, plus voisine peut-être de la théologie que de la science. Et je me doute qu'une énumération, si longue qu'elle fût, ne réussirait pas à montrer toutes les sources d'où jaillit la pensée de Platon. Pénétré de cette pensée même, je sais bien que ce n'est pas ainsi que se poursuit l'un dans le multiple, et qu'il resterait encore à définir le principe d'ordre et d'harmonie qui fait la beauté de l'ensemble.

Enfin, et surtout, si, poursuivre le fil conducteur habituel de nos études, j'ai dû serrer d'aussi près que possible les influences premières qu'a subies l'esprit de Platon, et me tenir à quelque distance de son œuvre elle-même, je serais désolé de sembler méconnaître tout ce que cette œuvre a de grandiose. Platon fut, au plus haut degré, parmi les Grecs, un de ces « spéculatifs, isolés dans leur pensée », dont nous parlait naguère, avec quelque dédain, l'un de nos maîtres. Nul n'a poursuivi avec plus d'ardeur, par delà le monde imparfait où nous vivons, un idéal suprême de vérité, de justice et de beauté. Isolé dans sa pensée, oui, certes, Platon devait l'être, quand, à l'exemple de quelques autres, — exemple unique dans l'histoire des peuples anciens, — il cherchait à substituer, par les seules forces de sa raison, aux croyances populaires de la Grèce, une métaphysique profonde, qui, interprétée par les Alexandrins, et mise au contact des doctrines hébraïques, aboutissait, quelques siècles plus tard, aux dogmes mêmes du christianisme. Théoricien s'élevant au-dessus des conditions ordinaires de la vie, il l'était assurément quand il contribuait, pour sa part, à créer la science et à fonder la liberté de penser. Perdu dans la contemplation de la justice suprême, Platon l'était, n'en doutez pas, quand, après la mort de Socrate, il osait glorifier le martyr dans des pages inoubliables, où les hommes trouveront la source de la plus noble émotion aussi longtemps qu'ils auront su conserver quelque parcelle d'idéalisme.

Depuis qu'au sortir d'un long asservissement la pensée humaine s'est pour la seconde fois émancipée, cette élite de théoriciens, dont fit partie Platon, a eu pour successeurs nos grands philosophes, de Descartes à Auguste Comte. Et c'est l'esprit français, dans ce qu'il a de plus pur, qui, recueillant l'ancienne tradition, a doté le monde d'une des plus précieuses conquêtes de l'humanité : je parle de cet esprit de clarté, de lumière, de franchise et de raison, qui s'appelle l'*esprit moderne*, — qui respecte, mais aussi qui s'efforce d'éclairer et de guider toutes les nobles aspirations, qui enfin apparaît aujourd'hui comme la condition de tout progrès, comme le principe vital de toute civilisation. C'est pourquoi, Messieurs, au seuil de nos études sur Platon, je veux saluer, sous son nom, ces admirables penseurs de la Grèce antique, non pas seulement comme homme, toujours avide de plus de justice parmi les hommes, mais aussi comme Français, toujours jaloux de la grandeur morale de mon pays, toujours soucieux de ses destinées.

III

ARISTOTE ET LES MATHÉMATIQUES

Il est banal de dire que Platon et Aristote n'ont pas eu la même tournure d'esprit ; mais quand on insiste et qu'on croit pouvoir aller jusqu'à prétendre que sur un point nettement déterminé le disciple n'a pas compris le maître, on a quelque peine à entraîner les convictions, — surtout quand on est obligé, comme cela arrive parfois, de s'aider des paroles d'Aristote lui-même, pour remonter jusqu'à la pensée incomprise de Platon. C'est pourquoi, à défaut de renseignements précis sur le tempérament et sur le caractère de chacun de ces hommes, d'où découleraient les divergences attendues d'opinions, il importe de saisir les différences d'éducation et de culture que met au moins en évidence leur attitude en face des problèmes scientifiques de leur temps. Or nous avons essayé d'établir (1) qu'au ve siècle a commencé, pour se continuer avec les contemporains de Platon, un mouvement de la pensée mathématique, qui aboutissait non seulement à l'accroissement d'une liste déjà longue de propositions formulées, mais encore et surtout à une évolution si-

(1) Les Philosophes-Géomètres de la Grèce : Platon et ses prédécesseurs. — Paris, Alcan, 1900.

gnificative des concepts fondamentaux. D'une manière générale la notion de nombre et de quantité s'élargissait par sa fusion avec l'intuition spatiale, et sortait du domaine arithmétique et discontinu où l'avaient maintenu les Pythagoriciens, pour revêtir un caractère géométrique et continu ; les méthodes infinitésimales s'élaboraient ; la considération du lieu géométrique défini par une relation caractéristique entre certaines grandeurs conduisait à manier les fonctions les plus diverses. A mesure que se compliquait à l'infini la variété des formes géométriques, les notions quantitatives, loin de s'exclure, semblaient atteindre à une signification plus complète ; l'unité qui en découlait semblait d'autant plus saisissante que s'augmentait l'hétérogénéité qualitative de l'intuition géométrique. Nous avons tâché de montrer dans le « synthétisme » de Platon un écho naturel de ce grand mouvement ; nous nous proposons d'établir, par l'étude actuelle, qu'Aristote ne le connut qu'imparfaitement, ou, en tous cas, qu'il ne le saisit que du dehors, sans se laisser pénétrer par les éléments nouveaux qu'il apportait à l'esprit ; bref, qu'il resta au fond étranger à cette évolution de la pensée mathématique.

I. — Le nombre.

La lecture des deux derniers livres de la Métaphysique offre les plus grandes difficultés si l'on veut comprendre quelle est au juste l'attitude qui se trouve visée chez les adversaires platoniciens ; mais le ton général est suffisant pour prouver qu'Aristote en est resté à la conception pythagoricienne du nombre, qui est, en somme, celle d'une pluralité discontinue, d'une collection d'unités. — Il faudrait s'arrêter à toutes les pages pour justifier cette assertion.

Le nombre s'obtient toujours par l'addition d'une unité au précédent : διὸ καὶ ὁ μὲν μαθηματικὸς ἀριθμεῖται μετὰ τὸ ἓν δύο, πρὸς τῷ ἔμπροσθεν ἑνὶ ἄλλο ἕν, καὶ τὰ τρία πρὸς τοῖς δυσὶ τούτοις ἄλλο ἕν, καὶ ὁ λοιπὸς δὲ ὡσαύτως (1080 a, 30). Ce sont ces monades successivement ajoutées qui forment les nombres ; ceux-ci ne sauraient rien être en dehors des unités dont l'ensemble les constitue essentiellement : ἔτι τὸ εἶναι παρὰ τὰς δύο μονάδας τὴν δυάδα φύσιν τινά, καὶ τὴν τριάδα παρὰ τὰς τρεῖς μονάδας, πῶς ἐνδέχεται; (1082 a, 15). Et précisément ceux dont il critique la conception, les Platoniciens, sont amenés, dit-il, à compter un, deux,... sans ajouter successivement une unité au dernier nombre formé: διὸ καὶ τὸ ἀριθμεῖσθαι οὕτως, ἓν δύο, μὴ προσλαμβανομένου πρὸς τῷ ὑπάρχοντι ἀναγκαῖον αὐτοῖς λέγειν (1082 b, 28). Leur conception géométrique de la quantité leur fait voir sans doute dans chaque nombre un état de la grandeur qui se trouve dans un rapport déterminé, exprimable ou non, avec une grandeur type choisie pour unité de mesure. C'est ainsi que un, deux, trois,... en particulier, représentent à leurs yeux une, deux, trois ... divisions aliquotes de l'unité. Aristote se demande s'il y a lieu, pour parler ainsi, de renverser tant de choses, et de poser comme une grave difficulté la question de savoir si nous comptons par additions ou par divisions ; les deux sont vrais pour lui, parce qu'il n'a en vue que le cas fort restreint où la quantité se présente ainsi sous forme entière ; il ne voit pas qu'en opposant la conception géométrique et continue à celle de la pluralité arithmétique, ses adversaires ont fait une véritable révolution mathématique, qui se prête à une généralisation sans limite de la notion du nombre, et il ne comprend pas qu'en cette opposition puisse se trouver l'origine d'un tel désaccord sur l'essence du nombre : πολλά γάρ ἀναιροῦσιν, ἐπεὶ τοῦτό γ' αὐτὸ ἔχειν τινὰ φήσουσιν ἀπορίαν, πότερον, ὅταν ἀριθμῶμεν καὶ εἴπωμεν ἓν δύο τρία, προσλαμβάνοντες ἀριθμοῦμεν ἢ κατὰ μερίδας. Ποιοῦμεν δὲ ἀμφοτέρως· διὸ γελοῖον ταύτην εἰς τηλικαύτην τῆς οὐσίας ἀνάγειν διαφοράν (1082 b, 33).

A propos de la dyade indéterminée du grand et du petit dont Platon fait avec l'unité un principe essentiel du nombre, Aristote fait remarquer que quelques-uns de ceux mêmes qui l'acceptent veulent la remplacer par celle du beaucoup et du peu; — la dyade platonicienne étant plutôt relative à la grandeur qu'au nombre : οἱ δὲ τὸ πολὺ καὶ ὀλίγον, ὅτι τὸ μέγα καὶ τὸ μικρὸν μεγέθους οἰκειότερα τὴν φύσιν (1087 b, 16).... τὸ πολὺ καὶ ὀλίγον ἀριθμοῦ, καὶ μέγα καὶ μικρὸν μεγέθους (1088 a, 19).

Il semble bien que même quand Aristote ne prend pas position, quand dans une discussion quelconque il est amené à examiner les différentes conceptions possibles, on trouve toujours comme un écho de cette opposition entre le point de vue géométrique et continu de la mathématique platonicienne et le point de vue discret de la vieille arithmétique pythagoricienne, entre les notions qui se prêtent à la considération d'un principe synthétique, dynamique et formel, et celles qui se prêtent à la vue d'éléments constituants, partitifs, juxtaposés. C'est ainsi que le souvenir de cette distinction semble bien se trouver dans la page (1084 b, 3) où Aristote se demande si l'unité est antérieure au nombre, ou si c'est le contraire, comparant d'ailleurs lui-même la question à cette autre : de l'angle droit et de l'angle aigu lequel est antérieur à l'autre ? — C'est ainsi encore qu'à la page suivante (1085 a, 32), à propos des êtres mathématiques, lignes, surfaces, solides, la génération continue et uniforme de ces éléments divers, à l'aide d'un principe d'unité joint à un principe de multiplicité, s'oppose à la discontinuité hétérogène de ces substances, qui empêche de comprendre qu'elles se contiennent l'une l'autre.

L'un des reproches significatifs qu'Aristote adresse aux Platoniciens, c'est que leur conception de la quantité la fait rentrer dans la catégorie du relatif : ἔτι δὲ πρὸς ταύτῃ τῇ ἁμαρτίᾳ καὶ πρός τι ἀνάγκη εἶναι τὸ μέγα καὶ τὸ μικρὸν καὶ ὅσα τοιαῦτα· τὸ δὲ πρός τι πάντων ἥκιστα φύσις τις ἡ οὐσία τῶν κατηγοριῶν ἐστί, καὶ ὑστέρα τοῦ ποιοῦ καὶ ποσοῦ (1088 a, 21). Il montre assez par là qu'il n'a pas senti pour son compte que le nombre arithmétique, la pluralité abstraite, n'était qu'un cas tout particulier d'une notion infiniment plus générale, qui tend à se fondre dans celle de relation, de dépendance, de rapport, de fonction. Il finit même, faute de l'avoir senti, par parler avec quelque naïveté des rapports et de leur rôle dans la constitution des choses. Comment, demande-t-il, les nombres seraient-ils les principes des qualités sensibles ? On invoquera les nombres à propos de la chair ou de l'os, pour définir leur essence, et l'on dira que ces substances se composent, par exemple, de trois parties de feu et de deux de terre ; mais on énoncera ainsi non pas un nombre, mais un rapport de nombres. Un nombre est toujours un ensemble de parties de feu, ou de parties de terre, ou d'unités ; mais ce n'est pas par là que se détermine l'essence, qui résultera du rapport des nombres mélangés : τὰ δὲ δὴ πάθη πῶς ἀριθμοί, τὸ λευκὸν καὶ γλυκὺ καὶ τὸ θερμόν; ὅτι δ'οὐχ οἱ ἀριθμοὶ οὐσίαι οὐδὲ τῆς μορφῆς αἴτιοι, δῆλον· ὁ γὰρ λόγος ἡ οὐσία, ὁ δ'ἀριθμὸς ὕλη. οἷον σαρκὸς ἢ ὀστοῦ ἀριθμὸς ἡ οὐσία οὕτω, τρία πυρὸς, γῆς δὲ δύο. καὶ αἰεὶ ὁ ἀριθμὸς ὅς ἄν ᾖ τινῶν ἐστιν, ἢ πύρινος ἢ γήϊνος ἢ μοναδικός· ἀλλ' ἡ οὐσία τὸ τοσόνδ' εἶναι πρὸς τοσόνδε κατὰ τὴν μίξιν· τοῦτο δ' οὐκέτι ἀριθμὸς ἀλλὰ λόγος μίξεως ἀριθμῶν σωματικῶν ἢ ὁποιωνοῦν (1092 b, 15). Rien n'est plus significatif, parmi tant d'autres remarques d'Aristote, que cette insistance à vouloir distinguer le nombre du rapport.

II. — LES ALLUSIONS AUX HAUTES MATHÉMATIQUES : LES QUADRATURES.

Les problèmes mathématiques dont il est question dans les écrits d'Aristote sont des plus élémentaires, et ne dénotent en général aucune connaissance spéciale des conceptions ou des méthodes récentes : il faut faire exception pour un seul problème mentionné plusieurs fois, celui de la quadrature du cercle. Dans la Physique (A, 2, 185 a, 14) il dit qu'on doit distinguer, entre les raisonnements à réfuter, ceux qui s'appuient sur les principes et ceux qui ne s'y appuient pas. Ainsi, à propos de la quadrature, il convient au géomètre de réfuter le raisonnement *par les segments*, mais non pas celui d'Antiphon. Ailleurs (Réfutat. des Sophistes, XI, 171 b, 15), se présente une distinction analogue, sauf que le nom de Bryson est substitué à celui d'Antiphon, et que cette fois Hippocrate est nommé clairement à propos de la démonstration *par les lunules*. Nul doute qu'il ne s'agisse aussi d'Hippocrate dans le texte de la Physique.

Quels sont donc ces faux raisonnements? — Pour Antiphon, Simplicius et Thémistius nous disent (Brandis Sc. in Arist. 327) qu'il partait d'un polygone régulier inscrit, dont il doublait le nombre des côtés, de manière à arriver à la coïncidence avec le cercle, ce qui était faux au point de vue théorique du géomètre. Bryson, dit Alexandre (Br. Sc. in Arist. 306, b, 24), considérait le carré inscrit dans le cercle en même temps que le carré circonscrit; le cercle était pour lui équivalent à un carré compris entre ces deux... A travers même les explications des commentateurs d'Aristote, qui ont voulu justifier son mépris pour de semblables raisonnements, il est impossible de ne pas se demander si vraiment ce mépris était aussi mérité qu'on veut bien nous le dire; et, pour Bryson en particulier, il est significatif de voir Syrianus, le maître de Proclus, émettre des doutes sur la forme de son raisonnement, telle que la présente Alexandre. Quoi qu'il en soit, il est infiniment plus intéressant de se demander quelle pouvait être la fausse démonstration d'Hippocrate.

Longtemps on s'est contenté de répondre par l'opinion d'Alexandre cité par Simplicius (Br. Sc. in Arist., 327): Hippocrate aurait confondu des lunules dont l'arc intérieur est de 60 degrés avec celle dont l'arc intérieur est de 90 degrés, et aurait appliqué aux premières la quadrature établie pour l'autre. Ce serait là, on le voit, une erreur des plus grossières. Hippocrate en était-il capable ? Nous pouvons répondre aujourd'hui non avec une quasi certitude. Simplicius, en outre du texte d'Alexandre sur Hippocrate, donne un fragment autrement important d'Eudème, l'historien de la géométrie (1). Ce fragment était extrêmement difficile à tirer au clair à cause des réflexions de Simplicius qui se mêlent au texte d'Eudème. Mais, après les travaux de Bretschneider, d'Allman, de Heiberg, et de Paul Tannery, on est d'accord sur les lignes générales de la reconstitution. Eudème nous fait connaître des recherches d'Hippocrate qui font le plus grand honneur à ce savant. Ce sont des problèmes fort intéressants sur la quadrature des lunules ; ils témoignent par la rigueur des conclusions autant que par la généralité des méthodes d'un esprit géométrique tout à fait exceptionnel. Il faut renoncer aux allégations d'Alexandre pour expliquer les paroles d'Aristote. On peut supposer l'existence d'un paralogisme connu d'Aristote, peut-être dans le genre de celui que cite Alexandre, mais pourvu qu'Hippocrate de Chios n'en soit plus responsable, et que son nom ait été introduit dans le texte par quelque copiste. Cette hypothèse, qui est celle de M. Tannery, est-elle bien vraisemblable ? Le nom d'Hippocrate est tellement lié dans l'antiquité au problème des lunules que nous ne songerions guère à un autre en lisant Aristote, même s'il n'était pas explicitement désigné. Dans la Physique, il est question non de lunules, mais de segments ; or le fragment d'Eudème nous fait connaître

---

(1) Voir P. Tannery. *La géométrie grecque*, ch. viii. Paris, Gauthier-Villars, 1887 ; et Mémoires de la Société des Sciences physiques et naturelles de Bordeaux, 1883.

une méthode de quadrature des lunules par la considération de deux séries de segments de cercle correspondant aux deux arcs de la lunule. Et enfin dans les Premiers Analytiques (B, 25, 69 a), Aristote, pour citer un exemple d'ἀπαγωγή, fait allusion à l'un des problèmes qu'Eudème nous donne comme étant d'Hippocrate (l'égalité à un rectiligne de la somme d'un cercle et de certaines lunules). Tout nous fait penser qu'Aristote a connu, au moins dans leur forme générale et leurs conclusions, les travaux de ce géomètre, et que c'est bien lui qu'il a plusieurs fois visé par ses allusions qui, abstraction faite du nom d'Hippocrate, le désignent si naturellement. Mais alors pourquoi les restrictions d'Aristote à propos des démonstrations d'Hippocrate ? — Nous hasarderons à notre tour une hypothèse que rendra peut-être vraisemblable la suite de notre étude. Ce qui le gênait dans de semblables recherches, ce qui l'amenait à y voir un paralogisme, quelle que fût leur méthode, c'est qu'elles voulaient aboutir à l'égalité d'une aire limitée par une courbe et d'une aire limitée par un contour rectiligne; c'est qu'il y était question de *quadrature* de cercle, ou de segments de cercle, ou de lunules. Dans la Physique, Aristote pose en bloc, comme exemple de raisonnements à réfuter, ceux qui ont pour objet « la quadrature »; il distingue ensuite ceux qu'on peut appeler géométriques (par les segments), et ceux qui ne sont même plus d'un géomètre. Dans les Sophist. Elench., après avoir dit que Bryson a lui aussi quarré le cercle, il ajoute : si toutefois le cercle peut être quarré (εἰ καὶ τετραγωνίζεται ὁ κύκλος.)... Certes Aristote avait raison de penser que la quadrature du cercle était un problème difficile, et en tout cas non encore résolu. Mais d'abord Hippocrate quarrait non pas le cercle, mais certaines lunules, définies de façon spéciale, ou bien la somme d'un cercle et d'une lunule; et ensuite, pour ce qui était de la quadrature du cercle lui-même, s'il devait être un jour évident qu'elle serait impossible à effectuer à l'aide de la règle et du compas, Aristote, en la condamnant d'avance, se serait évidemment séparé des géomètres de son temps. Au fond le problème de la quadrature allait se continuer d'une part par l'étude de certaines courbes propres à en donner une solution toute théorique, d'autre part par les travaux d'Archimède lui-même. — A l'appui de notre hypothèse sur la répugnance *a priori* que devait inspirer à Aristote l'identification d'une aire à contour rectiligne et d'une aire limitée par une courbe, citons ce passage de la *Physique* où il s'agit de comparer le mouvement rectiligne et le mouvement circulaire. On vient de distinguer comme étant spécifiquement divers un mouvement dans l'espace et une transformation qualitative; et déjà le rapprochement d'un exemple semblable est significatif pour marquer la répugnance d'Aristote à assimiler un mouvement circulaire et un mouvement rectiligne. Les réflexions qu'il présente ensuite achèvent de nous renseigner sur ses tendances: on pourrait essayer de distinguer seulement ces mouvements par les vitesses, et dire que l'un est plus rapide que l'autre; on aurait tort de croire qu'on a ainsi suffisamment caractérisé ce qui fait différer deux choses aussi dissemblables. L'inégalité ainsi posée impliquerait l'égalité, car, si le mouvement sur une droite de longueur donnée est, par exemple, plus rapide que le mouvement sur un cercle, celui-ci sera égal au mouvement sur une portion de la droite. Non, le cercle et la droite ne sont pas comparables, et par conséquent les mouvements sur ces lignes ne le sont pas. ἀλλὰ μὴν εἰ ἔστι συμβλητά, συμβαίνει τὸ ἄρτι ῥηθέν, ἴσην εὐθεῖαν εἶναι κύκλῳ. ἀλλ' οὐ συμβλητά· οὐδ' ἄρα αἱ κινήσεις (II, 4, 248 b, 4). On peut dire qu'en somme il n'y a pas trace de raisonnement dans tout ceci ; les mouvements sont dissemblables parce que Aristote pose en fait, et en dehors de toute discussion, que la droite et le cercle sont dissemblables : une portion de droite égale à une portion de circonférence, voilà ce qu'il ne saurait admettre en aucune façon.

Une objection pourrait nous être faite. Dans le passage des Premiers Analytiques que nous avons mentionné plus haut, Aristote ne considère-t-il pas comme établie l'égalité à un rectiligne d'un cercle augmenté de lunules? Nous ne le pensons pas. « Soit Δ, dit-il, la propriété d'être quarrable, E, le rectiligne, Z, le cercle ; s'il n'y avait entre E et Z qu'un intermédiaire, à savoir que le cercle augmenté de lunules devient égal au rectiligne, on serait près de la science » (1). Cela veut-il dire que cet intermédiaire du moins est acquis? — Il convient, pour répondre, de se reporter aux lignes qui précèdent et à celles qui suivent. Aristote veut expliquer ce que c'est qu'une ἀπαγωγή, et il la définit par les conditions suivantes : le premier terme appartient manifestement au moyen ; mais on ne voit pas que le moyen appartienne au troisième terme. (Ici, par exemple, la propriété d'être quarré appartient à un rectiligne quelconque ; mais l'assimilation d'un cercle à un rectiligne n'est pas évidente.) Seulement ou bien le rapprochement du moyen et du dernier terme est plus admissible que celui des termes extrêmes, ou bien

(1) Analyt. prior. 69 a, 30.

il y a peu d'intermédiaires (sans doute dans le sens de *moins* d'intermédiaires) entre le moyen et le dernier terme. On serait dans ce dernier cas pour l'exemple cité, si la condition indiquée par Aristote était réalisée : c'est-à-dire qu'on aurait ramené en somme le problème de la quadrature du cercle à une seule autre proposition *à démontrer*. Si le problème était ramené au contraire à une proposition *démontrée*, ce ne serait plus une ἀπαγωγή, mais la science elle-même, puisqu'il n'y aurait plus aucun intermédiaire à établir (οὐδ' ὅταν ἄμεσον ᾖ τὸ ΒΓ· ἐπιστήμη γὰρ τὸ τοιοῦτον). Et c'est si bien là la pensée d'Aristote que ceux qui, comme M. P. Tannery, voient, dans ce passage, l'affirmation de l'égalité à un rectiligne du cercle augmenté de lunules, trouvent l'exemple très mal choisi. Il faut opter. Ou bien Aristote admet cette proposition d'Hippocrate comme définitivement démontrée, et alors il présente un très mauvais exemple d'ἀπαγωγή; — ou l'exemple logique est bon et la proposition n'est plus certaine. Mais comment hésiter entre ces deux alternatives? Nous sommes en présence d'une question de pure logique, dans un livre dont l'intérêt est exclusivement logique ; Aristote est dans le domaine où ses préoccupations minutieuses de rigueur et de clarté défient le plus souvent toute objection; il ne cite qu'un exemple d'ἀπαγωγή à petit nombre d'intermédiaires, nous croirons difficilement qu'il s'y soit si naïvement contredit.

III. — FONCTION UNIQUE : LA PROPORTIONNALITÉ.

Toutes les fois que deux grandeurs varient en même temps de telle sorte qu'à une valeur déterminée de l'une corresponde une valeur également déterminée de l'autre, toutes les fois, en d'autres termes, que de deux grandeurs l'une est fonction de l'autre, se pose la question de savoir quelle est la nature de cette fonction. D'instinct, l'homme qui n'a pas une culture scientifique suffisante va droit à la proportionnalité. Si une grandeur augmente quand une deuxième augmente, l'une devenant deux, trois... fois plus grande, il jugera que l'autre devient aussi deux, trois... fois plus grande ; si elles varient en sens inverse, il admettra naïvement que l'une devient moitié quand l'autre se double. Et c'est au point que nous entendons souvent, dans le langage vulgaire, parler de grandeurs qui varient en proportion l'une de l'autre, pour traduire ce fait, en général bien différent, qu'elles varient simultanément. Il y a là au fond une tendance assez naturelle qui nous conduit au maximum de simplicité, au maximum de régularité et de constance dans le changement, et qui d'ailleurs nous donne, pour de petites variations, un résultat souvent très approché de la réalité, et suffisant pour certaines applications pratiques. Ajoutons aussi qu'au temps d'Aristote cette tendance naturelle devait être beaucoup plus accentuée, les progrès de la physique quantitative ayant eu sur notre esprit une grande influence pour nous faire concevoir la généralité des fonctions que nous offre l'univers. Si nous avons quelque peine encore à faire comprendre aux commençants qu'une pierre parcourant 9 m. dans une seconde de chute, parcourt 36 m. en deux secondes, nous savons, et nos étudiants savent aussi bientôt, que la proportionnalité, loin d'être la règle, est l'exception, et qu'*a priori* on peut affirmer, pour toute variation nouvelle quelconque, qu'elle ne se réduit pas à la simplicité toute théorique de la proportion (1). Malgré toutes ces restrictions, il nous paraît édifiant de constater qu'Aristote, sans hésitation, sans l'ombre d'une réserve, sans jamais donner le sentiment du moindre doute, suppose systématiquement la proportionnalité des innombrables variations qui se présentent à lui. La *Physique* et le *Traité du Ciel* abondent en exemples.

C'est d'abord dans la *Physique* la densité d'un milieu évidemment en proportion avec la durée du mouvement d'un corps qui le traverse. ἔστω γὰρ τὸ μὲν Β ὕδωρ, τὸ δὲ Δ ἀήρ· ὅσῳ δὴ λεπτότερον ἀὴρ ὕδατος καὶ ἀσωματώτερον, τοσούτῳ θᾶττον τὸ Α διὰ τοῦ Δ οἰσθήσεται ἢ διὰ τοῦ Β. ἐχέτω δὴ τὸν αὐτὸν λόγον ὅνπερ διέστηκεν ἀὴρ πρὸς ὕδωρ, τὸ τάχος πρὸς τὸ τάχος. ὥστ' εἰ διπλασίως λεπτόν, ἐν διπλασίῳ χρόνῳ τὴν τὸ Β δίεισιν ἢ τὴν τὸ Δ, καὶ ἔσται ὁ ἐφ' ᾧ Γ χρόνος διπλάσιος τοῦ ἐφ' ᾧ Ε. (Δ, 215 b, 3.) — Ailleurs il s'agit de la durée d'un mouvement et de la grandeur de l'espace à parcourir : εἰ γὰρ ἀεὶ τὸ ἴσον τῷ ΒΕ μέγεθος ἐν ἴσῳ χρόνῳ δίεισι... (Z, 233, b, 4). — Un peu plus loin, c'est le mouvement qui est donné proportionnel au temps : ὁμοίως δὲ καὶ ἡ κίνησις διαιρετὴ καὶ ὁ χρόνος διαιρετός· εἰ γὰρ τὴν ὅλην ἐν τῷ παντί, τὴν ἡμίσειαν ἐν τῷ ἡμίσει... (Z, 235 a, 22). — Plus généralement, (Θ, 266, a, b) la puissance du moteur, la grandeur du mobile, le temps, sont comparés, et si la proportionnalité de ces éléments n'est pas toujours explicitement

---

(1) Nos idées sur ce point sont retournées depuis l'antiquité comme pour ce qui touche aux incommensurables. Deux grandeurs pour les Pythagoriciens ont toujours un rapport commensurable, sauf en des cas exceptionnels : les progrès de la science ont bientôt montré que la commensurabilité au contraire est l'exception.

indiquée, il semble bien qu'elle soit toujours dans la pensée d'Aristote. Pour ce qui est de la puissance et du temps, elle est nettement formulée : τὸ δὴ Β Γ ἔχει δύναμιν τινά, ἢ ἐν τινι χρόνῳ ἐκίνησε τὴν Δ, ἐν τῷ χρόνῳ ἐφ' οὗ Ε Ζ. ἂν δὴ τῆς Β Γ διπλασίαν λαμβάνω, ἐν ἡμίσει κινήσει χρόνῳ τοῦ ΕΖ (ἔστω γὰρ αὕτη ἡ ἀναλογία), ὥστ' ἐν τῷ Ζ Θ κινήσει (Θ, 266, b, 9).

Dans le *Traité du Ciel,* la grandeur et le poids d'un corps sont donnés comme proportionnels : εἰ τοίνυν ἀνάλογον τὰ μεγέθη τοῖς βάρεσι... (Α, 273 b, 3). Quelques lignes plus bas, ce sont les poids et les durées de leurs mouvements qui sont posés en raison inverse les uns des autres : καὶ τὴν ἀναλογίαν ἣν τὰ βάρη ἔχει, οἱ χρόνοι ἀνάπαλιν ἕξουσιν, οἷον εἰ τὸ ἥμισυ βάρος ἐν τῷδε, τὸ διπλάσιον ἐν ἡμίσει τούτου (273 b, 32). Puis encore c'est l'effet produit par un corps, la grandeur du corps et la durée de l'action : ἔστω δὴ τὸ μέν ἴσον ἐν ἴσῳ χρόνῳ ἴσον ἀλλοιοῦν, τὸ δ' ἔλαττον ἐν τῷ ἴσῳ ἔλαττον, τὸ δὲ μεῖζον μεῖζον, τοσοῦτον δὲ ὅσον ἀνάλογον ἔσται ὅπερ τὸ μεῖζον πρὸς τὸ ἔλαττον (Α, 275 a, 7).

Cette insistance naïve a beau dater de vingt deux siècles, elle n'est pas celle d'un mathématicien rompu aux relations de toutes sortes que lui offrent ses grandeurs géométriques. Un carré n'est pas doublé quand son côté est doublé ; il ne suffit pas pour doubler un cube de doubler son côté ; l'aire d'un cercle n'est pas proportionnelle à son diamètre ; Hippocrate savait déjà que des segments semblables sont entre eux non pas comme leurs cordes mais comme les carrés de leurs cordes. Et, sans parler des relations variées qui pouvaient servir de σύμπτωμα à tel ou tel lieu géométrique, la théorie des sections coniques ne mettait-elle pas en évidence entre l'abscisse et l'ordonnée d'une de ces courbes une relation autrement complexe que la simple proportionnalité ?

Peut-être objectera-t-on la distinction que fait Aristote entre le mouvement uniforme et le mouvement non uniforme (ὁμαλής, ἀνώμαλος). Elle est posée en particulier assez clairement dans la Physique (E, 228, b). Qu'est-ce donc que cette κίνησις ἀνώμαλος ? S'il pouvait être question d'un mouvement où les espaces varient avec le temps suivant une loi qui n'est pas celle de la proportionnalité, nous serions en présence d'une exception fort remarquable aux tendances que nous venons d'indiquer, — si remarquable même que nos réflexions en perdraient toute leur importance. Mais rien ne nous autorise à penser qu'il en soit ainsi. Si Aristote avait eu la notion d'un mouvement non uniforme dans toutes ses parties, il en aurait exclu toute régularité, toute loi, plutôt que de songer à quelque variation déterminée qui ne rentrât pas dans l'ἀναλογία, et le mouvement ἀνώμαλος, ne comportant plus de fonction précise, cesserait d'être l'exception significative. Mais il est plus probable qu'aux yeux d'Aristote tout mouvement, quand il n'est pas uniforme, se divise de quelque manière en plusieurs mouvements uniformes. Le mouvement inégal est sans doute celui où la vitesse ne reste pas la même pendant toute la durée du mouvement, mais où elle prend plusieurs valeurs successives dans une série d'intervalles. C'est, en d'autres termes, un mouvement qui peut se diviser en une suite de mouvements uniformes. On le comparerait volontiers à une ligne brisée, le mouvement uniforme étant comparé à une droite. N'est-ce pas ce qu'entend dire Aristote lui-même ? ἡ γὰρ ἀνώμαλος ἐστιν ὡς οὐ δοκεῖ μία, ἀλλὰ μᾶλλον ἡ ὁμαλής, ὥσπερ ἡ εὐθεῖα. ἡ γὰρ ἀνώμαλος διαιρετή (228 b., 16). D'ailleurs nous savons bien comment non seulement Aristote, mais tous les savants qui l'avaient précédé envisageaient les mouvements irréguliers des astres errants. A aucun d'eux l'idée n'était venue que la régularité pouvait s'introduire dans la marche des astres par une loi mathématique qui ne fût pas celle de l'uniformité, et nous ne sommes pas surpris de voir Aristote, comme tous les autres astronomes depuis Pythagore, essayer de rendre compte du mouvement des planètes par une décomposition en une série de mouvements uniformes attribués à autant de sphères. L'exemple le plus important de mouvement inégal étudié par les anciens vient à l'appui de notre thèse : nous ne saurions voir dans la κίνησις ἀνώμαλος la preuve qu'Aristote ait eu, dans un cas particulier, l'idée d'une fonction mathématique autre que l'ἀναλογία.

IV. — QUELQUES DÉMONSTRATIONS MATHÉMATIQUES D'ARISTOTE.

Nous trouverons assez souvent chez Aristote, et notamment dans la *Physique* et le *Traité du Ciel*, des démonstrations dont la forme est semblable en apparence à celles des géomètres. L'énoncé général de la proposition est d'abord posé, puis des lettres particulières désignent avec précision telles ou telles grandeurs, pour lesquelles le raisonnement va se faire ; le plus ordinairement il aboutit à une contradiction en règle, qui permet de conclure par l'absurde. Si l'on observe de près ces démonstrations, on est souvent effrayé de leur naïveté. Comme elles se ressemblent étrangement, il suffira que nous en choisissions deux, — sur le type desquelles sont une foule d'autres.

Voulant établir (1) que le vide n'existe pas, Aristote a déjà dit (nous avons mentionné plus haut ce passage) que la durée d'un mouvement est en raison de la densité du milieu qu'il traverse ; la durée du mouvement dans l'eau, par exemple, est à celle du mouvement dans l'air, comme sont entre elles les densités de l'eau et de l'air. Or, a-t-il ajouté, le vide n'est plus dans aucun rapport avec un milieu, quel qu'il soit, car *rien ne saurait être dans un rapport déterminé avec quelque chose*. Cet argument ne suffit pas à Aristote pour rejeter le vide ; il veut donner une démonstration en règle. En substance, et pour résumer, car elle est assez longue chez Aristote, voici cette démonstration : soit A un certain milieu traversé dans le temps T ; le vide sera traversé dans un temps plus petit T'. B étant un milieu dont la résistance serait à celle de A comme T' est à T, B serait aussi traversé dans le temps T' ; donc le vide et le plein (B) sont traversés dans le même temps, ce qui est absurde.

Sent-on suffisamment ce qu'il y a d'étrange en une pareille démonstration ? Aristote a posé la proportionnalité des durées aux densités : la conséquence mathématique serait alors que la durée du mouvement à travers le vide est nulle, c'est-à-dire que la traversée est instantanée. Cette idée lui répugnait, et il lui fallait une durée finie pour la traversée du vide ; soit ! Mais alors il devait renoncer à la proportionnalité. Mettre

---

(1) Phys. Δ, 8, 215 b, 22—216 a, 3.

dans les prémisses d'un raisonnement à la fois la proportionnalité de deux grandeurs et le fait que l'une des deux est nulle sans que l'autre le soit, c'est introduire dès le début la contradiction ; et prendre ensuite la peine de démontrer lentement et minutieusement qu'on est conduit à des conséquences absurdes, c'est le comble de la naïveté.

Nous emprunterons l'autre exemple à l'une des innombrables tentatives que fait Aristote pour établir qu'à une grandeur finie ne peut correspondre une grandeur infinie. Soit (1) la démonstration de cette proposition qu'un corps infini ne peut pas avoir un poids fini. P étant le poids du corps infini, P' (plus petit que P) sera le poids d'une partie A de ce corps. Si alors B est un corps fini qui soit à A dans le rapport de P à P', B aura pour poids P, à cause de la proportionnalité des poids aux grandeurs, et deux corps, l'un infini, l'autre fini (B), auront le même poids, ce qui est absurde. — On le voit encore ici, l'absurdité de la conclusion n'est pas différente de celle qui est posée dès le début, à savoir la proportionnalité de la grandeur au poids, avec la restriction que l'une pourrait rester finie, l'autre devenant infinie.

La démonstration prend une forme légèrement différente dans la *Physique* (2), en ce sens que la proportionnalité n'intervient pas nécessairement, et qu'il s'agit d'un mouvement qui peut être inégal. Mais le raisonnement n'en est pas moins étrange. Aristote veut prouver qu'un mouvement fini ne peut jamais exiger un temps infini. En deux mots, voici son argumenta-

(1) Ciel, A, 273 a.
(2) Z, 7, 238 a.

tion. Décomposons le mouvement fini en quelques parties, dont il sera la somme : à chacune d'elles correspond un temps fini, car c'est le mouvement total qui est supposé avoir une durée infinie, et il faut bien que ses parties nécessairement plus petites aient des durées finies. En ajoutant toutes les durées finies des quelques mouvements ainsi considérés, on a évidemment une durée finie ; donc le mouvement total se passe dans un temps qui est à la fois fini et infini, ce qui est contradictoire. L'enfantillage d'une pareille démonstration dépasse véritablement toutes les bornes. Les mouvements sont-ils proportionnels au temps : la seule hypothèse que les uns soient finis, les autres infinis, est contradictoire. N'y a-t-il pas proportionnalité : de quelque façon qu'on envisage ce mouvement et qu'on le décompose en parties, si les premières ont pu correspondre à des durées finies, la dernière aura certainement une durée infinie, d'après l'hypothèse que le mouvement total a une durée infinie. C'est une étrange manière de raisonner que de rejeter d'abord cette conséquence de la première hypothèse (temps infini pour le mouvement total) et d'admettre, en se contredisant, que chacune des parties a une durée finie, pour pouvoir aboutir ensuite à une absurdité.

V. — L'INFINI DE QUANTITÉ.

L'infini est une illusion de la pensée qui, comme le dit Aristote, a de quoi fournir sans fin, qui peut toujours dépasser le terme qu'elle a atteint. Mais existe-t-il, et comment existe-t-il, dans le monde des réalités concrètes ?

L'univers est limité. Les raisons en sont multiples. Arrêtons-nous seulement sur ces deux démonstrations géométriques que donne le *Traité du Ciel* (A, 272 a et b), et qui s'appuient sur ce que la rotation du cosmos se termine dans un temps fini.

1º Soit un rayon CAE tournant autour du centre C: si ce rayon est fini, CE, on conçoit très bien que dans sa rotation il s'appuie sur une droite illimitée BB', en parcourt un segment fini $E'E''$, puis continue à tourner sans plus rencontrer la droite BB'. Mais s'il est infini et si d'abord il ne rencontre pas BB', il ne commencera jamais à couper cette droite. Or, la rotation se termine en un temps fini ; cela est contradictoire.

2º Soit un rayon CAE infini rencontrant la ligne illimitée BB' en un point F, jamais, dans sa rotation autour de C, il ne quittera cette droite : ce qui est contradictoire avec la durée finie de la rotation totale.

N'est-il pas permis de dire que ces démonstrations ne sont pas le fait d'un géomètre, habitué aux rotations de lignes, aux variations d'angles, indépendantes de la longueur de l'élément qui tourne ? Soit ω, dirait-il, l'angle de CAE avec une direction fixe CX, perpendiculaire à BB', par exemple ; ω variant de zéro à 360 degrés, le rayon fait un tour complet. Il rencontre BB' pour les valeurs de ω comprises entre 90 et 270 degrés, et pendant la durée de la moitié de la rotation totale. Les positions où le rayon est parallèle à BB' marquent le commencement et la fin de la rencontre. Tout cela reste aussi clair avec un rayon illimité qu'avec un rayon fini. Sans doute il y a quelque difficulté pour l'imagination à saisir un premier et un dernier point de rencontre ; mais cela ne rend pas plus la rotation impossible, que l'argument de *l'Achille* n'empêche le plus lent d'être atteint par le plus rapide.

Mais laissons là les démonstrations elles-mêmes, et prenons acte de la conclusion d'Aristote. Le monde qui tourne est limité, soit ! Et au delà ? — Au delà, Aristote ne croit pas à un milieu plus ou moins fluide ; comme d'ailleurs il rejette le vide avec la plus grande énergie, et qu'enfin l'espace n'est pour lui que la limite du contenant d'un corps et n'a de sens que là où il y a des corps, nous en sommes réduits à la conception d'un univers total limité à la sphère des étoiles fixes, sans qu'il soit permis à l'imagination de rien ajouter au delà de ses bornes. — Comme conséquence directe de cette limitation du monde, se trouve posé un maximum pour la grandeur qui croît. Non seulement il n'existe pas de grandeur infinie en acte, mais il n'existe pas une grandeur aussi grande qu'on voudrait ; l'opération qui consisterait à ajouter sans cesse une grandeur à une grandeur, de façon à réaliser un accroissement continu, ne peut pas se prolonger au delà d'une certaine limite ; elle se termine nécessairement : ce qu'Aristote exprime en disant que l'infini de grandeur *n'existe même pas en puissance.*

Seul existe l'infini que révèle en deux sens différents la divisibilité illimitée d'une grandeur. Un corps quelconque peut être divisé en deux parties, par exemple ; chacune d'elles en deux autres, et ainsi de suite, sans que jamais il doive y avoir une limite, une fin à cette division. C'est là un infini qui existe dans le même sens qu'existe une période de temps, une olympiade, par exemple ; il est comme quelque chose qui s'écoule, qui devient, qui se présente sans cesse sous un aspect nouveau. Il a quelque chose d'actuel dans son existence, en ce sens que la division sans fin d'une grandeur est réalisable, comme se réalise un écoulement indéfini. Mais il n'est pourtant pas en acte, en entéléchie, au sens où ce mot comporterait l'achèvement du processus, puisque au contraire la division n'est jamais arrêtée. C'est pourquoi Aristote l'appelle infini en puissance. Les mêmes réflexions s'étendent à l'infini d'addition qui accompagne l'infini de division, car les parties successivement retranchées d'une grandeur forment une somme qui augmente sans cesse, sans jamais atteindre la grandeur elle-même. Cet infini est, comme l'autre, et parallèlement à l'autre, un processus qui se réalise continûment sans s'achever jamais : c'est là le seul infini d'addition qui existe, même en puissance. On voit par où il diffère essentiellement de l'infini qui dépasserait toute grandeur. Ici l'addition est illimitée, mais ne parvient même pas à reconstituer le corps auquel s'est appliquée la division ; au contraire l'addition arbitraire d'une grandeur à une grandeur nous ferait dépasser toute limite, et nous conduirait au delà des dimensions maxima de l'univers, c'est-à-dire à des grandeurs non réalisables. — Les infinis qui peuvent être mis en évidence, dans des conditions concrètes déterminées, par la division illimitée d'un corps quelconque, sont en puissance en tant qu'ils sont comme une sorte de matière qui se réalise poursuivant indéfiniment son entéléchie. L'infini de grandeur formé par un accroissement arbitraire n'a pas cette existence matérielle et potentielle, attendu que le processus auquel cette addition donne naissance a une limite déterminée qui l'arrête, et le détruit en tant qu'infini. C'est ainsi que nous entendons le passage de la *Physique*, Γ, 6, 206 a et b, qui aboutit à cette conclusion : ἀλλ' εἰ μὴ οἶον τε εἶναι ἄπειρον ἐντελεχείᾳ σῶμα αἰσθητὸν οὕτω, φανερὸν ὅτι οὐδὲ δυνάμει ἂν εἴη κατὰ πρόσθεσιν, ἀλλ' ἢ ὥσπερ εἴρηται ἀντεστραμμένως τῇ διαιρέσει... (206 b, 24). — Un peu plus loin Aristote confirme notre explication à l'occasion de l'infini de nombre et de l'infini de grandeur. Il rejette l'infiniment petit pour le premier (l'unité étant un minimum au-dessous duquel le nombre ne peut descendre), — et l'accepte pour l'autre ; tandis que, d'autre part, il accepte l'infiniment grand numérique, mis en évidence dans la division par le nombre illimité de parties, et rejette l'infiniment grand de la grandeur, comme dépassant le ciel : εἴη γὰρ ἄν τι τοῦ οὐρανοῦ μεῖζον (207 b, 20).

Les restrictions apportées à l'infini de grandeur ne seront-elles pas un obstacle pour le géomètre ? — Non, répond Aristote. Le mathématicien pourra toujours imaginer pour ses grandeurs les dimensions qu'il voudra : tant qu'il restera dans la fiction pure, dans le domaine de l'abstraction, la multiplication de la grandeur reste à sa fantaisie. C'est là l'infini de la νοήσεως, infini purement abstrait et formel, — qui n'a rien de matériel, et par là ne se confond même pas avec l'infini en puissance, celui qui se poursuit réellement, concrètement, sans atteindre jamais l'entéléchie. Quant à la signification réelle des fictions du géomètre, qui leur donnera, malgré tout, le caractère de la science, elle tient à ce qu'on pourra toujours réduire toutes ses grandeurs proportionnellement dans le rapport où devra être réduite la plus grande pour ne pas dépasser les dimensions maxima de l'univers réel. C'est ainsi du

moins que nous comprenons ces mots d'Aristote :
οὐκ ἀφαιρεῖται δ' ὁ λόγος οὐδὲ τοὺς μαθηματικοὺς τὴν
θεωρίαν, ἀναιρῶν οὕτως εἶναι τὸ ἄπειρον ὥστε ἐνεργείᾳ
εἶναι ἐπὶ τὴν αὔξην ὡς ἀδιεξίτητον· οὐδὲ γὰρ νῦν δέονται
τοῦ ἀπείρου οὐδὲ χρῶνται, ἀλλὰ μόνον εἶναι ὅσην
ἂν βούλωνται τὴν πεπερασμένην· τῷ δὲ μεγίστῳ μεγέθει
τὸν αὐτὸν ἔστι τετμῆσθαι λόγον ὁπηλικονοῦν μέγεθος
ἕτερον (Γ, 7, 207 b, 27). Le géomètre, dont l'imagination ne connaît point de limite, serait-il complètement satisfait de cette consolation ? Ne craindrait-il pas qu'il n'y eût aucun rapport entre son infini et la grandeur maximum du monde ?... Mais peu importe. Laissons de côté pour le moment l'explication d'Aristote, — sauf peut-être à nous en souvenir plus tard.

Ce n'est pas seulement en supprimant l'infini de grandeur qu'Aristote risque de s'éloigner de l'attitude naturelle du géomètre ; c'est aussi et plus encore peut-être en refusant l'entéléchie à l'infini additif révélé par la divisibilité. Certes, il reste ainsi strictement placé au point de vue de la rigueur. Les exigences logiques de la démonstration interdisent au mathématicien de faire entrer dans la chaîne des raisonnements une vue intuitive semblable ; et, déjà au temps de Platon, nous avons pu apprécier les efforts faits dans ce sens pour présenter une méthode infinitésimale exempte de toute considération d'infini (1). Mais si c'est dans cette sorte d'enveloppe extérieure, patiemment construite après coup, que certains esprits voient consister la géométrie, ce n'est assurément pas par elle qu'ils se mettent en communion avec les promoteurs des conceptions

(1) Voir notre livre : *Les philosophes géomètres de la Grèce*, livre second, introduction; — et notre *Rationnel*, VI.

nouvelles, et qu'ils pénètrent jusqu'aux sources d'où celles-ci sont naturellement sorties. Quel que soit l'arrangement logique et rigoureux d'un Eudoxe, pour la méthode d'exhaustion, ou d'un moderne, pour les méthodes du calcul intégral, ce qu'il y a de primitif dans toute tentative d'épuiser une grandeur par des éléments de plus en plus petits, c'est la vue anticipée d'une sorte de sommation, d'intégration d'une infinité d'éléments, aboutissant à la grandeur donnée. Les polygones inscrits dont le nombre des côtés augmente indéfiniment nous conduisent au cercle ; les triangles qu'Archimède inscrit dans le segment de parabole épuisent l'aire que limite l'arc de courbe. Voilà ce qu'affirme d'abord l'intuition du géomètre. Il n'y a pas de limite qui ne se pose à son esprit comme une limite atteinte, avant qu'une analyse savante ait habilement séparé le processus infini — du terme qui en est la raison. En présence du problème de *l'Achille*, Aristote se contente de répondre que le temps est infini en même temps que l'espace franchi : soit ! Mais il n'est pas de géomètre, si attaché qu'il soit à la forme rigoureuse, qui ne veuille voir se terminer ces deux infinis au point et à l'instant qui se posent comme limites des deux processus. Sans doute il y a, dans cette détermination de l'infini, dans cet accomplissement d'un devenir, une synthèse hardie qui dépasse la logique ; mais elle est naturelle et spontanée dans l'esprit du mathématicien, pour qui elle est loin d'être une exception. Ne peut-on pas dire, en somme, que, pour le géomètre, toute valeur déterminée, tout état précis d'une grandeur est comme la limite de l'infinité d'états antérieurs formant une suite continue ? Ne peut-on pas dire que le processus infini est dans toute variation, dans tout changement, et que les notions quantitatives les plus communes résultent toujours de la synthèse de l'ἄπειρον et du πέρας(1)? — Or Aristote sent autrement les choses : l'infini exclut à ses yeux l'achèvement, la détermination ; l'ἄπειρον et le πέρας ne peuvent se trouver ensemble. Là où il voit l'achèvement, comme dans la grandeur de l'univers, il rejette l'infini ; là où au contraire il aperçoit l'infini, il rejette la détermination et l'acte. C'est ainsi que s'expliquent la plupart des raisonnements étranges que nous avons signalés chez lui, sa répugnance à passer de la droite à la circonférence, de l'aire d'un rectiligne à celle d'un cercle, d'un milieu plus ou moins dense au vide absolu, etc... Il ne sait pas se résoudre à la synthèse qui, au risque de faire passer *du même à l'autre*, et de les mélanger pour le progrès effectif de la pensée, apporte des éléments non immédiatement réductibles à l'analyse claire et logique du discours.

VI. — LES ATOMES GÉOMÉTRIQUES DES PLATONICIENS.

Un aristotélicien n'aurait-il pas toute prête une réponse facile ? Entre les platoniciens et Aristote, qui donc a été le mieux pénétré du véritable esprit mathématique, sinon celui qui a si souvent combattu les éléments géométriques insécables, en particulier comme contraires aux saines conceptions des géomètres ? Et, de fait, ne sait-on pas qu'Aristote a eu à s'élever bien des fois contre les prétentions de Platon ou de l'un de ses successeurs immédiats, Xénocrate, qui acceptent des

---

(1) Cf. Fouillée, *La philosophie de Platon*, IIIe partie, livre 1er, ch. II.

surfaces et des lignes insécables, — comme s'il pouvait y avoir, en quelque genre que ce fût, des grandeurs minima, des atomes ?

Il importe, pour mieux répondre, de reviser avec soin les opinions courantes sur cette question, et d'essayer de dégager la vérité de la légende.

Et d'abord sur quoi repose la tradition d'après laquelle Xénocrate aurait affirmé l'existence des lignes atomes ? Elle nous est transmise par les commentateurs d'Aristote, qui nous désignent Xénocrate comme particulièrement visé par le maître, quand celui-ci fait la moindre allusion à ceux qui croient aux grandeurs insécables. Alexandre, Themistius, Simplicius, Philopon, Syrianus, Proclus, et d'autres Scholiastes inconnus, s'accordent là-dessus avec un ensemble touchant. Démocrite, Platon et Xénocrate auraient presque toujours à se partager les reproches d'Aristote ; Xénocrate les aurait mérités par ses lignes insécables. C'est même probablement contre lui, dit l'un des commentateurs, qu'aurait été composé le *Traité des lignes atomes* (1).

Une première remarque donne fort à réfléchir sur la valeur de tous ces témoignages : jamais Aristote ne nomme expressément Xénocrate, quand il est question de grandeurs indivisibles, ni dans la *Physique*, ni dans la *Métaphysique*, ni dans le chapitre du *De Cœlo* exclusivement consacré à la question (Γ), ni enfin dans le traité des lignes atomes (si, comme c'est peu probable d'ailleurs, ce traité pouvait lui être attribué). Il est possible évidemment, il est même vraisemblable que Xénocrate, mieux qu'un autre, dut par son attitude donner

---

(1) Zeller, *Die Philosophie der Griechen*, zweiter Theil, erste Abtheilung, p. 670.

du moins un prétexte à cette tradition. Mais est-il nécessaire de lui supposer pour cela une attitude différente de celle de Platon ? Nous le croyons d'autant moins que la plupart des commentateurs rapprochent les deux noms, quand il est question des grandeurs géométriques insécables, et qu'Aristote qui ne nomme pas Xénocrate quand il s'agit des lignes atomes, nomme du moins Platon lui-même. C'est à Platon en effet que, dans la *Métaphysique* (A, 9, 992 a, 22) il attribue nettement les lignes atomes. — Cette fois, nous tenons un texte, et il est possible d'apprécier à travers les paroles d'Aristote quelle dut être cette fameuse théorie de l'Académie, si contraire au véritable esprit de la mathématique.

Aristote vient de poser cette question : Et les points, en quoi consistent-ils ? Platon, dit-il, allait jusqu'à combattre ce genre comme étant une vue géométrique, et il appelait (le point) principe de ligne : τούτῳ μὲν οὖν τῷ γένει καὶ διεμάχετο Πλάτων ὡς ὄντι γεωμετρικῷ δόγματι, ἀλλ' ἐκάλει ἀρχὴν γραμμῆς (992 a, 20). Jusqu'ici il n'y a qu'une interprétation possible. Le point n'existe pas, aux yeux de Platon, comme élément concret, réel, comme une chose pouvant former un genre ; ce n'est pas un στοιχεῖον, un élément matériel, servant à constituer la ligne. Les géomètres ont une façon de parler qui peut faire illusion. Ils disent : les points de cette ligne..., prenons sur cette ligne tels ou tels points.... En réalité le point, comme chose matérielle composant la ligne, est une vue trop simpliste ; c'est celle des Pythagoriciens dont les conceptions étaient si naïvement additives et analytiques. Au στοιχεῖον s'oppose l'ἀρχή, principe synthétique et dynamique. La position de Platon est jusqu'ici toute naturelle, fort claire et digne d'un vrai géomètre.

Mais Aristote ajoute : τοῦτο δὲ πολλάκις ἐτίθει τὰς ἀτόμους γραμμάς, « et il posait souvent ce genre-ci, ou simplement ceci, à savoir les lignes atomes ». Alexandre, et les commentateurs à sa suite, comprennent que pour Platon le point est une ligne atome. [ἐκάλει δὲ ἀρχὴν τῆς γραμμῆς πολλάκις, ἣν ἄτομον γραμμὴν ἔλεγεν...(Alexandre, Sc. in Arist., Brandis, 581 b, 32)]. Le mot *atome* est pris d'ailleurs sans la moindre hésitation au sens de Démocrite, c'est-à-dire au sens d'un minimum de grandeur insécable. — Nous saisissons là sans doute l'origine de la tradition des lignes insécables dans l'Académie ; mais ne sommes-nous pas effrayés en même temps de la contradiction que par l'intermédiaire d'Aristote on prête à Platon ? Les points transformés en morceaux de lignes insécables, c'est exactement le contraire de ce qu'indiquait la première partie de la phrase ; c'est le point redevenu élément matériel, portion constitutive, στοιχεῖον ; c'est le point redevenu, en tant que chose existant séparément, une réalité et non plus une fiction du géomètre. La phrase comporte, il est vrai, une opposition voulue, et même sans doute une contradiction marquée : τούτῳ μὲν.... τοῦτο δὲ ; mais nous avons mieux à faire ici que d'interpréter la pensée d'Aristote, puisque par une bonne fortune, nous nous trouvons en présence des mots mêmes de Platon. Or le sens de minimum de grandeur insécable donné à l'atome est-il celui de Platon ? Il est vraisemblable que cette signification du mot n'est pas plus ancienne que la conception qu'elle traduit, et qui date des Physiciens d'Abdère. Mais Platon connut-il seulement les atomistes ? On sait qu'il ne nomme jamais Démocrite, qu'il ne fait jamais allusion à sa théorie fondamentale. Si l'on croit que certains passages des dialogues visent ses doctrines, c'est en tant que matérialistes, mais non point comme posant les grandeurs insécables. Et, en tous cas, il est naturel de penser que le sens nouveau du mot ἄτομος devait se fixer dans le langage philosophique courant beaucoup plus par les discussions qu'allait soulever Aristote que par les écrits de Démocrite. Or, avant que naquît la théorie atomiste, le mot ἄτομος avait déjà un sens, le sens primitif que donnent tous les dictionnaires, à savoir : qui n'a pas de divisions réalisées, qui n'est pas formé de parties séparées, qui n'est pas coupé en morceaux, sans que s'y joigne l'idée que la chose *non divisée* ne soit en aucune façon *divisible*. Platon n'emploie qu'une fois le mot ἄτομος, et c'est bien dans ce dernier sens. On demande dans le *Sophiste* (229, D) si la science de l'éducation forme un tout ἄτομον, ou si *elle a* quelque division importante (ἢ ἀρά τινα ἔχον διαίρεσιν ἀξίαν ἐπωνυμίας). La science de l'éducation serait dite ἄτομος par Platon, si elle ne présentait pas des parties assez distinctes pour qu'il valût la peine de les énumérer séparément ; il n'en résulterait pas du tout qu'elle fût insécable au sens des atomistes, c'est-à-dire qu'elle ne fût pas décomposable en une série de préceptes, ou d'exercices, ou en un commencement, un milieu, une fin, ou de quelque façon qu'on imaginât sans révéler dans cette science des parties tellement distinctes déjà que l'ensemble ne formerait un tout unique qu'en apparence. Cette signification même du mot ἄτομος appliquée à la ligne nous donne tout simplement : ligne indécomposée, indivisée, non réduite à une somme de parties juxtaposées ; c'est la notion de la ligne que commande tout naturellement la notion platonicienne du point, telle qu'Aristote vient de la rappeler. — Les souvenirs du disciple, au moins en ce qui concerne le langage même de son maître, n'ont pas de quoi nous surprendre. Platon devait en effet être amené à poser ses ἀτόμους γραμμάς, au moment même où il insistait sur sa conception du point, principe de ligne, et non élément matériel constitutif. Et ainsi nous voyons disparaître toute contradiction, en même temps peut-être que la légende des atomes de lignes dans l'Académie. — Ajoutons à l'appui de nos réflexions une remarque qui nous paraît significative : en dehors de ce passage de la *Métaphysique*, jamais Aristote n'accuse directement Platon d'avoir conçu des atomes de lignes. Quand il prend à partie ceux qui croient aux éléments insécables, il ne vise chez Platon que ses petites surfaces du *Timée*. Ne dirait-on pas qu'il nous met ainsi en garde lui-même contre l'importance d'une affirmation isolée ?

Il reste que Platon — (et probablement aussi Xénocrate, qui même aura pu faire jouer à de petites droites le rôle que Platon donne à de petits triangles), — il reste que Platon expose dans le *Timée* une doctrine de la formation des choses où interviennent comme éléments primordiaux certains triangles géométriques. Mais ici nous sommes, non point dans le domaine élevé de la géométrie, de la science de ce qui est toujours, mais en pleine physique, c'est-à-dire dans le monde des choses qui naissent et périssent. Nous ne marchons pas en pleine lumière dans la région des essences, mais seulement dans celle des ombres, et les efforts de Platon vont uniquement à apporter quelque clarté à la lueur des vérités éternelles. Il ne marche qu'à tâtons, et déclare fort nettement que tout ce qu'il énonce se présente à l'esprit non point avec certitude, mais avec vraisemblance. En d'autres termes, nous avons affaire à des hypothèses : hypothèses d'ailleurs d'une nature toute particulière. Les éléments géométriques posés comme principes constitutifs ne résistent pas au moindre examen sérieux qui se fonde sur les réalités sensibles telles que se les représente notre imagination. C'est ainsi qu'Aristote a mille fois raison (*Ciel*, Γ, 8) dans les impossibilités qu'il signale à voir les corps formés des petits triangles de Platon. Mais s'ils ne sont donnés qu'hypothétiquement, ne trouvent-ils pas une justification intéressante dans les équations mêmes qu'ils fournissent ? Non seulement, en effet, à l'aide de ces substituts, on peut rendre compte du fait de la transformation des quatre éléments les uns dans les autres, mais on détermine les parties qui se transforment par des relations numériques comparables, en somme, — quoique de fort loin, — à celles de la chimie moderne (*Timée*, 56, D, E). Il se passe sans doute dans l'esprit de Platon réussissant à illuminer du grand jour de la Mathématique les transformations du monde sensible, quelque chose d'analogue, — quoique à si grande distance, — à la joie du physicien moderne échafaudant ses équations sur des conceptions imaginaires, éther, atomes, etc., dont l'examen direct peut donner lieu à tant de difficultés réelles. Nous forçons évidemment les choses pour les faire mieux sentir ; mais du moins on comprendra combien le point de vue de Platon, aboutissant victorieusement à des relations numériques constantes à l'aide de son roman des petites surfaces, put être éloigné de celui d'Aristote ; et on accordera peut-être qu'il faut faire bien des réserves quand celui-ci se pose à l'égard de Platon en défenseur des droits méconnus de la Mathématique.

Enfin, si nous laissons de côté ce que peuvent avoir de spécial les conceptions atomistiques des Académiciens, et que nous envisagions dans sa généralité l'idée d'un minimum de corps matériel, quelle qu'en soit la forme, Aristote est-il bien venu à présenter des objections au nom de la Géométrie ?

Certes, nous déclarerons volontiers que l'affirmation de la divisibilité infinie de la grandeur, telle qu'Aristote l'a énergiquement soutenue, est plutôt le fait du mathématicien ; celle de l'atome, le fait du physicien. Mais en tous cas le vrai mathématicien dira bien vite que le problème de l'infiniment petit, en présence duquel il se trouve ici, comporte sans doute les mêmes difficultés et les mêmes conclusions que le problème de l'infiniment grand ; il dira qu'en somme cela ne fait qu'une question, celle de l'infini, se présentant en deux sens contraires ; et, selon sa tendance plus ou moins marquée à séparer le domaine de la Mathématique et celui de la réalité concrète, il projettera son double infini dans les choses, — ou au contraire le rattachera exclusivement, et sous ses deux faces, à ses propres fictions, posant dans le monde réel une limite à la grandeur et une limite à la petitesse. Or, que fait Aristote ? Il affirme l'infini de division, après avoir nié l'infini de grandeur ; et, tandis qu'il ne voit dans cette dernière négation aucune gêne pour le géomètre, il déclare au contraire qu'admettre les atomes, c'est aller contre les Mathématiques. Πρὸς δὲ τούτοις ἀνάγκη μάχεσθαι ταῖς μαθηματικαῖς ἐπιστήμαις ἄτομα σώματα λέγοντας... (*Ciel*, 1', 4. 303 a, 20). Qui ne voit cependant que la difficulté est exactement la même de part et d'autre ? Le géomètre, disait Aristote, peut supposer ses grandeurs aussi grandes qu'il veut ; pour que ses conclusions aient un sens réel, il lui suffit de réduire proportionnellement toutes ses grandeurs de manière à ne pas dépasser la grandeur maximum de l'univers. Qui empêcherait donc de dire exactement de même, pour montrer que la croyance à l'atome ne gênera pas non plus le géomètre : qu'il suppose les grandeurs aussi petites qu'il lui plaira ; pour passer de ses conclusions théoriques à la réalité, il lui suffira de les augmenter toutes proportionnellement de manière qu'aucune ne reste inférieure à l'atome minimum. Pourquoi la même précaution qui dans un cas autorise la limitation de la grandeur, sans que la Mathématique ait à s'en plaindre, serait-elle inefficace dans l'autre cas ? Qu'Aristote n'ait pas senti l'étrangeté de ses affirmations, et qu'il ait adopté pour le problème de l'infini deux attitudes aussi contraires, cela montre suffisamment qu'aucune de ses deux conclusions n'est le fait d'un esprit profondément pénétré de la pensée géométrique du ve et du ive siècle.

Archiv für Geschichte der Philosophie, 1903.

IV

LE HASARD CHEZ ARISTOTE ET CHEZ COURNOT

Il est très dangereux, dans l'histoire des idées, de faire des rapprochements précis entre des penseurs que sépare un intervalle trop considérable : c'est là une vérité dont tout le monde est convaincu ; mais il est plus dangereux peut-être d'exagérer les dissemblances au point de méconnaître ce qu'il y a de permanent dans la constitution même de l'esprit humain. Nous voudrions montrer, à propos du hasard et de quelques préoccupations dont il semble inséparable, qu'Aristote n'est pas fort éloigné de Cournot, bien que l'un soit un savant contemporain, l'autre le représentant le mieux qualifié de la pensée ancienne.

*
* *

Aristote vient d'énumérer (*Physique*, B, 3) la série des causes dont la recherche est le but de la science. Cette liste est-elle complète ? Ne met-on pas d'ordinaire le hasard et le spontané ($\dot{\eta}$ τύχη καὶ τὸ αὐτόματον) au nombre des causes ? Qu'est-ce que cela signifie ? Quelques-uns diront qu'un pareil langage témoigne uniquement notre ignorance de la cause. Ainsi je vais au marché, et j'y rencontre une personne que je ne m'attendais pas à y voir : on l'expliquera par le hasard, sans y remarquer que la cause de cette rencontre a été ma volonté d'aller au marché... Tout le monde sait cela, répond Aristote ; personne n'ignore que tout a une cause, ce qui n'empêche pas que tout le monde attribue certaines choses au hasard. Le hasard, ce n'est nullement l'absence de cause [πολλὰ γὰρ καὶ γίνεται καὶ ἔστι ἀπὸ τύης καὶ ἀπὸ ταὐτομάτου, ἃ οὐκ ἀγνοοῦντες ὅτι ἔστιν ἐπανενεγκεῖν ἕκαστον ἐπί τι αἴτιον τῶν γινομένων... *Physique*, B, 4, 196 a, 11].

Cournot a, dans un chapitre antérieur (*Essai sur les fondements de nos connaissances*, chap. II), fait le décompte de tous les aspects que revêt la raison des choses, c'est-à-dire de toutes les manières dont se satisfait notre raison dans l'explication des phénomènes. Abordant la question du hasard, il commence par cette déclaration catégorique: « De même que toute chose doit avoir sa raison, ainsi tout ce que nous appelons événement doit avoir une cause. Souvent la cause d'un événement nous échappe, et nous prenons pour cause ce qui ne l'est pas ; mais ni l'impuissance où nous nous trouvons d'appliquer le principe de causalité, ni les méprises où il nous arrive de tomber en voulant l'appliquer inconsidérément, n'ont pour résultat de nous ébranler dans notre adhésion à ce principe, conçu comme une règle absolue et nécessaire (1). » Et, loin que l'absence de cause puisse caractériser le hasard, celui-ci ne se comprend que si avant tout on a une vue assez nette de ce que peut être un enchaînement continu de causes et d'effets se poursuivant à travers une série d'événements. C'est à éclaircir cette vue que s'attache d'abord Cournot : la définition du hasard en sort

---

(1) Ch. III, 29.

tout naturellement. Les chaînes de causes et d'effets sont innombrables dans le monde ; deux quelconques d'entre elles peuvent être solidaires l'une de l'autre, mais elles peuvent aussi être complètement indépendantes. « Personne ne pensera sérieusement qu'en frappant la terre du pied il dérange le navigateur qui voyage aux antipodes, ou qu'il ébranle le système des satellites de Jupiter ; mais, en tout cas, le dérangement serait d'un tel ordre de petitesse, qu'il ne pourrait se manifester par aucun effet sensible pour nous, et que nous sommes parfaitement autorisés à n'en point tenir compte. Il n'est pas impossible qu'un événement arrivé à la Chine ou au Japon ait une certaine influence sur des faits qui doivent se passer à Paris ou à Londres ; mais en général il est bien certain que la manière dont un bourgeois de Paris arrange sa journée n'est nullement influencée par ce qui se passe actuellement dans telle ville de Chine où jamais les Européens n'ont pénétré. Il y a là comme deux petits mondes, dans chacun desquels on peut observer un enchaînement de causes et d'effets qui se développent simultanément, sans avoir entre eux de connexion, et sans exercer les unes sur les autres d'influence appréciable. Les événements amenés par la combinaison ou la rencontre d'autres événements qui appartiennent à des séries indépendantes les unes des autres, sont ce qu'on nomme des événements *fortuits*, ou des résultats du *hasard* (1). »

Aristote, de son côté, ne se contente pas non plus d'écarter l'absence de cause pour expliquer le hasard ; il en appelle à la cause essentielle à ses yeux, à celle qui domine toute science et toute action, au τὸ οὖ

---

(1) Ch. iii, 30.

ἕνεκα, ou ἕνεκά του. Apporter la science dans des faits quelconques, c'est mettre en évidence la fin, le but, d'où peut se déduire avec nécessité la suite des phénomènes observés ; éclairer l'action à la lumière de l'intelligence, c'est montrer la fin pour laquelle se constitue une suite de moyens. Spéculativement ou pratiquement le ἕνεκά του sera la cause fondamentale gouvernant toute une chaîne de faits dont elle sera le terme et la raison d'être. Or, c'est parmi les choses qui peuvent être ainsi choisies comme *termes* d'une série par la nature ou par la volonté des hommes, c'est ἐν τοῖς ἁπλῶς ἕνεκα τοῦ γινομένοις, comme dit Aristote, qu'il faut évidemment ranger les faits de hasard ; ils se distinguent des autres par cette condition qu'en réalité ils ne sont visés ni par la nature, ni par le libre vouloir de l'homme. Ces faits qui se présentent au terme d'une suite de phénomènes ou d'actions, comme s'ils en avaient été la raison, et en avaient commandé l'enchaînement, se produisent en dehors de la série sans y être rattachés par un lien effectif ; ils ne font pas partie de la chaîne qu'ils auraient expliquée s'ils en avaient été un élément interne ; ils y sont étrangers en réalité. Quand un créancier étant allé au marché y trouve précisément son débiteur, auquel il n'avait pas songé, la rencontre est fortuite parce qu'elle n'est pas par sa volonté le but naturel et rationnel de toute la série d'actes qui l'a amené au marché, parce qu'il se trouve en présence d'une chaîne d'événements aboutissant à la rencontre, celle-ci restant cependant extérieure à la chaîne. D'ailleurs on peut aller plus loin : si la perspective de cette rencontre avait dirigé l'autre série d'actes qui constitue la venue du débiteur, Aristote ne songerait pas à en faire un événement fortuit ; il faut qu'elle n'ait été voulue ni par l'un ni par l'autre ; et par conséquent qu'elle soit aussi étrangère à une série qu'à l'autre, et qu'elle ne réside précisément qu'en une sorte de mélange des deux. Aristote ne le dit pas ; mais il est permis de croire qu'en s'exprimant ainsi, on n'est pas loin de sa pensée. Et cela deviendra plus vraisemblable encore si nous rapprochons du fortuit ce qui ne s'en sépare guère sous la plume d'Aristote, nous voulons dire l'*accident*.

Dans le second livre de la *Physique*, où il s'occupe plus particulièrement du hasard et du spontané (deux éléments dont la distinction aristotélicienne nous intéresse fort peu en ce moment), il est amené sans cesse à citer l'accident, τὸ συμβεβηκός, pour éclairer sa pensée. On peut dire même qu'il définit le hasard par l'accident, τὰ δὲ τοιαῦτα (ἕνεκυ τοῦ) ὅταν κατὰ συμβεβηκὸς γένηται, ἀπὸ τύχης φαμὲν εἶναι... 196 *b*, 23. Et les réflexions qui suivent ces quelques mots sont significatives : elles tendent à ranger le hasard parmi les causes accidentelles, par opposition aux causes qui sont en soi [τὸ μὲν καθ'αὐτὸ τὸ δὲ κατὰ συμβεβηκός]. La cause en soi de la maison, c'est l'architecte ; le musicien, ou le blanc, si ces qualités conviennent à celui qui a construit la maison, n'en sont que cause accidentelle ; c'est par hasard, dira-t-on, que la maison est l'œuvre d'un musicien. La même idée se poursuit assez longtemps, et à chaque instant revient le rapprochement fondamental aux yeux d'Aristote de l'accidentel et du fortuit. Δῆλον ἄρα ὅτι ἡ τύχη αἰτία κατὰ συμβεβηκὸς ἐν τοῖς κατὰ προαίρεσιν τῶν ἕνεκα του... ἔστι μὲν γὰρ ὡς γίνεται ἀπὸ τύχης· κατὰ συμβεβηκός γὰρ γίνεται, καὶ ἔστιν αἴτιον ὡς συμβεβηκός ἡ τύχη...

ἔστι μὲν οὖν αἴτια καθάπερ εἴρηται, κατὰ συμβεβηκὸς καὶ ἡ τύχη καὶ τὸ αὐτόματον,... (197 a, 5, 12, 22).

Inversement, dans le livre E de la *Métaphysique*, quand Aristote se propose d'étudier l'accident, son langage rappelle étonnamment celui du livre B de la *Physique*. Dans la *Physique* les premières lignes consacrées à la définition du hasard le distinguaient (c'est un point sur lequel nous aurons à revenir plus loin) de ce qui se produit toujours ou fréquemment. Πρῶτον μὲν οὖν, ἐπειδὴ ὁρῶμεν τὰ μὲν ἀεὶ ὡσαύτως γινόμενα τὰ δὲ ὡς ἐπὶ πολύ, φανερὸν ὅτι οὐδετέρου τούτων αἰτία ἡ τύχη λέγεται οὐδὲ τὸ ἀπὸ τύχης, οὔτε τοῦ ἐξ ἀνάγκης καὶ ἀεὶ οὔτε τοῦ ὡς ἐπὶ πολύ... (196 b, 10). Dans la *Métaphysique*, il dit presque exactement de même pour l'accident : ὃ γὰρ ἂν ᾖ μήτ' ἀεὶ μήθ' ὡς ἐπὶ τὸ πολύ, τοῦτό φαμεν συμβεβηκὸς εἶναι (1026 b, 31). Les exemples cités de part et d'autre se ressemblent étrangement. C'est d'abord celui de la maison construite accidentellement par un médecin ; dans la *Physique*, c'était le fait de la maison construite par un blanc, ou par un joueur de flûte... C'est encore le fait accidentel du froid pendant la canicule ; dans la *Physique*, la chaleur caniculaire, était-il dit en substance, n'est pas un hasard ; mais la chaleur en hiver en est un. Dans la définition de l'accident du livre Δ, Aristote cite le cas d'un homme trouvant un trésor dans un trou creusé pour planter un arbre ; l'exemple du créancier trouvant par hasard son débiteur au marché, pour n'être pas identique, présente manifestement les mêmes circonstances caractéristiques.

Ainsi il est permis de dire que hasard et accident sont étroitement unis dans la pensée d'Aristote. Et on peut ajouter qu'il ne s'agit là ni de l'accident qui a le sens d'attribut général d'une substance, ni de ce qui est propre par accident, τὰ κατὰ συμβεβηκός ἴδια, mais seulement de l'accident opposé à ce qui est normal, à ce qui découle naturellement de l'essence, à ce qui s'y adapte ou en dérive nécessairement. — Or, qu'est-ce qui constitue avant tout celui-ci ? C'est qu'il ne fait pas partie d'une série naturelle ; il n'est pas un élément dans la suite que forment les dérivés d'une essence spécifique ; il se surajoute à une chaîne, faisant en réalité partie d'une autre ; sa présence n'est que le résultat d'un mélange de genres. C'est ainsi que de l'essence de l'architecte dérive tout naturellement pour lui cette qualité de savoir construire une maison ; mais que la qualité de musicien, pour un architecte, est un accident ou un fait fortuit, en ce sens qu'elle appartient à une autre série d'attributs. L'accident s'oppose à ce qui se produit καθ' αὐτὸ ; or, parfois Aristote dit aussi καθ' ἕτερον, par opposition à καθ' αὐτὸ (*de Anima*, 406 a, par ex.). L'accident est ce qui, se trouvant en apparence faire partie d'une série, dépendre d'une essence, résulte d'une autre. Ou plutôt il ne résulte d'aucune, il n'a pas d'existence réelle, il ne se produit pas comme une chose dont on dirait qu'elle naît ou périt ; il n'est pas éloigné du non-être. Φαίνεται γὰρ τὸ συμβεβηκὸς ἐγγύς τι τοῦ μὴ ὄντος... τῶν δὲ κατὰ συμβεβηκὸς οὐκ ἔστιν (γένεσις καὶ φθορά)... (1026 b, 21, 23). Il reste que ce soit une concordance, une rencontre, un mélange de genres séparés, de séries se déroulant chacune selon sa raison naturelle, indépendamment l'une de l'autre. Quand le sens de la vue me fait percevoir du blanc, il s'accomplit par là une suite naturelle de faits ; la couleur est l'objet propre du sens de la vue ; le fonctionnement normal de celui-ci aboutit à une perception pour laquelle la nature l'a organisé. Mais quand mes yeux me font constater que la chose blanche est « le fils de Diarès » (*de Anima*, 418 a, 21), cela se produit par accident, ou par union, par rencontre de deux qualités appartenant à des genres différents, blanc et fils de Diarès.

Aristote insiste très souvent sur ce que l'accident ne saurait être objet de science, et pourquoi ? La science ne doit poursuivre que ce qui est permanent ou tout au moins fréquent, tandis que le hasard est très rare, soit ! mais la raison même de cette rareté est dans le caractère exceptionnel du mélange des genres. Celui-ci est hors du cours normal de la nature : et la science dont le but est, en somme, de découvrir ce cours normal, doit se détourner d'un semblable mélange. D'ailleurs la science doit procéder par démonstration ; or, on sait avec quelle insistance Aristote réclame pour la démonstration la nécessité de se dérouler dans un genre unique (1) ; elle ne saurait passer d'un genre à un autre, et il serait impossible de traiter, par exemple, une question de géométrie par l'arithmétique.

Bref, il semble bien qu'en éclairant ce qui touche au hasard par la pensée générale d'Aristote, nous nous rapprochions singulièrement avec lui de la définition de Cournot.

*
* *

Mais dans cette longue analyse n'avons-nous pas rencontré chez Aristote un certain nombre d'éléments que ne présente pas Cournot ? Voyons de plus près, et les ressemblances se manifesteront davantage.

(1) Voir notamment les *Derniers Analytiques*, I, 70, xx.

Aristote revient à plusieurs reprises, pour le fortuit ou pour l'accidentel, sur cette condition qu'il est rare, exceptionnel, qu'il ne fait point partie ni des choses qui sont toujours, ni de celles qui se produisent fréquemment. Cette circonstance ne semble pas tout d'abord indiquée par Cournot; on dirait même qu'elle est niée. « Ce n'est point d'ailleurs parce que les événements pris pour exemples sont rares et surprenants, qu'on doit les qualifier de résultats de hasard »; et plus loin: « Il est bien vrai que, dans le langage familier, on emploie de préférence l'expression de hasard lorsqu'il s'agit de combinaisons rares et surprenantes. Si l'on a extrait quatre fois de suite une boule noire de l'urne qui renferme autant de blanches que de noires, on dira que cette combinaison est l'effet d'un grand hasard; ce qu'on ne dirait peut-être pas si l'on avait amené d'abord deux boules blanches et ensuite deux boules noires, et, à plus forte raison, si les blanches et les noires s'étaient succédé avec moins de régularité, quoique, dans toutes ces hypothèses, il y ait une parfaite indépendance entre les causes qui ont affecté chaque boule de telle couleur et celles qui ont dirigé à chaque coup les mains de l'opérateur. On remarquera le hasard qui a fait périr les deux frères le même jour, et l'on ne remarquera pas ou l'on remarquera moins celui qui les a fait mourir à un mois, à trois mois, à six mois d'intervalle, quoiqu'il n'y ait toujours aucune solidarité entre les causes qui ont amené tel jour la mort de l'aîné, et celles qui ont amené tel autre jour la mort du cadet, ni entre ces causes et leur qualité de frères (1) ».

Il faut comprendre ici Cournot. Ses réflexions ne

(1) Ch. III, 32.

nient pas la rareté d'un événement fortuit ; elles vont contre la tendance vulgaire à ne parler du hasard qu'en présence d'un fait curieux, étrange, appelant tout particulièrement notre attention. Mais tout fait de hasard est rare au contraire pour Cournot, et également rare — qu'il soit curieux ou non, qu'il nous frappe ou nous laisse indifférents, — uniquement parce qu'il est une combinaison possible parmi un certain nombre d'autres également possibles. Si un tirage aveugle de caractères d'imprimerie fournit un mot qui ait un sens, on criera au miracle (1), et on ne songera pas que parmi toutes les combinaisons possibles, celle-là avait autant de chances — ou aussi peu — d'apparaître, que telle autre dépourvue de sens. Elle n'a rien qui doive la rendre plus rare que n'importe quelle autre ; mais elle l'est autant. Chacune est rare précisément parce qu'un grand nombre sont également possibles. C'est tellement là la pensée de Cournot que la fréquence sera pour lui une raison de rejeter le hasard et d'expliquer les faits par une cause permanente. « Lorsque, au jeu de *croix ou pile*, une longue suite de coups montre l'inégalité des chances en faveur de l'apparition de l'une et de l'autre des faces de la pièce projetée, cette inégalité accuse dans la pièce un défaut de symétrie ou une irrégularité de structure. Cause constante, la même à chaque coup, et dont l'influence s'étend sur toute la série des coups pris solidairement et dans leur ensemble (2).

C'est là d'ailleurs le fondement même de l'induction chez Cournot. Vous mesurez le volume d'une même

---

(1) Ch. iii, 32.
(2) Ch. ii, 19, et ch. iii, 32.

masse de gaz sous différentes pressions, choisies aveuglément, et vous constatez que le produit des nombres qui expriment le volume et la pression garde dans toutes les expériences une même valeur : vous pouvez affirmer que le hasard n'y est pour rien ; qu'il n'y a pas indépendance des pressions et des volumes ; que, comme pour la pièce du jeu de *croix ou pile*, quelque chose est truqué, arrangé ; qu'il y a là une loi naturelle de liaison et de détermination. Mais au fond le signe auquel le savant ou le philosophe reconnaît cette détermination est exclusivement dans la répétition du fait : entre une infinité de manifestations possibles, il offre trop souvent la même pour qu'il y ait indépendance entre les séries d'éléments qui se rencontrent en lui.

On pourrait peut-être aller plus loin et montrer, en dépit des affirmations de Cournot, que ce n'est pas seulement la rareté, au sens mathématique du mot, le très petit nombre de cas où se produit un événement, que Cournot requiert lui aussi pour avoir le droit de parler du hasard ; mais c'est même l'étrangeté de l'événement, son caractère plus ou moins étonnant, qui intervient à ses yeux plus qu'il ne le croit sans doute. Dans cette théorie de l'induction, en effet, Cournot lui-même remarque que la simplicité de la loi est pour quelque chose dans la conviction que nous devons avoir de sa réalité. En d'autres termes, supposez qu'on n'aperçoive aucun lien entre les nombres qui donnent le volume et la pression dans une série déterminée d'expériences : il sera toujours possible de les relier par une formule mathématique plus ou moins compliquée, dans laquelle rentrent tous les résultats obtenus. Cournot laisse très bien entendre pourtant que la force avec laquelle nous rejetterons le hasard augmente avec la simplicité de la relation trouvée : c'est dire que la répétition des faits curieux nous entraîne plus aisément que celle des autres à nier le hasard, ou, en d'autres termes, que les circonstances qui rendent un fait fortuit plus saisissant pour nous doivent en même temps le rendre plus rare, plus difficile à se réaliser, parmi tant d'autres possibles. Ce n'est évidemment pas dans la logique même de la définition de Cournot ; mais cela paraît se dégager, peut-être inconsciemment, des préoccupations de simplicité et d'ordre esthétique qu'il attribue à notre raison. Quoi qu'il en soit, il nous suffit d'avoir mis en évidence chez lui, comme chez Aristote, ce caractère important du fait fortuit qu'est sa rareté.

L'affirmation de cette rareté a les plus graves conséquences chez l'un et chez l'autre. Nous avons vu Cournot conduit à fonder sur elle l'induction scientifique, la répétition d'un même résultat dans des circonstances où l'on n'avait pas choisi spécialement les conditions d'expérience permettant de conclure à une disposition des choses, à une raison naturelle qui l'explique. C'est presque le même langage au fond, quoique moins savant et nullement inspiré du calcul des probabilités, que parle Aristote, quand il répond aux philosophes qui nient la finalité de la nature dans la formation du monde. La nature, disent-ils, ne pense pas plus à faire pousser le grain qu'elle ne songe à le faire pourrir dans la grange, quand il y a trop d'humidité ; lorsqu'il a plu, le grain en profite pour germer et croître, c'est là un simple accident, comme sa pourriture, par excès d'humidité, en est un autre. Pourquoi encore veut-on que la nature ait disposé les dents des animaux pour l'usage auquel elle les réservait ? Les animaux utilisent évidemment les dents qu'ils ont de la façon la plus convenable. Et ainsi de suite. A cette thèse de ses adversaires, fortement exposée et développée à la fin du livre B de la *Physique*, qu'oppose Aristote ? Quelques mots seulement : toutes les choses que nous présente la nature sont ce qu'elles sont d'une manière constante ou du moins dans la majorité des cas; or, ce n'est pas là du tout la condition de ce qui se produit au hasard [ἀδύνατον δὲ τοῦτον ἔχειν τὸν τρόπον· ταῦτα μὲν γὰρ καὶ πάντα τὰ φύσει ἢ ἀεὶ οὕτω γίνεται ἢ ὡς ἐπὶ τὸ πολύ, τῶν δ'ἀπὸ τύχης καὶ τοῦ αὐτομάτου οὐδέν. B, 198 a, 34].

De part et d'autre c'est la même idée, dont le jeu de *croix ou pile* donne un exemple fort clair : la fréquence des mêmes combinaisons de faits est le signe que la structure de la pièce n'est pas indifférente aux résultats, que la pièce est truquée. La répétition des phénomènes qui se produisent sous nos yeux dans le monde inorganique ou organisé est le signe que la nature est truquée elle aussi, qu'elle est disposée, agencée dans un sens favorable à de pareils résultats, et par conséquent qu'ils échappent au hasard.

Et si nous pénétrons plus au fond de leur pensée, sous les affirmations que nous venons de rappeler, nous pouvons peut-être rapprocher davantage encore les tendances philosophiques d'où elles émanent. A quoi se rattache le fortuit, l'accident chez Aristote, sinon à la contingence qui existe primitivement dans les choses et qui caractérise leur élément matériel ? Tout ce qui se produit dans le monde, tout ce qui arrive, toute qualité nouvelle qui se manifeste dans un sujet, tout ce qui vient en acte, était en puissance dans la matière des choses, au même titre que les déterminations contraires qui ne se sont pas réalisées, mais qui, en vertu de la seule matière, étaient également possibles. Ce qui a entraîné le choix et fait passer à l'acte telles déterminations plutôt que d'autres, c'est un principe formel qui guide la nature, la conduisant toujours vers le mieux. Mais ce principe ne domine pas complètement la matière ; celle-ci ne se laisse pas complètement réduire, elle résiste, et ce qui échappe au principe formel se trouve être par sa contingence la source de l'accident et du hasard. La nécessité dont Aristote associe parfois l'idée à celle de cette matière ne doit pas faire illusion ; il s'agit alors d'une nécessité brutale, aveugle, opposée à une finalité intelligente. La nécessité intelligible, rationnelle, se trouve non avec la matière et ce qui en découle, mais avec l'entéléchie se produisant naturellement en vertu du principe du meilleur ; et ce qui s'y oppose, c'est, dans la matière considérée isolément, l'absence du principe formel de détermination, c'est-à-dire la contingence pure. Le fait fortuit se caractérise, chez Aristote, par cette condition qu'il sera un possible, parmi plusieurs, sans qu'une raison intelligible ait entraîné de préférence sa réalisation.

Or, ne trouvons-nous pas au fond la même idée chez Cournot ? Les nombreux exemples qu'il donne à la suite de sa définition du hasard et les applications philosophiques qu'il en fait montrent fort clairement que quelque chose est essentiellement impliqué par cette définition, c'est qu'un événement fortuit est un possible parmi un certain nombre également possibles : là est pour lui, nous l'avons dit, la raison de la rareté du hasard ; là aussi est la base de la théorie mathématique de la probabilité, et des considérations qui le conduisent à la probabilité philosophique, fondement de l'induction. Le hasard pur se rattache donc à une contingence complète d'abord supposée, à la parfaite égalité de chances pour tous les possibles ; et le fortuit disparaît à mesure que s'aperçoivent des traces d'une raison des choses, qui détruit l'égalité des chances, la contingence pure, pour donner à l'un des possibles une supériorité sur les autres et en déterminer la réalisation. Ainsi, à la base de leurs théories du hasard, Aristote et Cournot nous offrent cette notion d'une contingence s'effaçant devant un principe formel de détermination. Et par là se trouve jetée une vive lumière non pas seulement sur ces théories elles-mêmes, mais jusque sur les traits fondamentaux de leur philosophie scientifique. Insistons, pour le faire sentir davantage, sur leur distinction commune du hasard et de la science.

*
* *

On sait suffisamment pour Aristote — et nous l'avons rappelé déjà — qu'il exclut le fortuit de la science, et laisse ainsi subsister deux catégories d'éléments, ceux que le savant enchaîne rationnellement dans ses spéculations sur la nature, et ceux qui échappent à une explication scientifique. Un dualisme semblable se trouve, chez Cournot, dans la séparation fondamentale de la donnée historique et de l'élément scientifique. Déjà, à propos du hasard, Cournot a laissé entendre, dans le III⁰ chapitre de l'*Essai*, que non seulement il n'est pas l'ignorance provisoire de la cause, mais même qu'aux yeux d'une intelligence infiniment supérieure à la nôtre, il resterait hasard, — quelque chose de spécifique et d'irréductible à une connaissance rationnelle.

Le xxᵉ chapitre sur l'Histoire et la Science vient confirmer ces vues. « La distinction de l'histoire et de la science, dit-il, de l'élément historique et de l'élément scientifique, est bien plus essentielle que ne semble le penser Bacon, et elle ne tient pas précisément à la présence dans l'esprit humain de deux facultés dont l'une s'appellerait la mémoire et l'autre la raison. Les hommes n'auraient jamais fait usage de leur mémoire et de leur raison pour écrire l'histoire et des traités sur les sciences, qu'il n'y en aurait pas moins, dans l'évolution des phénomènes, une part faite à des lois permanentes et régulières, susceptibles par conséquent de coordination systématique, et une part laissée à l'influence des faits antérieurs, produits du hasard ou des combinaisons accidentelles entre diverses séries de causes indépendantes les unes des autres. La notion du hasard, comme nous nous sommes efforcé de l'établir ailleurs, a son fondement dans la nature, et n'est pas seulement relative à la faiblesse de l'esprit humain. Il faut en dire autant de la distinction entre la donnée historique et la donnée théorique. Une intelligence qui remonterait bien plus haut que nous dans la série des phases que le système planétaire a traversées, rencontrerait comme nous des faits primordiaux, arbitraires et contingents (en ce sens que la théorie n'en rend pas raison) et qu'il lui faudrait accepter à titre de données historiques, c'est-à-dire comme le résultat du concours accidentel de causes qui ont agi dans des temps encore plus reculés. Supposer que cette distinction n'est pas essentielle, c'est admettre que le temps n'est qu'une illusion (1)... »

(1) Ch. xx, 312.

Mais en nous autorisant de cette distinction si radicale de Cournot pour le rapprocher d'Aristote, ne risquons-nous pas de nous méprendre sur sa propre pensée ? Le long commentaire qui accompagne les lignes précédentes pourrait parfois laisser croire qu'il prend une attitude toute différente de celle des Anciens, et en particulier de celle d'Aristote. « C'était une maxime reçue chez les philosophes de l'antiquité, qu'il n'y a point de science de l'individuel, du particulier, du contingent, du variable ; que l'idée de la science est l'idée de la connaissance, en tant qu'elle s'applique à des notions générales, à des conceptions nécessaires, à des résultats permanents. Mais, dans l'état présent des sciences, nous ne saurions nous contenter de ces lieux communs... Il ne faudrait pas non plus prendre à la lettre cet aphorisme des anciens : que l'individuel et le particulier ne sont point du domaine de la science. Rien de plus inégal que le degré de généralité des faits sur lesquels portent des sciences, d'ailleurs susceptibles au même degré de l'ordre et de la classification qui constituent la perfection scientifique. En zoologie, en botanique, on considère des types spécifiques, susceptibles de comprendre des myriades d'individus, tous différents les uns des autres et dont la science ne s'occupe pas ; du point de vue de la chimie, chaque corps simple ou chaque combinaison définie est un objet particulier ou individuel, absolument identique dans toutes les particules de la même matière, simple ou composée. La nature n'aurait façonné qu'un seul échantillon d'un cristal, qu'il figurerait parmi les espèces minéralogiques, au même titre que l'espèce la plus abondante en individus. En astronomie, l'on considère les corps célestes comme autant d'objets individuels :

quelques-uns, tels que l'anneau de Saturne, paraissent être jusqu'ici uniques dans leur espèce ; notre lune pouvait passer pour telle jusqu'à la découverte des satellites de Jupiter ; et les recherches les plus profondes de la mécanique céleste ne portent que sur les mouvements d'un système borné à un petit nombre de corps (1).... » En laissant Cournot expliquer lui-même par où il croit s'éloigner des Anciens, ne sentons-nous pas au contraire, par ses propres paroles, à quel point il est près d'Aristote ? Il revendique pour la science le droit de s'occuper des objets individuels, particuliers ; mais quels sont ceux qu'il nous donne en exemple ? Ce sont des êtres singuliers, lune, anneau de Saturne, planètes, en petit nombre ou même parfois seuls de leur espèce, mais qui présentent des caractères réguliers, permanents, apparaissant comme éternels à travers la constance ou la périodicité de leurs mouvements, et s'offrant par là aux prises d'une science telle qu'Aristote pas plus que Platon n'en rêvèrent jamais de plus élevée ni de plus noble. Ou bien ce sont tels animaux, telles plantes, telle combinaison chimique, tel cristal, dont la définition implique assurément quelque chose de particulier, mais qui sont, selon l'expression même de Cournot, des *types spécifiques*, susceptibles de se réaliser dans une multitude d'individus : et c'est encore là l'objet par excellence de la science aristotélicienne. Celle-ci n'a-t-elle pas pour but essentiel d'atteindre et de connaître dans les individus les types spécifiques dont ils sont des réalisations particulières ? Si Cournot laisse à la science les objets offrant à l'esprit humain la constance, la permanence, la régularité, ou

(1) Ch. xx, 306, 307.

la généralité de quelque essence spécifique, il peut les appeler particuliers, individuels, selon les cas, il rentre plus que jamais, loin d'en sortir, dans la conception scientifique d'Aristote.

Et c'est bien là l'impression qui se dégage avec de plus en plus de clarté des explications de Cournot. En opposition aux objets particuliers qu'il ne veut pas supprimer du domaine de la science, quels sont ceux qu'il en exclut? Ce sont tous ceux qui comportent des données historiques irréductibles à un ordre rationnel. Il cite le cas de l'étoile de 1572, qui a disparu très vite sans laisser de trace ; — le cas possible d'une comète qui aurait traversé jadis notre système solaire, y aurait apporté telle ou telle perturbation inconnue d'ailleurs, et se serait ensuite perdue dans l'espace. Il cite toutes les constantes empiriques, qu'astronomes, physiciens, météorologistes, trouvent inscrites, quand ils en ont besoin, dans les annuaires spéciaux, — par exemple, celle que nous nommons *établissement du port*, et qui sert au calcul des marées en un lieu particulier. Il cite certaines données premières irréductibles qu'accepte la science des langues, comme une matière sur laquelle elle fonde les lois de la formation des mots ; les diverses mesures utilisées chez les peuples à telles ou telles époques, etc. Ce sont autant d'éléments qui peuvent être et sont scientifiquement utilisés, mais qu'on ne saurait faire entrer, pour les expliquer, dans une théorie rationnelle. Il faut se garder de les confondre avec les données numériques des Mathématiques, de la Physique, de la Chimie. En chimie, par exemple, nous devons accepter comme provisoirement irréductible la table des équivalents des corps simples; « mais nous n'en admettons pas moins que les rapports entre ces nombres doivent avoir une explication théorique (prise dans la nature permanente des corps), qu'on découvrirait si cette nature des corps nous était mieux connue, et pour laquelle il ne serait point nécessaire de connaître les phases par lesquelles ont passé jadis les portions de la matière sur lesquelles se font nos expériences, car la même explication doit valoir pour d'autres portions, chimiquement identiques quoique individuellement distinctes, et dont l'histoire est tout autre ou qui ont passé par des phases toutes différentes » (1). Il en est de même des indices de réfraction des divers rayons du spectre : l'expérience seule, il est vrai, nous donne ces coefficients numériques, « mais nous n'en admettons pas moins que les causes d'inégale réfrangibilité tiennent aux conditions permanentes de la constitution des rayons lumineux ; tellement qu'une théorie plus profonde en donnerait la raison sans qu'il fût besoin de joindre à la connaissance théorique de la constitution de la lumière et des corps matériels la connaissance historique des phases par lesquelles le monde a passé »(2). Et ainsi de suite. Parmi les données singulières que le monde offre à notre expérience, Cournot retient comme éléments scientifiques et refuse de nommer historiques ou fortuites toutes celles qui dérivent manifestement, aux yeux de la raison, de la nature permanente des choses. Ce qu'il rejette de la science théorique est donc ce qui ne dérive pas de cet ordre permanent, ce qui se produit sans être une conséquence nécessaire de cet ordre, ce qui aurait pu se présenter différent, ce qui aurait pu revêtir l'une quel-

---

(1) Ch. xx, 309.
(2) *Id.*

conque d'une multitude de déterminations également réalisables ; c'est bien ce qu'Aristote eût nommé le hasard, le fortuit, et ce qu'il eût soustrait, lui aussi, à la science.

.·.

Que conclure de cette étude ? Que la science pour Cournot est exactement ce qu'elle fut pour Aristote ? — Non, sans doute. Il resterait au moins une différence incontestable sur la nature de la certitude scientifique. L'esprit en quête de connaissance rationnelle atteint directement son objet, aux yeux d'Aristote, et cet objet est une vérité éternelle, immuable. Cournot est de son temps en rejetant ce qu'une telle conception a d'absolu, et faisant de la raison, au lieu du νοῦς qui prend contact avec la réalité, une sorte de flair nous guidant selon la probabilité la plus grande. Mais peu importe : nous avons mis en évidence, comme appartenant à l'un et à l'autre penseur, un caractère essentiel de la plus haute importance. On s'est souvent demandé si la conception de la science que nous offrent les Grecs n'était pas incompatible avec la formation de la véritable méthode, qu'auraient seuls connue les modernes. En particulier l'affirmation que tout ce qui ne rentre pas dans le normal, le permanent, le nécessaire, l'intelligible, doit être rejeté de la science, a pu sembler un indice grave de l'impuissance où ont dû se trouver les Grecs de créer la science expérimentale. Le rapprochement que nous venons de faire nous permet de dire que cette affirmation se retrouve, à peu près analogue, chez un des savants du xixe siècle qui ont le plus et le mieux réfléchi sur la pensée scientifique : ce qui est au moins la preuve qu'une semblable opinion n'exclut pas nécessairement le souci des exigences essentielles de la science moderne. — Et enfin si deux mille ans de maturité n'ont pas ôté à l'esprit humain le besoin de discerner dans la connaissance les données historiques et les systématisations rationnelles, le contingent et le nécessaire, c'est que sans doute il y a là deux termes d'une opposition irréductible, entre lesquels nous risquons d'être indéfiniment ballottés ;.... à moins que nous ne nous décidions peut-être (et Cournot n'y aurait pas été étranger), à reconnaître la science à la marque de la raison dont elle est l'œuvre, et à concevoir cette raison assez large et assez compréhensive pour que les distinctions qui semblaient irréductibles s'effacent dans son unité fondamentale.

Revue de Métaphysique et de Morale, 1902.

V

LA RAISON CHEZ COURNOT

Qu'est-ce que la raison ? — Pour mieux comprendre Cournot, montrons d'abord, en le suivant, ce qu'il lui répugne qu'elle soit.

Quelques-uns veulent que la raison soit la faculté de l'esprit humain de saisir les vérités nécessaires, de s'élever aux idées d'infini, de perfection, d'absolu... Mais trouvent-ils trace de ces idées chez l'enfant ? Or celui-ci n'est-il pas infiniment au-dessus des animaux par des tendances et des besoins qui justifient déjà son titre de créature raisonnable ? L'instruction, le développement de son intelligence lui donneront plus tard ces idées abstraites d'absolu, de nécessaire, d'infini... et déjà pourtant, par son désir de comprendre et de savoir, par les questions qu'il pose sur toutes choses, il témoigne de facultés qui nous font instinctivement parler de sa raison. D'autre part, les savants tels que le physicien, le naturaliste, l'économiste, ne font donc pas œuvre de raison, sous prétexte qu'ils ne manient pas les notions de Dieu et d'absolu ? Ne dit-on pas, à propos de tels ou tels de leurs travaux, qu'ils sont plus ou moins imprégnés d'esprit philosophique, et n'entend-on pas confusément par esprit philosophique une sorte de « raison cultivée par des intelligences d'élite (1) » ? Sans doute ce peut être une des fonctions de la raison humaine d'aboutir aux idées métaphysiques que l'on a en vue ; mais ce n'est pas, à coup sûr, dans ces idées qu'elle a sa marque essentielle et constante.

Celle-ci serait-elle dans le pouvoir de former des idées générales et de les fixer par des signes ? C'est assurément quelque chose que d'apercevoir ce qu'il y a de commun et ce qu'il y a de différent dans les choses, que d'exprimer les ressemblances par des termes généraux, que de classer, que de décrire... Mais est-ce là vraiment ce que poursuit surtout l'esprit humain dans son fonctionnement normal et continu ? Est-ce par là que se trouvent satisfaits ses besoins intellectuels les plus ordinaires ? Il y a certes des généralisations fécondes dans le domaine des sciences ; mais beaucoup sont stériles, en ce sens qu'elles ne font pas réaliser le moindre progrès dans l'explication des choses. Ce ne peut donc être dans la faculté d'abstraire, de classer et de généraliser, que se trouve ce qui méritera de s'appeler « le principe actif, le principe de fécondité et de vie, pour tout ce qui tient au développement de la raison et de l'esprit philosophique (2) ».

Pour beaucoup, la raison c'est essentiellement la faculté de raisonner. Et cependant, si efficace qu'il soit, quelque satisfaction qu'il donne à l'esprit, le raisonnement logique laisse souvent après lui bien des lacunes. Il semble qu'il faille distinguer plusieurs sortes de déductions, les unes conduisant aux conclusions sans

---

(1) *Essai sur les fondements de nos connaissances*, I, ch. II.
(2) *Idem*.

jeter sur elles autant de lumière qu'on en voudrait, d'autres plus naturelles et plus vraiment utiles et fécondes.

Il est impossible de contester quelque lien entre ces diverses facultés, ces diverses démarches, et ce qui pourra s'appeler la raison humaine ; mais si la première définition visait trop haut, les autres « ne mettent pas suffisamment en relief le caractère le plus essentiel par lequel l'homme se distingue, comme être raisonnable, des êtres auxquels le bon sens dit qu'il faut accorder l'intelligence à un certain degré, mais non la raison (1) ».

La raison doit donc être définie de telle manière qu'on y reconnaisse d'une part une fonction normale et non point exceptionnelle, d'autre part, qu'on y sente quelque chose de très élevé et de très complet, sans lacune, sans rien d'artificiel. Il faut qu'on la trouve chez tous les hommes, et même chez l'enfant ; et il faut qu'elle soit au-dessus des sens, au-dessus des opérations intellectuelles, au-dessus du raisonnement, au-dessus de la logique, qu'utilisant tous les procédés de connaissance elle leur soit supérieure.

Toutes ces qualités, Cournot les trouve réunies dans le pouvoir que nous avons d'atteindre, de saisir, la « raison des choses », c'est-à-dire « l'ordre suivant lequel les faits, les lois, les rapports, objets de notre connaissance, s'enchaînent et procèdent les uns des autres ».

Est-ce seulement un mot qui se trouve ainsi substitué à d'autres, et faut-il dire, par exemple, que la raison des choses est simplement leur cause ? A la rigueur

---

(1) *Essai sur les fondements de nos connaissances*, I, ch. II.

on pourrait le soutenir. Mais ce serait d'abord à la condition de renoncer à la notion exclusive de cause efficiente, et d'étendre l'idée de cause à toute liaison de faits qui par sa nature fournit une explication ; ensuite il faudrait choisir, parmi toutes les causes, celle qui donne l'explication réelle et fondamentale. Un fleuve a quelque tendance à délaisser une de ses rives pour se rejeter sur l'autre : parmi d'innombrables causes qui concourent à produire le phénomène, l'ingénieur en trouvera la raison dans la configuration du lit du fleuve. Une conspiration réussit à renverser un gouvernement : l'historien philosophe trouvera la raison du succès dans les vices de ce gouvernement. Qu'un naturaliste cherche à expliquer la formation d'un organisme vivant ; mille circonstances s'offrent à lui : les conditions où se sont développés les ancêtres, l'hérédité, la lutte pour la vie, etc. Il aura le sentiment qu'il tient la raison de l'existence et de la conservation de cet organisme, si, laissant toutes les circonstances extérieures, il pénètre de plus en plus dans l'intelligence des rapports harmoniques et de la coordination des parties. Qu'il s'agisse de démontrer un théorème de géométrie, bien des démonstrations sont possibles en général : une seule conduit le géomètre à la vraie raison du théorème, c'est celle qui, ne se contentant pas de la liaison logique, va droit à l'ordre réel « dans lequel s'engendrent les vérités correspondantes en tant que l'une est la raison de l'autre »... La notion de cause, entendue dans tous les sens où le demandait Aristote, pourrait donc se substituer à celle de raison à la condition qu'une épithète s'ajoutât, exprimant le caractère réel et fondamental de la cause.

Leibnitz, avec sa raison suffisante, s'est certainement

approché de la pensée de Cournot. Mais d'abord pourquoi ce mot surajouté « suffisante » ? Si C n'existe qu'en raison du concours des choses A et B, dira-t-on que A ou B sont raisons insuffisantes ? — D'autre part, l'axiome de la raison suffisante, tel que l'a énoncé Leibnitz, ne comporte guère que des applications négatives. On montre, chaque fois qu'on veut l'utiliser, qu'il n'y a pas de raison pour que les choses soient autrement. (Par exemple, la résultante de deux forces égales appliquées à un même point est dirigée suivant la bissectrice...) Et de plus, enfin, pourquoi Leibnitz a-t-il voulu soustraire les mathématiques au principe de raison pour les soumettre exclusivement au principe de contradiction ? Il n'est point de domaine où la raison des choses ne s'offre aux recherches de l'esprit humain.

.

Par ses exemples et par ses explications, Cournot nous fait entendre qu'à ses yeux il y a dans la réalité, en dehors de notre esprit, un ordre, un enchaînement, qui relie les choses, et c'est à le découvrir et à le formuler que s'exerce notre raison. Mais cela nous suffit-il ? Nous voudrions savoir à quels caractères nous le reconnaîtrons. Des mille réflexions qui remplissent les livres de Cournot on peut dégager d'abord quelques remarques importantes :

1° C'est dans la permanence, la constance, la répétition d'un rapport observé entre des faits distincts que se montre le signe d'un ordre réel. La raison n'a point à suivre ici quelqu'un de ces principes qu'on donne parfois comme fondements de l'induction et de la science, principe de causalité, principe de la stabilité des lois, etc. Elle se renierait elle-même si elle n'admettait pas l'opposition du fortuit et du régulier. Ce qui est fortuit, pour Cournot, ce sont les rencontres de deux séries de faits entre lesquelles il n'existe aucun lien, aucun élément de détermination, de sorte que tous les cas possibles de rencontre ont d'égales chances de se produire (1), comme d'ailleurs l'expérience en témoigne, pourvu qu'elle soit suffisamment prolongée (jeux de hasard, par exemple). Lors donc que la régularité subsiste à travers la variété tout arbitraire des circonstances, nous considérons comme extrêmement probable que ce n'est pas par hasard, et que nous nous trouvons en présence d'une loi réelle. C'est là un point sur lequel Cournot revient si souvent avec insistance, multipliant les exemples, et répétant cent fois la même idée, que nous nous contentons de renvoyer le lecteur à ses ouvrages.

2° Le nombre des observations nécessaires pour que l'ordre se révèle peut être considérablement réduit si la loi entrevue est particulièrement *simple*. S'agit-il de relier par une formule mathématique divers états d'une grandeur variable, le degré de probabilité de la loi que l'on soupçonne est en raison de la simplicité de la formule. « Si la loi mathématique à laquelle il faut recourir pour lier entre eux les nombres observés était d'une expression de plus en plus compliquée, il deviendrait de moins en moins probable, en l'absence de tout autre indice, que la succession de ses nombres n'est pas l'effet du hasard, c'est-à-dire du concours de cau-

---

(1) Voir notre étude précédente sur le hasard chez Aristote et chez Cournot.

ses indépendantes, dont chacune aurait amené chaque observation particulière ; tandis que, lorsque la loi nous frappe par sa simplicité, il nous répugne d'admettre que les valeurs particulières soient sans liaison entre elles, et que le hasard ait donné lieu au rapprochement observé (1). » — S'agit-il de constituer la liste des corps vraiment indécomposables à l'aide desquels la nature réalise toute matière qui tombe sous nos sens ? « Notre raison est ainsi faite qu'elle admettrait volontiers 2, 3, 4 éléments, et qu'il lui en coûte d'en admettre 73 ou 146. Pourquoi cela ? Serait-ce que nous subissons encore l'influence de certaines doctrines pythagoriciennes ? Nullement ; mais c'est que nous n'entrevoyons aucune raison théorique pour que le nombre des substances qui possèdent ce caractère si tranché de l'irréductibilité, ne fût pas tout aussi bien 73 ou 74, 145 ou 147 : tandis que la simplicité des nombres 2, 3, 4, la gradation bien plus prononcée de l'un à l'autre, sans nous donner la raison de préférence, sont pour nous, dans les conditions de notre jugement humain, le véhément indice d'une raison intrinsèque de préférence (2)... »

La simplicité de la thèse de Copernic, comparée à celle de Ptolémée, a été l'un des arguments les plus puissants qui l'ont imposée à la raison. Plus généralement « c'est un principe de la raison humaine, sans lequel aucune critique, et, par suite, presque aucune science ne serait possible, que de chercher dans le simple l'explication ou la raison du compliqué. Voilà tel système d'apparences que l'on peut expliquer par

---

(1) *Essai sur les fondements de nos connaissances*, I, ch. IV, p. 72.
(2) *Matérialisme, Vitalisme, Rationalisme*, p. 8.

telle hypothèse très simple sur les mouvements réels, si simple que nous n'hésitons pas à l'admettre. Pourquoi cela ? C'est que le mouvement réel, quel qu'il soit, est certainement le principe ou la raison des apparences observées, et que nous concevons très bien que la simplicité soit le caractère essentiel des principes des choses, ou des choses les plus rapprochées de leurs premiers principes, tandis que, si l'hypothèse est fausse, si le principe des apparences observées doit se chercher ailleurs, c'est donc accidentellement, sans raison tirée de l'essence de la chose, ou, en d'autres termes, *par hasard*, que s'offre à notre pensée une combinaison ayant ce caractère de simplicité remarquable, et qui par là simule un principe. Nous rejetons cette seconde alternative comme n'étant pas probable, et elle peut être en effet si improbable que nulle personne sensée n'hésitera à la rejeter avec nous (1) ».

3° Plus l'ordre qui s'offre à nous est de nature élevée, plus il devient beau et harmonieux, plus l'esprit se sent en droit d'y trouver la raison fondamentale des choses. C'est ce qui se manifeste au plus haut degré dans l'étude des organismes vivants. Tant d'harmonie, dans une variété aussi riche et aussi complexe, exclut pour tout homme raisonnable l'hypothèse d'un simple concours fortuit de circonstances. Cette harmonie peut résulter en partie de l'action du milieu sur les organismes ; mais cette explication même a nécessairement des limites en présence des merveilles dont la nature vivante nous donne le spectacle. On peut invoquer une sorte de processus utilitaire qui subordonne l'organisation à l'intérêt des fonctions. Mais « que deviennent

---

(1) *De l'enchaînement des idées fondamentales*, I, ch. vii, p. 91.

les beautés de la Création organique dans un système qui ne tient compte que de l'utilité fonctionnelle des organes ? N'est-ce pas juger des perfectionnements de la Création comme on reproche à certains économistes de juger du progrès des sociétés humaines, uniquement d'après l'inventaire des produits et des consommations ? Que d'embarras s'il fallait prouver que tant de richesse et de variété dans les fleurs et dans les faunes, tant de parures délicieuses, tant d'harmonies qui nous enchantent, tant d'instincts qui nous charment, n'ont d'autre principe que la concurrence vitale, agissant pendant des milliers ou, si l'on veut, pendant des millions de siècles ! Une création bien autrement rude et terne ne donnerait-elle pas à ce principe, lui-même si terne et si rude, une satisfaction suffisante ?...
— La science, dira-t-on, n'a rien à faire avec la poésie : aussi ne s'agit-il pas précisément de la science, impuissante à nous donner tout ce que nous voudrions obtenir d'elle, mais de la philosophie, qui fait état de la poésie comme de la science, et du sentiment de la beauté comme de l'argument de l'utilité (1) ».

Or la philosophie, ne nous y trompons pas, c'est ici la raison, comme assez souvent d'ailleurs sous la plume de Cournot (esprit philosophique, probabilité philosophique, etc.). Et nous voyons celle-ci dépasser même le point de vue finaliste d'Aristote, comme trop utilitaire encore ; elle va jusqu'au platonisme, et postule la réalité de types organiques dérivant tous d'un type supérieur où se résument le plan et le secret de la nature. Notre raison fait ainsi intervenir « dans le compte que nous rendons des œuvres de la nature vi-

(1) *Matérialisme, Vitalisme, Rationalisme*, p. 101.

vante, outre l'idée de finalité et d'harmonie entre les organes, les fonctions et les milieux, l'idée de type et de conditions typiques qui dominent même les conditions d'harmonie. Nous nous élevons ainsi jusqu'à la conception d'une anatomie supérieure (1)... »

Ainsi, l'ordre étant, une fois pour toutes, identifié avec la raison des choses, il est à lui-même sa marque, d'autant plus manifeste qu'il s'offre plus séduisant et plus merveilleux, depuis le cas où il se révèle par l'unique fréquence d'un fait quelconque, jusqu'à ceux où l'harmonie semble atteindre à sa plus haute perfection.

*
* *

Mais Cournot jusqu'ici ne fait-il pas preuve du dogmatisme le plus naïf? Eh quoi! il faut donc poser, par un acte de foi, l'existence de l'ordre extérieur, et considérer l'esprit comme un miroir fidèle qui le reflète purement et simplement? Rassurons-nous, Cournot a probablement lu *la Critique de la Raison pure*; il connaît en tous cas l'objection redoutable du Criticisme. Mais la vérité est qu'elle ne le trouble guère, et qu'il ne se sent pas obligé d'y répondre longuement. « S'il n'y avait pas harmonie entre l'ordre de réception par nos facultés, et l'ordre inhérent aux objets représentés, il ne pourrait arriver que par un hasard infiniment peu probable que ces deux ordres s'ajustassent de manière à produire un ordre simple ou un enchaînement régulier dans le système des représentations... S'il était possible que l'idée d'ordre surgît dans l'esprit humain indépendamment de toute manifestation d'un ordre

---

(1) *De l'enchaînement des idées fondamentales*, I, p. 354.

extérieur, elle ne pourrait tenir devant la perpétuelle manifestation du désordre (1)... » Et ainsi Cournot résout la difficulté en appliquant une fois de plus à cette chose qui est l'accord de nos idées et du monde extérieur, le critérium suprême de l'ordre. « L'idée d'ordre a cela de singulier et d'éminent qu'elle porte en elle-même sa justification et son contrôle (2). » C'est elle et non point telles ou telles notions prétendues fondamentales et primitives des métaphysiciens, substance, infini, etc., qui permet de tenir tête aux sceptiques les plus endurcis : l'harmonie que nous offre la nature, d'autant plus parfaite que nous l'étudions davantage et que s'accroît le champ de notre expérience, porte ainsi en elle-même le seul critérium possible de sa réalité.

Mais s'il rejette si aisément les thèses idéaliste et criticiste, Cournot admettra-t-il que notre raison est infaillible ? Ne sait-il pas que dès que notre esprit s'applique à connaître par les sens, par l'intelligence, des liaisons s'effectuent sans cesse entre les idées, les images, les représentations, et va-t-il déclarer qu'elles reflètent toutes des fragments de l'ordre réel ? — Bien au contraire, il a le sentiment profond de la difficulté qu'a la raison à remplir son office, et il répète à toute occasion que l'évidence absolue, la preuve apodictique sont des chimères, et que la connaissance n'est faite que de probabilité ; mais le degré de probabilité varie à l'infini, depuis le soupçon d'une simple possibilité jusqu'au sentiment d'une probabilité si grande, qu'elle s'accompagne de la conviction la plus forte dont nous

---

(1) *Essai sur les fondements de nos connaissances*, I, p. 179-180.
(2) *Idem*, p. 180.

soyons capables. Le raisonneur qui voudrait mettre en doute n'importe lesquels de nos jugements aurait beau jeu, si son intention était seulement de prouver qu'ils ne sont pas apodictiquement démontrés ; mais il prouverait surtout aussi qu'il ne comprend rien à la nature de notre connaissance. Pascal a eu tort de dire : *La raison confond les dogmatistes.* « Le raisonnement, et non la raison, confond les dogmatistes, en tant qu'il les réduit à l'impuissance de démontrer formellement les thèses du dogmatisme ; mais la raison proprement dite, le sens de la raison des choses, parvient, suivant les cas, à légitimer certaines croyances naturelles et instinctives, et à en rejeter d'autres parmi les préjugés ou les illusions des sens. Ce départ du vrai et du faux, cette critique des instruments à l'aide desquels nous entrons dans la connaissance des choses, ne pourraient sans contradiction, comme les sceptiques de tous les temps l'ont fait voir, résulter de démonstrations formelles du genre de celles des géomètres ; ce départ ou cette critique ne résultent jamais que de jugements fondés sur des probabilités ; mais ces probabilités peuvent, dans certains cas, acquérir une telle force, qu'elles entraînent irrésistiblement l'assentiment de la raison, tandis qu'elles ne projettent qu'une lueur indécise sur d'autres parties du champ de la spéculation (1). »

Apprécier ce degré de probabilité, juger la valeur des affirmations auxquelles nous conduisent les dépositions des sens, de la mémoire, de la conscience, ou les résultats de la critique historique et de la critique scientifique ; s'efforcer sans trêve d'épurer notre connaissance, et de choisir parmi les innombrables rap-

(1) *Essai sur les fondements de nos connaissances*, I, p. 170.

ports qui la forment ceux qui ont le plus de chance de correspondre aux rapports réels : c'est encore le rôle de notre raison qui se critique elle-même, en se fondant toujours sur l'idée de l'ordre et de la raison des choses : « en rejetant ce qui serait une cause de contradiction et d'incohérence, en admettant ou en inclinant à admettre ce qui amène au contraire une coordination régulière (1) ».

Les exemples abondent par lesquels Cournot nous montre la raison à l'œuvre dans sa fonction critique. Les plus clairs, mais aussi ceux auxquels suppléera le mieux le lecteur, sont empruntés à la critique historique. J'aime mieux citer l'exemple des conceptions théoriques qui, par leur nature même, échappent aussi bien à la preuve expérimentale qu'à la démonstration mathématique, et que la raison fait entrer dans l'échafaudage des sciences spéculatives (mécanique, physique générale, astronomie...) quand elle juge réaliser par elle la coordination, la plus parfaite. « Plus une loi physique aura de généralité, moins elle sera propre à être directement et péremptoirement établie par l'expérience, à cause de la multitude de circonstances accessoires qui en compliquent l'effet et dont l'influence ne peut être appréciée que par des théories qui présupposent le principe même que l'on voudrait constater empiriquement ; mais aussi plus les inductions philosophiques en faveur de cette loi deviendront convaincantes, à cause de l'infinie multitude des faits qu'elle relie, et des vastes développements du système où elle met l'ordre et dont elle donne la clef (2)... » A

---

(1) *Essai sur les fondements de nos connaissances*, I, p. 183.
(2) *De l'enchaînement des idées fondamentales*, I, p. 189.

propos de certaines notions théoriques telles que celle de *travail mécanique* ou de *dépense de force*, « on peut directement établir, dit Cournot, l'importance philosophique qui s'y attache en montrant comment les vérités de la science se lient à la faveur de cette notion fondamentale. Car il n'y a pas d'autre preuve de la valeur des idées que leur fécondité même et la régularité du système dont elles donnent la clef (1) ». Ces réflexions sont particulièrement intéressantes. L'ordre qu'elles invoquent pour contrôler la valeur des idées n'a plus seulement un caractère théorique ; il semble bien tirer en partie son importance de son utilité et de sa fécondité pour l'édification de la science.

Mais, dans tous les cas, suffit-il de dire que dans la critique qu'elle fait d'elle-même la raison se laisse guider par l'ordre ? Son rôle est d'exercer le contrôle le plus rigoureux sur la nature de cet ordre lui-même. Elle doit faire effort pour distinguer l'ordre essentiel de l'ordre factice, fortuit, accidentel, et aussi l'ordre vraiment rationnel de l'ordre logique. C'est ce que Cournot répète constamment et explique sur mille exemples.

Si, pour fixer le rapport, le lien, qui rattache le cercle à sa tangente, vous nommez celle-ci la droite qui n'a qu'un point commun avec le cercle, vous énoncez une propriété accidentelle, fortuite, aux yeux de la raison, — qui voudra définir la tangente par une propriété générale valable pour toutes les courbes, et non pas seulement pour le cercle, quand elle y verra la limite d'une sécante tournant autour d'un de ses points de rencontre avec la courbe, de manière qu'un autre point

---

(1) *De l'enchaînement des idées fondamentales*, I, p. 135.

de rencontre se rapproche indéfiniment du premier. Par là le géomètre atteindra le caractère essentiel. — Si, pour classer les courbes, vous mettez d'un côté celles qui sont fermées, de l'autre celles qui sont ouvertes, vous obtenez un ordre factice et accidentel, car vous vous exposez, par exemple, à séparer radicalement en deux groupes les courbes dites du second degré, ou les sections coniques, dont l'unité de définition rationnelle s'impose, soit par la forme de leur équation commune, soit par leur propriété d'être des sections d'un même cône. — La distinction de Cournot se comprend mieux encore dans les sciences naturelles : elle est dans l'esprit du savant, c'est elle qui le guide quand il tâche d'éliminer les ressemblances accidentelles, et cherche à atteindre les parentés véritables, les analogies vraiment fondées dans la nature.

L'opposition de l'ordre rationnel et de l'ordre logique se rattache à la précédente. Rien n'est plus aisé que de construire des suites logiques sur des définitions artificielles, sur des idées abstraites formées au hasard, sans souci du caractère essentiel ou factice de leur contenu. Les sciences mathématiques peuvent en donner de nombreux exemples, selon la façon dont on fait entrer dans leur engrenage logique, à l'aide de définitions et de postulats plus ou moins naturels, les notions qui viennent sans cesse enrichir leur matière. L'ordre logique réalise ordinairement aux yeux des géomètres un perfectionnement qui consiste à réduire le nombre des axiomes et des données primitives. « Ce perfectionnement ira contre l'ordre rationnel, s'il trouble la symétrie que la raison aperçoit entre les données de même nature, s'il rattache péniblement les uns aux autres des rapports que l'esprit perçoit simultanément dans une intuition immédiate (1). »

L'ordre logique est fait d'abstractions qui ont pour seul but de faciliter le travail analytique de la pensée. Le syllogisme repose sur ces sortes d'abstractions purement verbales, et c'est pourquoi il est insuffisant par lui-même à réaliser l'ordre rationnel. Celui-ci se construit synthétiquement sur des conceptions qui atteignent au fond des choses, qui en donnent raison à la lumière de quelque principe d'unité systématique. S'il arrive d'ailleurs si souvent à l'ordre logique de différer de l'ordre rationnel, on peut encore l'expliquer par ce fait qu'il y a discordance entre la nature continue et complexe des conceptions de la raison et le caractère à la fois discontinu et linéaire du discours (2). L'étude de Cournot sur la correspondance de l'algèbre et de la géométrie est particulièrement instructive à cet égard, montrant comment le langage numérique et algébrique, discontinu de sa nature, se plie aux exigences de la raison pour représenter le mieux possible le continu de la grandeur.

Quoi qu'il en soit, la raison, dans la critique de ses jugements, aura pour tâche spéciale de subordonner l'ordre logique à l'ordre rationnel, la logique artificielle et abstraite à la logique supérieure, qui est pour Cournot l'un des noms de la raison elle-même.

⁂

En résumé, la raison est la faculté qui poursuit, dans les idées et dans les choses, l'ordre... qui convient à la

---

(1) *Matérialisme, Vitalisme, Rationalisme*, p. 202.
(2) *Id.*, p. 205 et sqq.

raison. Au-dessus de toutes les fonctions intellectuelles, contrôlant elle-même leurs données ; au-dessus de la logique et de l'expérience, elle a pour règle essentielle et unique de se contenter elle-même. Elle reconnaît l'ordre extérieur des choses à ce que cet ordre lui plaît par sa simplicité, par son harmonie ; elle juge des idées par le retentissement fécond qu'elle en reçoit dans son amour de l'ordre et de la coordination parfaite. Elle rejette l'idéalisme et affirme la réalité objective de l'ordre qu'elle conçoit, parce qu'il lui répugne que cet ordre corresponde au désordre. Elle écarte l'ordre accidentel ou l'ordre purement logique parce qu'ils ne répondent pas à ses exigences. Elle est comme un sens, comme un flair, qui s'exerce dans la direction où la conduisent ses dispositions naturelles, et sans autre règle dernière que sa propre satisfaction.

Cournot voulait définir la raison par la nature des réalités extérieures qu'elle atteint : ses efforts aboutissent à trouver la marque de cette réalité dans certaines impressions de notre esprit, dans certains sentiments, dans la satisfaction accordée à certaines de nos exigences. Et, comme il a suffi à quelques-uns de supprimer le noumène pour transformer la *Critique de la Raison pure*, sans en presque changer un mot, en un système idéaliste admirablement construit, de même on peut oublier l'acte de foi par lequel Cournot pose l'ordre extérieur des choses, sans toucher à l'essentiel de ses réflexions. Ce qui nous frappe alors, c'est d'abord que pour lui, selon le mot de Bossuet, qu'il aime à citer, « le rapport de la raison et de l'ordre est extrême. L'ordre ne peut être réuni dans les choses que par la raison, ni être entendu que par elle : il est ami de la raison et son propre objet ». C'est ensuite que la richesse de l'idée d'ordre, qui éclaire notre intelligence, séduit notre sens esthétique et facilite nos constructions, communique à la raison son caractère à la fois intellectuel, esthétique et pratique. Si Cournot ne va pas, comme Renouvier, jusqu'à parler d'éléments volontaires dans les jugements, du moins il rejette une évidence qui s'imposerait avec nécessité, et veut voir, dans les décisions de la raison, des jugements de probabilité qu'autorise seule une critique rigoureuse de toutes nos facultés. La conception réaliste d'un ordre extérieur le rapprochait des penseurs grecs ; sa conception de la raison comme d'un sens supérieur à la logique, à l'analyse, à l'expérience, capable de contrôler et de critiquer, sans en écarter aucun, tous les éléments qui composent la vie de l'esprit, pour en dégager une vérité humaine et normale, fait de lui assurément un des prédécesseurs directs de beaucoup de nos contemporains.

Revue de Mét. et de Mor., mai 1905.

VI

LES PRÉOCCUPATIONS SCIENTIFIQUES DE KANT.

Kant n'est pas seulement l'auteur des trois *Critiques*. Durant toute sa vie, au moins depuis l'âge de 23 ans, les sciences ont appelé incessamment son attention, et, par ses innombrables écrits, autant que par les programmes de ses cours, nous pouvons juger à quel point elles l'ont préoccupé. Dès 1747, il essayait de prendre parti dans la fameuse dispute entre Cartésiens et Leibnitiens sur la véritable estimation des forces qui se partagent le monde matériel. L'année suivante, il publiait sa thèse sur le Feu, en même temps à peu près que paraissait sa *Théorie du Ciel*. Dans une foule d'écrits qui se succèdent rapidement, il se demande si la rotation de la terre autour de son axe n'a pas changé, si la terre n'a pas vieilli ; il étudie les tremblements de terre, la théorie des vents... En 1757, paraît un aperçu de son cours de géographie ; en 1758, une étude sur le Mouvement et sur le Repos. Les travaux métaphysiques, d'abord assez rares, vont se multipliant bientôt; mais, d'une part, ils ne sont jamais exempts de certaines préoccupations de philosophie naturelle, et, d'autre part, nous voyons, par les programmes des cours, que les leçons de géographie embrassent un domaine scientifique de plus en plus vaste. Kant s'attaque à une foule de problèmes de géologie, de minéralogie, d'ethnologie... Il étudie les transformations des mers, des terres, des montagnes, des volcans, des fleuves, il examine les variations de l'atmosphère, l'influence possible de la lune sur le temps, décrit les plantes, les animaux, cherche à expliquer la diversité des races humaines, à définir la notion de race, etc... Bref, Kant n'apparaît pas seulement comme un amateur qui aurait voulu de temps en temps faire trêve à ses méditations de philosophe et se distraire par quelque problème d'actualité scientifique, il semble, au contraire, bien avant d'écrire la *Critique de la Raison pure*, et jusqu'à la fin de sa vie, avoir eu le souci continu et persistant des sciences de la nature.

Quel jugement convient-il de porter sur Kant savant ? Dans une étude que voulut bien jadis publier la *Revue philosophique*, et où précisément je m'étais posé cette question, je ne craignis pas de conclure que les travaux scientifiques de Kant pourraient être supprimés sans que la suite des recherches des savants s'en fût ressentie. Je crois pouvoir maintenir ces conclusions sans porter atteinte à la mémoire du grand philosophe. Le puissant effort de pensée qu'a été l'œuvre philosophique de Kant suffit à assurer sa gloire et à marquer son influence sur les esprits : il est inutile de vouloir y ajouter des titres qu'il n'a pas eus.

Or, d'une part, en ce qui concerne les sciences abstraites, il semble bien qu'il n'ait pas connu ou qu'il ne se soit pas assimilé les derniers travaux qui paraissaient de son temps. Son *Traité des forces vives* se comprendrait mieux s'il eût été écrit dans la période où s'élaboraient obscurément les idées fondamentales de la science du mouvement. On a beaucoup de peine à songer, en le lisant, que, quelques années plus tôt, avait paru la *Dynamique* de d'Alembert. Celle-ci ne porte plus aucune trace de la dispute des Cartésiens et des Leibnitiens ; d'Alembert, avec la plus grande netteté, en disait déjà ce que nous en disons aujourd'hui, à savoir que les uns et les autres avaient raison, selon les cas qu'ils examinaient ou les points de vue où ils se plaçaient, et que ce qu'ils prenaient des deux côtés pour l'évaluation de la force, MV ou MV^2, doit avoir son rôle et son nom dans les éléments de la dynamique, sans qu'aucun mystère puisse contribuer à diviser les savants. Dans la *Théorie du Ciel*, l'explication mécanique repose sur une erreur des plus graves. Kant assure que des rotations de molécules matérielles qui naissent, dans un milieu d'abord au repos, sous la seule action des forces internes, finiront par être toutes parallèles et de même sens. Cette croyance heurtait un principe qui, dès le milieu du xviii⁰ siècle, devenait courant, le principe des aires, d'après lequel les mouvements circulaires devaient à un moment quelconque représenter, en un certain sens quantitatif, l'équivalent des rotations initiales : quand celles-ci sont supposées nulles, celles qui se forment ensuite, loin de devenir parallèles, doivent se diversifier de telle sorte que la somme algébrique de certaines aires dans un plan de projection reste constamment nulle. Ce principe se dégageait, comme généralisation de celui de Kepler, des travaux de D. Bernouilli, d'Euler, de d'Alembert, du chevalier d'Arcy sur le mouvement d'un ensemble de points ; il se présentait tout naturellement d'ailleurs comme un des aspects de la notion mathématique d'inertie.

Quant aux sciences d'observation, auxquelles Kant s'est passionnément intéressé, il est bien permis de dire qu'il l'a fait en rêveur et en théoricien. C'est à Kœnigsberg où il est né, où il a vécu, où il a enseigné et où il est mort, qu'il a disserté sur les océans, qu'il n'a jamais vus, sur les volcans, sur les races lointaines, sur tous les bouleversements et toutes les transformations de l'écorce terrestre. Non seulement il n'eut jamais près de lui rien qui de près ou de loin puisse s'appeler un laboratoire, mais il ne semble même pas avoir observé le moindre objet naturel, animal ou plante, avec les simples ressources de ses organes, et avec l'intention d'en donner une description scientifique..

Est-ce à dire que les réflexions scientifiques de Kant soient à dédaigner, et qu'il n'y ait pour nous aucun profit à les lire et parfois à les méditer ? — Loin de là assurément. D'abord, s'il est indiscutable que tout ce qui s'est agité dans ce grand esprit, tout ce qui fut un élément de sa pensée, peut jeter quelque lumière sur cette pensée elle-même, peut contribuer à en donner les origines et à en expliquer la direction, ce doit être vrai surtout d'un ordre d'idées si immédiatement voisin de la réflexion philosophique. Ensuite, il n'y a pas dans la marche progressive et régulière de la science que des vérités qui s'ajoutent à d'autres, que des connaissances positives théoriques ou pratiques qui prolongent une liste antérieure de résultats acquis, il y a aussi des tendances générales, des courants de pensée, étroitement liés à cette marche et à ce progrès. Or, ces tendances et ces courants, qui peuvent servir à caractériser la pensée scientifique d'une époque, doivent avoir leur retentissement plus profond et plus aisé à surprendre chez un esprit aussi méditatif que celui de Kant.

Ainsi, pour mieux comprendre Kant et pour mieux connaître quelques-unes au moins des tendances générales de la science du xviiie siècle, il peut être utile de porter son attention sur les préoccupations scientifiques dont témoignent les écrits de notre philosophe.

∗ ∗ ∗

Dès les premiers travaux nous sentons à quel point il est imprégné de la science de Newton. Il a lu les *Principes de Philosophie naturelle*, et sous l'influence directe du grand Anglais, autant que par les commentaires de son maître Knutzen à l'université de Kœnigsberg, il a conçu pour cette œuvre une admiration enthousiaste : toutes ses vues sur la nature seront désormais inséparables du souvenir de la force qui remplit le monde physique. Ses essais de jeunesse témoignent déjà d'un dynamisme qui l'opposera nettement et pour toute sa vie au mécanisme de Descartes en même temps qu'aux conceptions métaphysiques de Leibnitz. Le Cartésianisme et son affirmation de l'inertie de la matière ne pouvaient résister sans doute à ses yeux à la découverte newtonienne. Plus réaliste que Newton lui-même, il n'aurait pu consentir à voir dans la loi de l'attraction un simple rapport mathématique de phénomènes mesurables. Sans hésiter, il avait placé des actions, des énergies, des forces entre les éléments de la matière, allant de l'un à l'autre, et remplissant l'espace ; et cette interprétation toute simpliste devait l'empêcher d'adopter et peut-être de comprendre la force leibnitienne, tout interne, uniquement constitude par un effort métaphysique, un *conatus* vers d'autres états de développement, n'ayant directement aucune action extérieure et ne pouvant jouer un rôle dans le monde que par le miracle de l'harmonie préétablie.

Ce ne sera assurément pas la seule influence qui poussera sans cesse la pensée kantienne en dehors de l'intellectualisme de Descartes aussi bien que de l'idéalisme métaphysique de Leibnitz, et l'entraînera de plus en plus à rattacher la science aux réalités concrètes de la connaissance sensible ; mais il y aura là l'un des éléments les plus puissants qui aideront à fixer la direction du mouvement. Nous en avons une preuve suffisante dans la ténacité avec laquelle l'esprit de Kant s'attache à ce dynamisme physique dans ses conceptions générales des choses. Depuis son premier écrit jusqu'au dernier, depuis le *Traité des forces vives* jusqu'aux fragments du grand ouvrage qu'il n'a pu qu'ébaucher à la fin de sa vie, nous en retrouvons les traces les plus manifestes. A lui se rattache la première solution du problème de l'espace : celui-ci est d'abord constitué simplement par les forces mêmes qui agissent entre les éléments de matière ; il est le phénomène extérieur de cette action, ou encore la sphère d'activité de la monade d'où émanent les forces. La monade peut rester l'élément simple que conçoit l'intelligence, l'espace est le phénomène soumis aux lois de la géométrie. Plus tard, il s'identifiera de plus en plus avec le contenu même de ces lois, et il deviendra une forme *a priori* de la sensibilité, le jour où espace et géométrie relèveront décidément aux yeux de Kant non plus de l'entendement, mais de l'intuition sensible.

Citons encore, parmi les traces du dynamisme newtonien qui fourmillent dans les travaux de Kant, le type de l'opposition réelle, bien différente de l'opposition logique, fournie par l'exemple de forces égales et de directions contraires appliquées à un même point matériel : une semblable opposition, loin d'aboutir à zéro, produit un résultat effectif, le repos du point. Jusque dans la *Critique de la Raison pure*, elle fournira un argument précieux contre les conceptions de Leibnitz.

Au reste ce n'est pas seulement par leur matière propre que les *Principes de philosophie naturelle* avaient agi sur l'esprit de Kant. Le progrès merveilleux dont ils apportaient le témoignage ne venait-il pas surtout prouver toute l'efficacité et la fécondité de la science théorique ? Des miracles sortaient spontanément de cette union de la géométrie et de l'expérience que Kant ne cessera de donn désormais comme modèle aux métaphysiciens eux-mêmes. La pensée spéculative, riche de toutes les constructions qui remontaient aux Grecs, s'est adaptée à l'expérience de façon à ne laisser aucun doute sur la nature réelle et profonde de ses concepts. Aussi n'arrive-t-il jamais à Kant de se demander si la science est possible. Ceux qui voient en lui un sceptique qui ruine la connaissance théorique et ne sauve ses croyances essentielles qu'à la faveur de l'impératif catégorique ne l'ont pas compris. Comme son éducation morale et religieuse a enfoncé dans son esprit le fait même de l'existence indiscutée de la morale, son instruction scientifique l'a de bonne heure imprégné de la croyance ferme, inébranlable, à l'existence et à la valeur objective de la science. Mais précisément cette réalité même de la pensée scientifique, l'accord dont elle est la preuve entre la pensée et les choses se poseront à lui de bonne heure comme l'objet d'un problème essentiel à résoudre, et c'est la

Critique de la Raison pure qui en apportera la solution. Elle montrera sans doute l'inanité des efforts de la raison spéculative quand elle veut dépasser certaines limites, mais l'idéalisme transcendental aura d'abord expliqué comment les formes *a priori* de la sensibilité et de l'entendement conditionnant toute expérience assurent la nécessité et l'objectivité des mathématiques et de la physique.

Par de semblables soucis, Kant fait partie de la lignée des penseurs commençant au moins à Pythagore, dont les conceptions philosophiques ont été suscitées par les applications inattendues de la science théorique. Il nous reste à signaler chez lui des tendances scientifiques plus proprement relatives au temps où il a vécu.

La science du xviie siècle a été au plus haut degré intellectuelle et abstraite. Elle n'aurait pas, il est vrai, répété la vieille formule grecque : « il n'y a de science que du général » dans le sens même où l'eût entendue Aristote. Pour celui-ci l'objet de la science est la recherche des types, des essences spécifiques qui se réalisent sans doute dans l'individu, dans le particulier, dans le contingent, mais qui seuls, généraux, permanents, nécessaires, sont dignes d'intéresser la pensée théorétique. Ni Galilée, ni Descartes, ni Newton n'auraient parlé ainsi. Ce n'est plus l'essence spécifique nécessaire que le savant poursuit dans les choses ; c'est le rapport constant qui lie les phénomènes, et que les sciences théoriques permettent d'exprimer. Mais l'objet est toujours, sinon le général, du moins la loi permanente, constante, fixe, qui traduit rigoureusement et exactement les relations abstraites que les phénomènes indéfiniment variés présentent entre eux. En sorte que c'est toujours une science aristocratique, qui plane dans les hauteurs, veut s'attacher aux vérités éternelles, et méconnaît l'intérêt que pourraient offrir en eux-mêmes les objets concrets. S'il y a des gens assez curieux pour examiner au microscope les pattes d'un insecte, ce sont des maniaques ou des fous, ce ne sont pas des savants. Seul l'aspect intelligible des choses mérite d'être fixé ; seul ce qui est abstrait peut entrer dans les déductions de la pensée spéculative ; seul ce qui se dégage comme permanent, stable, d'une constante nécessité, intéresse vraiment la connaissance scientifique. Voyez le mépris que Descartes témoigne pour l'histoire, c'est-à-dire pour les événements qui n'ont eu de réalité qu'à un instant de la durée et sous une forme toute concrète et contingente. Ce n'est pas seulement alors l'histoire des faits politiques qui échappe à la science ; c'est plus généralement tout ce qui ne se présenterait aussi que sous l'aspect historique, toute donnée revêtant un caractère particulier, irréductible à une explication rationnelle ; et cela comprend, en somme, la plupart des faits qui nous frappent, l'immense quantité d'objets, pierres, végétaux, animaux,... qui tombent sous nos sens, l'aspect extérieur des pays, des montagnes, des mers, les sociétés humaines et leurs usages, leurs lois particulières, leurs institutions spéciales : cela comprend tout ce qui se décrit, au lieu de se définir et de s'expliquer. C'est pourquoi l'histoire naturelle n'existe pas, à proprement parler, au xviie siècle : ce sera l'œuvre du xviiie.

Par quelles influences s'effectue ce passage de la science abstraite à la science concrète, à la science de la nature sous tous ses aspects? Il est difficile de faire autre chose que de noter le mouvement, et de dire qu'il a coïncidé avec la même transformation de la pensée philosophique. Peut-être aussi est-il permis de saisir dans les efforts de Leibnitz un des principaux moments où la transformation s'annonce comme prochaine. Si vous en doutez, comparez le quatrième livre des *Principes* de Descartes et la *Protogée* de Leibnitz. De part et d'autre, il s'agit d'étudier les phénomènes qui se produisent au sein de la terre et à sa surface. Descartes essaie de donner une explication mécaniste générale de tous ces phénomènes à l'aide des mêmes éléments subtils, divisés en quelques catégories. Cela ressemble à un roman, que l'auteur a pu écrire du fond de son cabinet, ne laissant à son esprit d'autres ouvertures sur le dehors que quelques souvenirs généraux et vagues sur les sels, sur les pierres, sur l'aimant, etc... Avec Leibnitz, c'est tout autre chose. Le livre est plein de descriptions précises, nettes, d'une foule de choses curieuses, montagnes, grottes, fossiles, etc., qui ne sont nullement des types abstraits, mais des éléments vus dans tel pays, à tel endroit et présentant tels caractères concrets, telle forme spéciale, telle contexture. Dans son ensemble, et par son esprit général, — sauf qu'il ne serait pas au courant de connaissances plus récentes, — ce livre pourrait dater d'aujourd'hui. Celui de Descartes ressemble trop encore au *Timée* de Platon.

Ce n'est pas seulement la description de la donnée historique qui prend ainsi plus d'importance avec Leibnitz, c'est aussi la tentative d'éclairer la donnée historique par l'élément d'intelligibilité qu'elle comporte, — c'est-à-dire par la transformation continue, — qui est peut-être en germe dans la pensée leibnitienne. Il ne s'agit encore que de choses lointaines, et cependant il est difficile de ne pas y songer : l'attachement à la continuité qui caractérisera plus tard toute explication par le processus historique, et qui avec Bonnet et quelques autres, fournira des indices précurseurs des théories évolutionistes, ne se montre-t-il pas chez Leibnitz avec la plus grande force ?

Quoi qu'il en soit, l'explication des choses par le devenir historique n'apparaîtra pas du premier coup. Avec Linné, Buffon, Daubenton, et plus tard avec Cuvier, on décrira longtemps les variétés, les espèces, on fera des classifications, on parlera de transformations brusques, de révolutions du globe, avant que décidément s'installe dans la science humaine, et dans tous les ordres d'idées, le processus évolutioniste. Or, vers le milieu du xviiie siècle, il est un penseur chez qui, plus que chez Leibnitz, se marquent profondément les signes latents et avant-coureurs de ce besoin nouveau de la connaissance scientifique ; qui manifeste au plus haut degré, avec l'attachement à tous les phénomènes concrets de la vie du monde et des sociétés, le désir de les comprendre par les conditions historiques de leur formation continue, et ce penseur, c'est Kant.

Il est peu de phénomènes terrestres dont il n'ait essayé d'étudier la production ou la transformation en remontant au passé le plus lointain. C'est ainsi, par exemple, qu'à propos des volcans il va en chercher l'explication dans l'âge primitif où la terre était un globe fluide et incandescent ; que pour savoir si la rotation terrestre a toujours été ce qu'elle est, il étudie les modifications lentes qu'a pu produire sur elle à travers les siècles le phénomène des marées. Mais de toutes les tentatives de ce genre qui intéressent l'univers physique, la plus remarquable, à coup sûr, est la fameuse *Théorie du ciel*, de 1755, où, supprimant la chiquenaude initiale qu'avait acceptée Newton, et remontant aux origines les plus lointaines de notre système solaire,

Kant essaye de nous faire assister à la formation continue du soleil, des planètes, de leurs satellites. La *Théorie du Ciel* est, de tous les efforts de Kant, un de ceux qui peuvent le mieux caractériser ses tendances scientifiques; résumons-la brièvement.

Un amas nébuleux de matière réduite à un état de division extrême et disséminée dans tout l'espace où circulent aujourd'hui les planètes, tel est le chaos primitif de Kant. Les molécules sont d'abord au repos ; mais elles sont soumises, par essence, à deux forces qui les mettent bientôt en mouvement et « deviennent pour elles sources de vie », à savoir l'attraction newtonienne et une force répulsive sensible entre petites particules voisines. La première a pour effet de réunir en une seule masse toute la matière légère qui environne un élément plus dense, puis d'agglomérer les masses ainsi formées autour de centres plus denses encore, de manière à créer des noyaux assez gros et assez puissants pour continuer ensuite à s'accroître par leur action à distance. La force répulsive, en déviant latéralement les molécules attirées par le centre, produit des mouvements de toutes sortes d'où ne subsisteront finalement que des mouvements circulaires parallèles et de même sens, dans lequel la force centrifuge fait équilibre à la force de chute. Les molécules qui parviennent jusqu'au soleil sont d'ailleurs « affectées par ce genre de déviation, en sorte que le soleil se trouve animé d'une rotation dans le même sens ». Le chaos primitif est ainsi transformé « en un système dans lequel tout l'espace compris entre deux plans parallèles, très rapprochés du centre, est parcouru librement par des particules qui décrivent des cercles, chacune avec une vitesse correspondant à sa distance au centre ». C'est dans cette sorte d'anneau que çà et là des centres de densité prépondérante formeront par attraction les noyaux planétaires, animés autour du soleil, et à peu près dans le plan de son équateur, du même mouvement que leurs éléments constitutifs. Enfin les mêmes actions, s'exerçant dans l'espace qui environne chaque planète, donnent lieu aux satellites qui circulent autour d'elle.

Nous ne reviendrons pas sur la valeur positive des détails de cette construction. Quand Laplace, — qui d'ailleurs ne connaîtra pas l'œuvre de Kant, — voudra lui aussi faire dériver le système solaire d'une nébuleuse primitive, il aura soin de la doter d'un mouvement originel. Elle ne sera pas formée de particules indépendantes ; ce sera une atmosphère gazeuse entourant un anneau central, qui se forme par condensation, et dont l'ensemble tourne sur lui-même tout d'une pièce. Lorsqu'elle se resserre, par suite du refroidissement de la surface, le point limite où la force centrifuge fait équilibre à la pesanteur se rapproche du centre, et la masse abandonne alors un anneau qui d'abord tourne librement autour du soleil, puis donne naissance par concentration à une planète ou à un groupe de planètes. La théorie aura ainsi sur celle de Kant cette immense supériorité d'être conforme au moins à toutes les lois de la dynamique.

Mais ce n'est pas là ce qui nous importe le plus. Un demi-siècle avant Laplace, le philosophe de Kœnigsberg donnait l'audacieux exemple de détruire au nom de la science même la croyance en la création du monde tel que nous le voyons, et d'essayer d'expliquer sa formation par le simple jeu des lois naturelles. L'audace est telle que l'auteur craint de jeter l'effroi dans les consciences religieuses. Il se défend, dans la préface, de vouloir attenter à l'idéal religieux, et il prétend le placer lui-même plus haut que ceux que son livre froisserait. Ecoutons-le non pas seulement se défendre, mais attaquer la conception orthodoxe de la Providence au nom de laquelle on le condamnera peut-être. « On a maintes fois allégué (1), comme une des preuves les plus évidentes de la Providence qui veille sur les hommes, ce fait que, dans les zones torrides, c'est surtout à l'époque où le sol échauffé réclame une action rafraîchissante, que les brises de mer soufflent et le refroidissent... Ce bienfait est le partage de toutes les côtes des terres situées dans la zone torride. C'est à ces côtes que la brise est le plus nécessaire, car elles sont les parties les plus basses des régions sèches et, par suite, elles supportent la plus vive chaleur. Les portions élevées de ces terres, où n'arrive pas cette brise de mer, en ont un moindre besoin, puisque leur élévation même les place dans un air plus froid. Tout cela n'est-il pas admirable ? N'y a-t-il pas là un but évident atteint par un moyen habilement ménagé ? Mais voici que le naturalisme trouve les causes naturelles de ce phénomène dans les propriétés générales de l'air, sans avoir besoin d'imaginer pour cela une intervention spéciale de la Providence. Il remarque avec raison que la brise de mer aurait les mêmes mouvements périodiques, quand même aucun homme n'habiterait ces îles, et que son existence est le résultat nécessaire des propriétés que l'air doit indispensablement posséder... La chaleur du soleil rompt

---

(1) Trad. Wolf, faisant suite aux *Hypothèses cosmogoniques*. Gauthier-Villars, 1886.

l'équilibre de l'air, en raréfiant celui qui se trouve au-dessus de la terre et force aussi l'air plus froid de la mer à quitter sa place pour venir prendre celle du premier... » Kant insiste alors sur ce que les effets harmonieux des lois naturelles ne sont pas dus au hasard, mais « à une intelligence infinie dans laquelle a été esquissé le plan général des propriétés essentielles de toutes choses.

« Maintenant j'applique avec confiance ces principes à mon entreprise présente. Je suppose la matière de tout l'univers dans un état de décomposition générale, et j'en fais un véritable chaos. Je vois alors les éléments se façonner d'après les lois connues de l'*attraction*, et modifier leurs mouvements en raison de la *répulsion*. J'ai la satisfaction de voir surgir de ce chaos un tout bien ordonné, dans la seule action des lois connues du mouvement et sans l'aide d'aucune supposition arbitraire ; et ce tout est si semblable au système de l'univers que nous avons devant les yeux, que je ne puis m'empêcher de l'identifier avec lui...

« Ce développement inattendu de l'ordre de la nature, dit-il encore, m'est d'abord suspect, parce qu'il fait dériver un ensemble très compliqué et très régulier d'un état primitif où régnaient à la fois la simplicité et le désordre. Mais les considérations que j'ai fait valoir plus haut m'apprennent qu'un pareil développement de la nature n'a en soi rien d'extraordinaire, qu'il est au contraire une conséquence nécessaire de sa tendance essentielle, et que c'est la démonstration la plus magistrale de sa dépendance d'un être préexistant, qui a eu lui-même la science de tous les êtres et des lois primitives de leurs actions... »

**

Il ne s'agit jusqu'ici que de l'univers physique, et Kant a soin de le faire remarquer pour qu'on ne s'exagère pas son audace. « De toutes les recherches qui peuvent être tentées, dit-il, dans l'étude de la nature, celle que j'entreprends est précisément celle où l'on peut le plus facilement et le plus sûrement remonter jusqu'aux origines.

« Tout peut ici se ramener aux causes mécaniques les plus simples ; et l'on peut en toute confiance espérer découvrir ces causes, parce qu'il suffit pour cela des raisonnements les plus faciles et les plus clairs. Pourrait-on se flatter du même espoir s'il s'agissait de la moindre plante ou d'un insecte ? Est-on en état de dire : donnez-moi de la matière, je vais vous montrer comment on peut faire une chenille... »

Kant ne reviendra jamais sur ces idées, et l'on pourrait penser alors que son zèle évolutioniste ne dépassera pas les limites de l'univers matériel. Qu'on se détrompe. Nul n'a été plus que lui pénétré de ce sentiment que la science de la nature animée, autant que celle de la nature inorganique, doit être au plus haut degré une *histoire* de la nature. « Pour nous, dit-il dans le programme des leçons de géographie physique de 1775, description de la nature et histoire de la nature ont le même sens. Il est clair que la connaissance des choses naturelles telles qu'elles sont maintenant nous fait toujours souhaiter de savoir ce qu'elles ont été auparavant et par quelle série de transformations elles sont passées pour arriver partout à leur état actuel. » Les études sur les races humaines nous montrent jusqu'où peuvent aller dans ce sens les tendances scientifiques de Kant. A ses yeux les races humaines dérivent toutes, comme pour Buffon, d'un type primitif. Sur ce type unique il est difficile de formuler autre chose que des hypothèses ; ce qu'on peut en affirmer, cependant, c'est qu'en lui étaient les germes et les conditions naturelles qui devaient permettre à l'homme de s'adapter à tous les climats et à toutes les variétés du sol. La multiplicité des formes était tout entière en puissance dans le type primitif ; elle devait se réaliser par un développement continu sous l'influence des éléments extérieurs. L'état de l'air, la température, la qualité de l'alimentation, sont les principaux agents de la transformation des organismes. L'habitant des zones glaciales, par exemple, parvient peu à peu à une plus petite structure, de telle sorte que, la force du cœur restant la même et la circulation du sang étant plus rapide, la chaleur interne devienne plus grande. Les pores par lesquels le corps rejette ses liquides se resserrent sous ce climat desséchant, de sorte qu'il ne reste comme poils que ce qui est nécessaire pour couvrir la tête. Les parties proéminentes du visage qui sont le moins protégées, et qui souffrent incessamment du froid s'aplatissent peu à peu pour se mieux conserver. Ainsi se forment le menton imberbe, le nez aplati, les lèvres minces, les yeux clignotants, le visage plat, le teint rouge foncé avec des cheveux noirs, en un mot le type kalmouk, qui, par une longue suite de générations sous le même climat, s'est fixé en une race permanente et stable [1].

Sous la réserve qu'il ne s'agit ici que de l'espèce hu-

---

[1] *Œuvres de Kant*, éd. Hartenstein, t. II, p. 443.

maine, nous trouvons affirmés déjà (1) quelques-uns des principes qui guideront plus tard Lamarck et Darwin : l'influence du milieu sur la transformation de l'organisme, qui tend à s'y adapter ; la conservation chez les descendants des caractères utiles à l'existence, et la fixation de ces caractères en un type permanent et stable, s'obtenant lentement par une longue suite de générations. Ces remarques, Kant les étend d'ailleurs à tous les organismes vivants, animaux ou plantes. Il reste en général dans les limites d'une même famille et ne s'élève pas à la conception de la transformation des espèces elles-mêmes, et cependant il semble la pressentir. C'est ainsi qu'il lui arrive de se demander, après avoir constaté que l'âge actuel de l'humanité dut succéder à une période plus sauvage, si, par une grande et nouvelle révolution de la nature, les organes qui servent à la marche, au toucher, au langage, ne pourraient devenir, chez un orang-outang ou chez un chimpanzé, semblables à ce qu'ils sont chez l'homme, — avec un organe intérieur pour l'usage de l'intelligence, lequel se développerait et se cultiverait par la vie en société (2).

Kant est bien près, en somme, de donner pour la nature vivante une histoire qui serve de pendant à celle de l'univers cosmique. Ici d'ailleurs, pas plus que dans sa *Théorie du ciel*, il ne s'en remet au hasard pour la production d'aucun phénomène. L'explication historique lui fait simplement retrouver le plan d'une sagesse infinie. Il abandonnait à celle-ci, pour le monde matériel, les lois mécaniques que nous a révélées l'expérience ; quand il s'agit des êtres vivants, Kant s'en

---

(1) Cf. Drews, *Kants Naturphilosophie*, p. 44, Berlin, 1894.
(2) Ed. Hartenstein, t. VII (*Anthropologie*), p. 652.

remet aux genres primitifs et aux dispositions naturelles qu'ils enveloppent et qui se réaliseront peu à peu sous l'influence des agents extérieurs.

Enfin il étend au monde moral et à l'humanité elle-même ces conceptions évolutionistes. De l'individu livré à son caprice, à ses instincts, à ses désirs, une histoire serait impossible ; mais de la masse des individus, des sociétés, de l'humanité dans son ensemble, on peut réussir à noter la marche régulière et progressive. Le concours ou l'antagonisme des désirs, des besoins, des intérêts, des aspirations, produit sans cesse des transformations nouvelles. Kant remonte jusqu'aux premiers jours de l'humanité et la montre, par le simple jeu des facultés de l'homme, s'acheminant vers l'état actuel, pour le dépasser d'ailleurs et tendre vers un idéal de justice et de paix universelles. Qu'il est bien ici au cœur même de ce mouvement d'idées d'où sortira la méthode historique du xixe siècle, c'est ce que prouve l'attestation même d'Aug. Comte. En 1824, comme d'Eichtall, son ancien élève, lui a mis sous les yeux le traité de Kant : *Idée d'une histoire universelle au point de vue cosmopolitique*, il lui écrit qu'il est aujourd'hui arrivé bien au delà des vues kantiennes, et que cette lecture lui eût épargné beaucoup d'efforts s'il l'avait faite sept ans plus tôt. Il y a à coup sûr une différence capitale entre le simple *développement* que sera le progrès pour Aug. Comte, et la notion que Kant conçoit sous le même mot. Pour le premier, comme pour les sociologues futurs, la méthode historique consistera à expliquer un état social par les états antérieurs ; pour Kant, elle consistera à montrer les effets continus et nécessaires d'une tendance primordiale, donnée avec les facultés humaines elles-mêmes, et conduisant l'humanité vers un idéal moral qui est son but et sa fin. Comme l'histoire du ciel, comme l'histoire de la terre et de tout ce qui la recouvre, l'histoire des peuples trouve à sa base une finalité immanente. Mais peu importe ici ; nous savons bien que Kant est un esprit religieux. Loin d'atténuer la valeur des témoignages que nous apportent ses préoccupations scientifiques, cela double leur importance. Lorsque le croyant qu'est notre philosophe se dégage si volontiers des restrictions des dogmes, pour assurer toute sa liberté à une tentative d'explication naturelle du monde physique et du monde moral, nous comprenons mieux quelle devait être la force de l'instinct historique qui allait, à la fin de ce siècle et au commencement du suivant, donner décidément comme un aspect nouveau aux sciences de la nature et des sociétés. Kant n'apporte pas aux travaux des savants une contribution matérielle que l'on puisse comparer à l'œuvre d'un Laplace ou d'un Lamarck ou même d'un Montesquieu, et ce n'est pas à ce point de vue que nous nous plaçons ici. Mais, en voulant avec une telle ardeur, dans tous les domaines de recherches, donner un rôle aussi considérable au processus naturel, au développement continu, — sauf à reculer très loin dans le passé le germe initial, les dispositions formelles, les virtualités (lois de la matière, capacités physiques des organismes, facultés intellectuelles ou morales de l'être humain), — Kant nous permet de voir à travers sa pensée, comme à travers un verre qui grossit et concentre, quelques unes des tendances encore éparses, indéterminées, qui allaient bientôt si profondément imprégner notre science contemporaine.

Revue des Idées, avril 1904.

VII

LA CONNAISSANCE MATHÉMATIQUE

ET L'IDÉALISME TRANSCENDENTAL CHEZ KANT

Les travaux de Kant montrent que la science a pris une bonne part de ses réflexions. Dans ses écrits et dans ses cours il a touché à une foule de problèmes mathématiques, physiques, astronomiques, météorologiques, géographiques, etc. A-t-il apporté dans un quelconque de ces domaines une contribution qui lui assure une place dans l'histoire de la science ? C'est là une question à laquelle nous avons essayé jadis de répondre ; nous ne la soulèverons pas de nouveau : aussi bien n'est-ce pas celle qui nous intéresse le plus. La qualité d'inventeur, l'originalité du savant ne sont pas nécessaires pour que la méditation scientifique puisse exercer son influence sur l'âme d'un penseur. Kant s'est imprégné de science au point que la plupart de ses écrits portent la trace de cette pénétration : cela n'est mis en doute par personne, et cela suffit pour que soit posée la question des rapports de la pensée scientifique et de la philosophie chez Kant. Mais ici il serait difficile de ne point répéter ce qui a été dit et redit cent fois, si nous laissions subsister la question dans sa généralité. Il n'est plus besoin d'insister sur l'influence de la science newtonienne, ni sur le dynamisme nouveau qui, depuis le premier écrit jusqu'au dernier, a inspiré si souvent la pensée de Kant, servant à marquer, dès le début, son opposition très nette à la fois au dynamisme métaphysique de Leibnitz et au mécanisme mathématique de Descartes. Et il est aussi inutile de revenir sur le besoin qui pousse Kant, se détachant peu à peu de Leibnitz et de Wolf, à chercher la justification objective de cette science théorique, qui entre les mains de Newton a réellement donné la clé de l'univers. De ce besoin profond, au moins autant que du désir de montrer l'inanité de la vieille métaphysique. et de fixer les bornes de la Raison pure, sortit, après 34 ans d'efforts, le grand ouvrage de 1781. Nous voudrions seulement marquer l'un des courants de pensée scientifique qui ont pu le mieux aider à déterminer dans son caractère essentiel la solution qu'apportait la *Critique de la Raison pure* : il s'agit de la façon dont Kant a toujours conçu la connaissance mathématique.

Rien d'étonnant d'ailleurs à ce que nous cherchions à saisir de ce côté un des modes d'orientation de la réflexion philosophique. On sait à quel point s'éclaire la métaphysique de Platon, et devient manifeste la divergence de Platon et d'Aristote, quand on essaie de préciser leur attitude devant la mathématique. Avec Descartes et Malebranche, celle-ci est au plus haut degré abstraite et intellectuelle, procédant à la lumière d'une sorte d'intuition naturelle, mais d'une intuition où l'imagination et la représentation concrète sont réduites à un minimum indispensable ; et cette qualité de la mathématique imprègne toute la pensée du xviie siècle, qui reste, sur les sommets de l'intellectualisme et de l'abstraction, aussi éloignée qu'il est possible de l'objet concret, de l'élément historique, de la donnée particulière et sensible. Chez Leibnitz, la déduction logique remplace l'intuition directe de Descartes pour les axiomes et les notions premières de la géométrie ; et, au fond, quoique l'intelligence et la sensibilité apparaissent moins hétérogènes dans le processus continu de la substance, la nécessité d'attribuer la connaissance claire et logique, par excellence, celle qui relève complètement du principe de contradiction, à l'état le plus avancé de la monade, a pour effet d'accentuer, autant au moins que chez Descartes, la séparation radicale des idées claires de l'entendement et des perceptions obscures et confuses de la sensibilité.

En ce qui concerne Kant, nous avons cette bonne fortune que la connaissance mathématique l'a toujours préoccupé. Depuis l'écrit sur la *Véritable estimation des forces vives* jusqu'au moins aux *Premiers principes métaphysiques de la Science de la Nature*, il ne cesse d'apprécier à toute occasion les caractères propres de cette connaissance. Or ce qui se dégage clairement pour nous de ses réflexions, c'est que la mathématique procède à ses yeux *in concreto* et non point *in abstracto* ; qu'elle forme ses concepts par construction synthétique dans une intuition spéciale, qui diffère essentiellement des vues analytiques de l'entendement, qu'il appelle de bonne heure lui-même intuition sensible, *Anschauung*, et où notre esprit n'a qu'à lire et noter ce qu'il voit, pour énoncer entre les objets mathématiques qu'il a construits des jugements synthétiques.

Avant de dégager de cette remarque tout l'intérêt qu'elle comporte, montrons que nous n'exagérons rien en voyant dans ces appréciations de Kant une sorte de point fixe, qui se retrouve à l'état de tendance inconsciente ou d'opinion clairement formulée durant toute sa vie. Et d'abord arrêtons-nous à l'écrit de 1764 (*Untersuchung über die Deutlichkeit der Grundsätze der natürlichen Teologie und der Moral*), où l'essentiel de ces réflexions se trouve exprimé. Il s'agit de comparer, dans la première partie, les méthodes que suivent le mathématicien et le philosophe pour atteindre à la certitude. Le premier, dit Kant, parvient synthétiquement à ses définitions ; il construit arbitrairement un objet dans une représentation claire ; par exemple, le cône naît pour lui de l'image de la représentation d'un triangle rectangle qui tourne autour d'un côté de l'angle droit. Le philosophe au contraire étudie les concepts en essayant de dégager peu à peu par l'analyse les éléments qu'ils contiennent. Celui-ci considère le général sous des signes abstraits ; l'autre, qu'il s'agisse des rapports des grandeurs en Arithmétique, ou des figures en Géométrie, étudie les objets généraux sous des symboles concrets. Il y a pour tous deux des concepts irréductibles, des affirmations indémontrables, beaucoup moins en mathématiques qu'en philosophie ; mais ce n'est pas de la même manière qu'ils se présentent : l'explication des concepts mathématiques n'appartient pas à la mathématique elle-même, qui n'a jamais à éclaircir un concept donné par l'analyse, mais seulement à poser synthétiquement les définitions qui créent l'objet pour le géomètre ; et quant aux jugements indémontrables, le mathématicien n'a pas à s'en préoccuper, ils représentent pour lui les affirmations évidentes, qui, une fois posées, serviront à démontrer toutes les autres.

Par ce bref résumé des réflexions de 1764 sur la connaissance mathématique, nous voyons Kant affirmer nettement le rôle du symbole concret et particulier, et placer les éléments essentiels de la géométrie et de l'arithmétique dans des objets singuliers qui se posent sous les yeux du savant, qu'il construit en intuition, et que ne sauraient contribuer à éclaircir des analyses logiques de concepts généraux. La clarté et l'évidence accompagnent d'ailleurs non point l'idée abstraite, mais ce qui se voit *in concreto*, en intuition. Ainsi, à propos de l'espace, lorsque nous cherchons par l'analyse les éléments qui forment ce concept, nous commençons par énoncer quelques affirmations telles que : l'espace a trois dimensions, etc. Ce sont là des propositions qui s'éclaircissent pour nous à la lumière d'un examen *in concreto*, qui nous fait connaître par intuition, sans qu'il puisse être autrement question de démonstration. [Dergleichen Sätze lassen sich wohl erläutern, indem man sie *in concreto* betrachtet, um sie anschauend zu erkennen ; allein sie lassen sich niemals beweisen (1).]

L'expression même de jugement synthétique n'est pas encore employée. Nous avons le sentiment que l'idée qu'exprimeraient ces mots est plus ou moins confusément dans la pensée de Kant. Mais tout le monde ne l'admet pas, et il nous faut insister.

Il y a loin, a-t-on dit quelquefois, de la synthèse de 1764 à celle dont il sera question dans les fondements mêmes de la *Critique*. La première réside dans la construction des concepts mathématiques, et non pas dans la liaison de concepts qui forme le jugement synthétique : or ces deux significations du même mot sont radicalement distinctes. Personne ne songe à contester

---

(1) Ed. Hartenstein, t. II, p. 289.

cette différence ; mais d'abord il est manifeste que lorsque Kant aura trouvé intérêt à formuler l'expression de « jugements synthétiques », cela ne le fera nullement renoncer à l'emploi du même qualificatif pour caractériser le mode de formation des définitions géométriques. Ouvrons la *Critique de la Raison pure*, et reportons-nous à la première section de la *Méthodologie transcendentale* : le même problème s'y pose qu'en 1764, à savoir, comparer les méthodes en mathématique et en philosophie ; et la réponse, qui utilise naturellement tout le profit réalisé par la *Critique*, contient en outre absolument tout ce que contenait déjà l'écrit ancien. La Mathématique, redit Kant, procède par construction de concepts ; la connaissance philosophique considère le particulier uniquement dans le général, la connaissance mathématique le général dans le particulier, même dans le singulier. La philosophie s'en tient à des concepts généraux ; les mathématiques ne peuvent rien faire avec un simple concept, elles recourent à l'intuition où elles considèrent le concept *in concreto*... (trad. Barni, t. II, p. 287-9). Il ne reste pas d'autres concepts susceptibles d'être définis que ceux qui contiennent une synthèse arbitraire pouvant être construite *a priori* ; il n'y a par conséquent que les mathématiques qui aient des définitions (p. 301). Les définitions philosophiques ne sont que des expositions de concepts donnés, tandis que les définitions mathématiques sont des constructions de concepts originairement formés. Les premières ne sont faites qu'analytiquement par le moyen de la décomposition (dont l'intégrité n'est jamais apodictiquement certaine), tandis que les secondes sont faites synthétiquement, etc. (p. 302). C'est le même langage, c'est le même ton qu'autrefois, et l'on dirait par moments (c'est une impression qu'on a d'ailleurs souvent avec Kant) que quelques passages de l'ancien écrit sont simplement plaqués dans le livre nouveau.

Faut-il y voir seulement la preuve que les idées de Kant exprimées en 1764 avaient bien quelque chose de définitif? Ne pouvons-nous pas aller plus loin et dire que ces idées impliquaient déjà ce qui semble ne s'y ajouter que plus tard ? Kant lui-même ne nous montre-t-il pas qu'à ses yeux le caractère synthétique des axiomes est lié à la construction synthétique, *in concreto* et dans l'intuition, des définitions mathématiques? A propos des axiomes, c'est-à-dire des propositions synthétiques *a priori* immédiatement certaines, il veut nous faire comprendre que la mathématique seule, et non la philosophie, peut en énoncer, et ses raisons nous ramènent purement et simplement à la distinction des deux méthodes telle qu'elle a été posée il y a longtemps. La philosophie ne peut unir un concept à un autre sans quelque connaissance intermédiaire ; la mathématique au contraire permet d'unir *a priori* et immédiatement les prédicats de l'objet qu'elle examine, précisément parce qu'elle construit les concepts dans l'intuition (tr. Barni, t. II, p. 304). On ne saurait plus étroitement rattacher la synthèse des postulats mathématiques à celle de la construction des concepts *in concreto*, qu'affirmait le mémoire de 1764.

Cette attitude de Kant à l'égard de la connaissance mathématique, que nous pouvons dire permanente dès sa quarantième année, s'était-elle produite tout d'un coup ? Il y a de fortes raisons de croire qu'elle date — plus ou moins consciente et plus ou moins claire — des premières démarches de sa pensée réfléchie. Son écrit de 1747 sur les forces vives donne déjà l'impression que la mathématique est incapable pour lui de s'appliquer à ce qui ne se présente pas clairement à l'imagination, à ce qui n'a pas les propriétés rigoureuses d'homogénéité et d'uniformité de l'intuition, à ce qui se conçoit plutôt comme se développant dynamiquement en intensité que comme représentation concrète dont l'esprit verrait tous les éléments en extension. Ainsi les vues mécanistes de Descartes sont seules susceptibles de s'exprimer mathématiquement ; les forces vives qui, à la suite d'un élan donné à quelque corps, naissent et croissent peu à peu en intensité, échappent à la connaissance mathématique. Le mathématique s'oppose au naturel, comme l'extension à l'intensité, comme le mécanisme au dynamisme. C'est là une opposition qui, à des degrés variables, se retrouvera toujours dans la pensée de Kant, jusqu'aux fragments du dernier grand traité ébauché tout à la fin de sa vie. Or, Kant lui-même nous dira, en 1786, qu'elle se rapporte en fin de compte à la possibilité ou à la difficulté de construire les concepts dans l'intuition. La préface des *Premiers principes métaphysiques de la Science de la Nature* rappelle la distinction radicale de la connaissance tirée de simples concepts, qui se nomme philosophie pure ou métaphysique, et de la connaissance mathématique, qui se fonde sur la construction des concepts en représentant son objet dans une intuition *à priori* ; puis, au cours même du mémoire, l'application en est faite avec insistance aux explications mécaniques ou dynamiques, les premières ne faisant intervenir que le vide et la juxtaposition des corps dans l'espace, les autres faisant appel aux forces naturelles. « L'explication mathématique et mécanique a sur l'explication métaphysique et dynamique un avantage qu'on ne saurait lui contester. C'est qu'en partant d'un élément entièrement homogène, elle arrive par la figure diverse des parties et au moyen des intervalles vides dont elles sont parsemées à constituer une grande variété spécifique de matière, en ce qui concerne soit leur densité, soit leur mode d'action (quand des forces étrangères interviennent). Car la possibilité tant des figures que des intervalles vides peut se démontrer avec une évidence mathématique. Au contraire, dans l'autre hypothèse, on fait de l'élément donné un assemblage de forces fondamentales dont nous ne sommes pas capables de déterminer *a priori* les lois... En ce cas tous les moyens nous font défaut pour *construire* ce concept de la matière, et pour représenter comme possible dans l'intuition ce dont nous avions l'idée générale (1)... » Kant nous permet donc, par les précisions qu'il apporte lui-même à sa distinction du mathématique et du dynamique, de la rattacher dans son esprit, si confusément que cela ait pu être d'abord, à sa manière d'apprécier la connaissance mathématique qui semble bien remonter alors à sa première jeunesse.

Il faut sans doute en chercher l'origine dans son tempérament et dans son éducation. En somme, elle s'oppose à une conception logique ou mieux encore intellectuelle, qu'aujourd'hui nous connaissons mieux que jamais peut-être, pouvant ainsi mieux sentir ce qu'il y a d'original dans la tendance de la pensée kantienne. Pendant le xixe siècle, la géométrie et l'analyse ont été l'objet d'une élaboration patiente, qui devait éliminer de plus en plus l'intuition, et faire reposer la valeur démonstrative de ces

---

(1) Trad. Andler et Chavannes, p. 58.

sciences sur des éléments de pensée pure. Cette tentative n'est certes pas nouvelle ; elle est aussi vieille au fond, — nous l'avons dit bien des fois, — que la mathématique rationnelle, et nous avons montré jadis les traces de pareils efforts dans les *Éléments* d'Euclide. Mais de nos jours, le mouvement épurateur semble ne plus connaître de bornes ; il s'étend aux postulats fondamentaux de l'analyse, de l'arithmétique, de la géométrie, de la mécanique. On voudrait justifier le titre de mathématiques pures en aboutissant à une gigantesque construction logique d'où l'intuition concrète serait absente et où n'entreraient que des relations définies abstraitement par et pour l'esprit. Descartes et Leibnitz, s'ils connaissaient les efforts de leurs petits-neveux, les approuveraient l'un et l'autre pour des raisons diverses. Descartes y verrait le dernier aboutissement de sa méthode qui remonte aux essences pures, aux absolus, pour en tirer, à la lumière d'une intuition tout intellectuelle, les suites infinies de déductions ; Leibnitz y trouverait la justification définitive d'une conception d'après laquelle la mathématique n'était qu'une promotion de la Logique. Mais ils ne seraient pas les seuls à se déclarer satisfaits : des esprits tels que Locke et Hume seraient peut-être moins surpris encore, et donneraient leur approbation à un nominalisme qui si ingénieusement se superpose aux impressions sensibles pour donner accès aux définitions claires et aux démonstrations rigoureuses. Kant, lui, serait effrayé et convaincu de quelque aberration étrange de l'esprit humain.

Un des caractères que manifeste sa pensée, — trop apparent dans la suite de ses écrits pour n'être pas naturel, et pour ne pas tenir au fond même de son tempérament, — c'est sans contredit la tendance à s'écarter du logique, de l'analytique, de l'abstrait, pour rattacher au concret le réel et le clair. Dès ses premiers travaux on sent chez lui comme un besoin de diminuer l'importance du principe de contradiction C'est précisément la nature et le rôle des *Premiers Principes*, du principe de contradiction et du principe de raison déterminante, qui, en 1755, sont l'objet de ses préoccupations. Il reproche déjà à Leibnitz de ne pas faire une distinction assez marquée entre le possible, le pur logique, et le réel, et de croire à la possibilité de passer du premier au second. Quelques années plus tard, à propos de la démonstration de l'existence de Dieu, il revient avec force sur cette opposition du possible et du réel, du fondement idéal et du fondement réel (*idealgrund, realgrund*) ; et ses attaques contre la preuve ontologique préparent à cet égard la dialectique transcendentale. Son langage ne tarde pas à se préciser, et, dans le mémoire sur les quantités négatives, il substitue *logischergrund* à *idealgrund*, plaçant bien décidément le *réel*, non pas seulement en face du possible idéal, mais du *logique*. Il faudrait en appeler à tous ses écrits pour saisir les traces manifestes et permanentes d'un attachement naturel à la vérité de fait, à la réalité qui se montre non dans les abstractions de la pensée analytique, mais dans l'expérience ou dans l'intuition concrète.

Pour ce qui touche plus particulièrement la connaissance mathématique, nous pourrions citer quelques exemples fort instructifs. En voici un, que nous emprunterons au chapitre premier des *Premiers principes métaphysiques de la Science de la Nature*, à ce que Kant appelle la Phoronomie, et que nous nommerions aujourd'hui Cinématique. On y étudie les mouvements sans faire intervenir autre chose que des considérations géométriques et le temps : c'est la plus mathématique des différentes parties de la mécanique. « La phoronomie, dit Kant, est la théorie purement quantitative (*mathesis*) des mouvements. » Un des problèmes les plus simples qu'on a lieu d'y envisager est celui de la composition de plusieurs mouvements d'un même point matériel. Il se ramène à la composition de deux mouvements, et nous nous bornerons, pour être mieux compris, au cas le plus simple où les mouvements s'effectuent sur une même droite. Que la vitesse et l'accélération résultantes sont les sommes algébriques des vitesses et des accélérations composantes, cela résulte pour nous, sans l'ombre d'une difficulté, des définitions abstraites de ces divers éléments. Le déplacement S du point matériel est à chaque instant la somme des déplacements S_1 et S_2 correspondant aux deux mouvements ; sa vitesse, c'est-à-dire le quotient différentiel du déplacement et du temps, $\frac{ds}{dt}$, sera la somme des deux quotients $\frac{ds_1}{dt}$ et $\frac{ds_2}{dt}$; l'accélération $\frac{d^2s}{dt^2}$, sera de même la somme des accélérations $\frac{d^2s_1}{dt^2}$ et $\frac{d^2s_2}{dt^2}$. Et la question se trouve ainsi résolue sans figure, pour le cas de deux mouvements quelconques, uniformes ou variés, de même direction ou de direction contraire. On imagine difficilement à quelle distance se trouve une telle démonstration de celle qu'exige Kant. Notons d'abord qu'il ne sort même pas du cas particulier où les mouvements sont uniformes, et qu'il veut seulement montrer que la vitesse résultante est la somme des vitesses composantes. Voici comment il s'exprime :

Théorème : La composition de deux mouvements

d'un seul et même point n'est concevable que si l'on représente l'un d'eux dans l'espace absolu, et qu'on substitue à l'autre comme lui étant identique un mouvement de l'espace relatif de même vitesse, mais de direction contraire.

Démonstration. Premier cas. — Cas où deux mouvements qui suivent la même ligne et la même direction s'appliquent simultanément à un seul et même point. On se propose de se représenter deux vitesses AB et *ab* comme contenues dans une seule vitesse donnée du mouvement. Supposons pour le cas présent que ces vitesses soient égales, de sorte qu'on ait AB $= ab$; je dis qu'on ne peut se les représenter comme appartenant simultanément au même point dans un seul et même espace (absolu ou relatif). En effet, puisque les lignes AB et *ab* qui désignent les vitesses sont proprement les espaces que ces vitesses parcourent dans des temps égaux, la composition de ces espaces AB et *ab* $=$ BC, c'est-à-dire la ligne AC, devrait représenter la somme des deux vitesses, puisqu'elle est la somme des espaces. Mais les parties AB et BC, prises en elles-mêmes, ne représentent pas une vitesse égale à *ab*, car elles ne sont pas parcourues dans le même temps que *ab*. Ainsi la distance double AC, qui est parcourue dans le même temps que la ligne *ab*, ne représente pas une vitesse double de cette dernière ; et pourtant c'est là ce qu'on demandait. Par conséquent, la composition *dans le même espace* de deux vitesses de même direction ne peut être représentée dans l'intuition. Si, au contraire, le corps A est représenté comme mû avec la vitesse AB dans l'espace absolu, et si je donne en outre à l'espace relatif une vitesse *ab* $=$ AB dans la direction opposée *ba* $=$ CB, ce serait tout de même que si j'avais attribué au corps cette dernière vitesse dans la direction AB. Mais le corps met alors à parcourir la somme des lignes AB et BC = 2 *ab* le même temps qu'il aurait mis à parcourir seulement la ligne *ab* = AB ; et néanmoins sa vitesse est représentée comme la somme des deux vitesses égales AB et *ab* ; et c'est ce qu'on demandait (1).

Le besoin de *voir* clair, la crainte d'escamoter (comme dira Schopenhauer qui reproche à Euclide lui-même d'en avoir déjà donné l'exemple) les éléments intuitifs qui seuls font la valeur et apportent la garantie de la connaissance mathématique, ne sauraient plus fortement se faire sentir que dans les exigences dont témoigne cette démonstration de Kant.

Veut-on un autre exemple ? Kant a été très frappé de l'existence de corps identiques dans leurs parties composantes, et dans les rapports où se trouvent tous leurs éléments, sans cependant qu'ils puissent être amenés à coïncider l'un avec l'autre, comme les deux mains, par exemple, ou un objet et son image dans un miroir. Nous aurons à noter un peu plus loin à quelle conséquence cette considération le conduisit pour l'idée d'espace. Mais dès maintenant remarquons combien il est curieux qu'aucun procédé analytique n'ait paru à Kant pouvoir rendre compte des différences propres des deux corps, et qu'il ait voulu s'en remettre pour cela à une sorte d'absolu de l'intuition. Qu'on rapporte les points d'un solide à trois axes rectangulaires, comme c'était déjà devenu une habitude familière aux géomètres du temps de Kant, et soit $f(x, y, z) = o$ l'équation de la surface que limite le solide, il suffira de

---

(1) *Premiers Principes*, etc., p. 25.

changer z en $-z$, sans toucher à x ni à y dans cette relation, pour que soit représentée quantitativement la figure symétrique de la précédente, celle qui se trouve avec elle dans ce rapport si extraordinaire aux yeux de Kant qu'il en rejetait d'avance toute expression analytique.

S'il faut voir dans cette attitude curieuse une marque de son tempérament, nous pouvons sans hésiter y reconnaître aussi la part de son éducation mathématique. Nous savons que, parmi les livres dont il s'est nourri dans sa jeunesse, il faut mettre au premier rang les *Principes de philosophie naturelle* de Newton. Or, quelle impression donne la lecture de cet ouvrage, si on le considère du point de vue de la méthode? Il ne s'y trouve pas trace d'analyse ; le calcul des fluxions, si tant est que Newton le possédât au moment où il écrivit ses *Principes*, ne se laisse pas même deviner ; ce n'est pas seulement la géométrie analytique que Newton laisse de côté, c'est même le calcul de Viète ; bien plus, c'est même la trigonométrie, dont on ne trouve pas la moindre formule. Qu'y a-t-il donc en fin de compte dans ce livre ? Mais tout simplement de la géométrie intuitive à la manière d'Apollonius et d'Archimède. Comme le fait remarquer Marie, il s'y trouve d'excellente géométrie infinitésimale, mais non point d'analyse infinitésimale (1). Les démonstrations se font sur des figures où tous les éléments sont représentés de façon concrète. Pas la moindre notion abstraite pour la vitesse ou l'accélération, qui ressemble à nos quotients différentiels. Le livre qui avait pu offrir aux yeux de Kant la mathématique la plus réelle, la plus

---

(1) *Histoire des Sciences mathématiques et physiques*, t. VI, p. 13.

féconde, la plus parfaite, procédait par les représentations de l'intuition concrète et non point par les abstractions de l'analyse.

Certes, dans ses autres ouvrages, Newton n'avait pas toujours la même attitude ; mais outre que Kant semble surtout attaché aux fameux *Principes*, n'est-ce pas dans ce livre en somme que le grand Anglais avait mis le plus de lui-même? Dans l'œuvre proprement analytique qu'il a laissée, c'est-à-dire dans son calcul infinitésimal, ne retrouvons-nous pas le besoin d'image concrète se traduire manifestement par l'étrange intervention du mouvement et du temps, quand il s'agit de l'étude abstraite des fonctions ? Il suffit de comparer ses *fluxions* aux différentielles de Leibnitz pour comprendre ici notre pensée. Peut-être faut-il faire remonter bien en deçà du xixe siècle la vérité des réflexions que présentait un jour M. Duhem à propos de l'Ecole anglaise et des théories contemporaines de physique mathématique, et appliquer en quelque mesure à Newton lui-même ses remarques si judicieuses sur le génie anglais : extraordinaire puissance à voir le concret, faiblesse à saisir l'abstrait, difficultés de se satisfaire avec les notions qui ne répondent pas assez à son besoin d'imaginer des choses visibles et tangibles [1]. Ces tendances pénètrent l'âme toute jeune encore de Kant, et s'accentuent à la faveur de l'enthousiasme que suscitent en lui les merveilleux résultats des travaux de Newton. Entre les diverses directions que pouvait prendre la pensée mathématique, c'était, à coup sûr, celle qui se séparait le moins de l'intuition concrète qui devait se réaliser dans son esprit. Ce fut si bien ce

---

[1] *Revue des questions scientifiques*, octobre 1893.

qui arriva, que là même où Newton faisait effort pour résister aux exigences de l'imagination et maintenir à sa grande loi son caractère abstrait, dépourvu de réalité extérieure précise, Kant n'hésite pas à dépasser son maître, en même temps d'ailleurs qu'il rejette résolument et *a fortiori* les conceptions métaphysiques de Leibnitz, en donnant aux forces une existence concrète, qui fait songer à ce que seront plus tard les lignes de force de Faraday.

Quoi qu'il en soit, nous tenons, avec sa manière d'entendre la connaissance mathématique, une vue permanente de Kant, autour de laquelle pouvaient se grouper et s'organiser dans son esprit certains courants de pensée, — et tout d'abord ses idées sur l'espace. Il a toujours senti la nécessité d'un lien étroit entre la nature de l'espace et les vérités de la géométrie. Dès 1747, dans l'écrit sur les forces vives, il nous montre l'espace constitué par les forces qui s'exercent entre les substances, et la géométrie reçoit ses caractères essentiels, comme le postulat des trois dimensions, de la loi même qui d'après Newton régit l'action de ces forces. De bonne heure aussi, nous voyons se poser à ses yeux l'antinomie de la divisibilité infinie de l'espace et de l'existence des monades comme un conflit entre la géométrie et la métaphysique. A mesure qu'on avance dans le développement de la pensée kantienne, les propriétés de l'espace tendent à se confondre avec les énoncés du géomètre. Il faut donc s'attendre à la formation d'une idée concrète et intuitive de l'espace, qui se trouve d'accord avec la nature de la connaissance mathématique, et qui réagisse en retour sur celle-ci pour en accentuer le caractère synthétique et intuitif. Et c'est ce qu'il est aisé de constater. L'espace est peut-être substantiel en 1747, et saisi par l'entendement ; dès 1755, il devient phénomène, apparence concrète : il n'est plus que le phénomène de l'action extérieure et réciproque des monades. Lorsque, quelques années plus tard, dans l'écrit du concours, Kant s'interroge sur ce que peut être l'espace, il s'agit encore pour lui d'une notion que doit analyser l'entendement ; mais déjà pourtant les seuls éléments clairs de cette notion sont des propriétés qui sont vues directement en intuition. Il semble que ce soit par quelque vieille superstition que Kant laisse l'idée d'espace dépendre encore pour une part des analyses abstraites du philosophe. Bientôt, en 1768, il attaquera de front décidément la thèse leibnitienne, d'après laquelle l'espace est un concept de l'entendement, un rapport intelligible entre les choses. Son grand argument sera tiré de cette fameuse remarque, dont nous avons déjà parlé, qu'il existe des corps identiques au regard des rapports de l'entendement, qui pourtant ne peuvent pas coïncider. C'est là un fait qui le frappe sans doute beaucoup, car il y reviendra plus tard avec insistance. Qu'est-ce qui fait la différence de la disposition spéciale de ces figures symétriques ? Leurs éléments sont égaux, se correspondent exactement un à un, et, de part et d'autre, semblent disposés dans les mêmes rapports. L'analyse intellectuelle, poussée aussi loin que possible dans l'examen de chacun des deux corps, ne peut parvenir à trouver une seule différence ; et pourtant ils ne sont pas identiques : il y a dans la façon dont ils sont posés dans l'espace, dans leur orientation, quelque chose par où ils diffèrent. L'entendement doit donc renoncer à revendiquer l'idée d'espace comme un de ses concepts. Non seulement, elle n'est pas fournie à l'esprit par quelque analyse de rapports abstraits que suggère le monde de l'expérience, mais elle a quelque chose de primitif : c'est une donnée intuitive dont ne pourraient rendre compte les efforts de l'entendement ; c'est une notion fondamentale qui semble antérieure aux choses.

Aussi bien Kant n'avait pas attendu si longtemps pour faire pressentir le rôle qu'il attribuera décidément bientôt à la connaissance sensible. Dès 1763, dans la conclusion de l'écrit sur les figures du syllogisme, il distinguait nettement les représentations claires, les *Vorstellungen*, que l'esprit reçoit simplement, des concepts que l'entendement peut former, tirant de ces représentations des objets de pensée. Le bœuf, disait-il, a la représentation claire de la porte de son étable, mais non pas le concept de cette porte comme marque logique de l'étable. La représentation peut exister avec toute sa netteté, sans supposer nécessairement l'entendement et la raison. L'esprit distingue les choses physiquement ou logiquement, et procède dans le premier cas avec la sensibilité réceptive, dans le second avec la faculté de juger et de raisonner ; dans le premier cas il manie des représentations concrètes, des images intuitives, dans le second il pense par concepts. — La question proposée par l'Académie de Berlin allait justement à ce moment même faire réfléchir Kant plus consciemment qu'il l'avait fait jusqu'ici sur le caractère synthétique et concret de la mathématique, et l'amener à opposer nettement ce domaine de connaissance à celui que caractérisent les analyses de concepts. Bien que, nous l'avons dit, l'espace y soit encore présenté comme notion de l'entendement, nous avons noté cet aveu que ce qui apparaît avec clarté se réduit à des vues intuitives immédiates. Quand, après le traité « sur la distinction des régions de l'espace », Kant croit avoir porté le coup décisif à la théorie leibnitienne de l'espace, quand il sent plus que jamais encore à quel point cette notion est loin de s'exprimer en rapports abstraits ; quand il veut y voir une donnée devant laquelle l'esprit doit s'incliner pour ainsi dire, se bornant à énoncer les représentations qu'elle comporte, distinguant physiquement, aurait-on envie de dire, ou plus exactement *in concreto*, et non plus logiquement, — comme il est près de dire le dernier mot, où devait aboutir cette évolution naturelle, à savoir que l'espace et son contenu, la géométrie, sont constitués par des intuitions *qui relèvent de la sensibilité*.

Ce mot d'ailleurs est dit expressément deux ans plus tard, dans le « De mundi », lequel même contient un peu plus, puisqu'il donne, en somme, onze ans avant la *Critique*, l'exposé complet de l'Esthétique transcendentale.

Celle-ci s'était sans doute présentée à la pensée de Kant bientôt après que la géométrie et l'espace avaient été décidément soustraits à l'entendement et à la raison pour être ramenés aux intuitions sensibles. Ne devinons-nous pas en effet, d'après les indications que Kant saura nous donner lui-même, avec quelle aisance le dernier pas avait été franchi ?

Kant n'a jamais douté du caractère apodictique de la certitude mathématique. Il n'y a à cet égard, dans aucun de ses écrits, la moindre hésitation ; il n'y a même pas le soupçon qu'une hésitation pouvait se produire chez d'autres. Et en fait aucun des penseurs qu'il a connus n'a non plus mis en question la nécessité absolue des vérités géométriques. Mais il n'y avait encore que deux explications possibles de cette nécessité. Avec Descartes, avec Malebranche, comme jadis avec Platon et même avec Pythagore, les notions sur lesquelles repose la mathématique sont au plus haut degré les essences intelligibles, dont la clarté ou la perfection servent de garant à leur réalité métaphysique ; et c'est la partie supérieure de notre âme qui directement les atteint, ou même les possède. Avec Locke et Hume, la mathématique, comme toute connaissance, descend de ces hauteurs et repose en fin de compte sur des sensations et des images ; mais l'esprit a su tirer de celles-ci des idées abstraites assez simples pour pouvoir les relier logiquement en des propositions analytiques, dont la négation serait contradictoire. Il est difficile de dire à quel point Kant se sent éloigné des premiers, pour avoir rapproché désormais la géométrie de la sensibilité ; quant aux seconds, leur attitude ne s'explique (Kant le dira et le répétera assez clairement) que parce qu'ils conservent leur caractère analytique aux énoncés des mathématiciens ; ils n'ont pas compris en somme que les vérités géométriques ne sont nullement le produit des facultés d'abstraction et de raisonnement de l'esprit opérant sur les impressions des sens, mais des vues intuitives et concrètes de la connaissance. Si elles répondent alors à une certitude apodictique, nécessaire, universelle, comme tout le monde en est d'accord, c'est qu'assurément cette intuition sensible est *a priori*, et s'impose antérieurement à toute expérience, dont elle devient une condition. L'espace avec son contenu, c'est-à-dire avec les vues géométriques de l'esprit, devient ainsi une forme *a priori* de la sensibilité.

Que le temps ait le même sort que l'espace, nous en sommes peu surpris : les deux notions ont été si étroitement liées par tous ceux que Kant a connus ! Lui-même, dès 1755, ne songeait pas à traiter le temps autrement que l'espace, l'un et l'autre devenant ensemble comme un nexus extérieur des choses ; et dans la réfutation des opinions anciennes comme dans l'établissement des nouvelles, il donnait déjà l'exemple d'une symétrie parfaite s'étendant à tous les détails successifs qui concernaient les deux notions, comme cela se retrouvera dans l'Esthétique transcendentale. Il est vrai aussi que le temps fonde la science des nombres, aux yeux de Kant, comme l'espace fonde la géométrie ; mais ce rapport ne se manifeste pas chez lui avec la même évidence que l'autre, et nous ne sommes pas éloignés de penser qu'il est déjà dû lui-même en quelque mesure à l'esprit de systématisation et de symétrie dont Kant donnera tant de preuves dans la *Critique de la Raison pure*.

Quoi qu'il en soit, nous voici, avec l'écrit de 1770, parvenus à ce qu'il y a d'essentiel et de profondément original dans l'idéalisme de Kant.

Les onze ans qui vont nous séparer de la *Critique* s'emploieront à l'étendre à l'entendement lui-même, et à constituer le rôle des catégories à la suite des intuitions sensibles. Mais c'est d'une extension et d'une organisation totale qu'il s'agira, non point de la découverte de l'idée fondamentale. Sans doute, dans l'œuvre immense le souci de la connaissance mathématique se trouve réduit à si peu de place, et le système complet semble si solidement édifié en dehors de lui, qu'on l'oubliera pour n'y voir qu'une préoccupation accessoire. On songera, plus volontiers, si l'on recherche les origines de la *Critique*, à d'autres influences, et, par exemple, à celle que dut exercer ce fameux problème de la causalité dont Kant a paru si souvent tourmenté. Mais serait-il jamais parvenu à la solution de ce problème, s'il n'avait trouvé sur sa route celui de l'espace et de la géométrie ? Ici du moins tout appartient à une vue intuitive, d'une part les postulats qui énoncent les propriétés premières de l'espace, d'autre part les propositions que l'on trouvera incluses, impliquées, dans la définition de toute figure géométrique ; tout est donc compris, matière et forme, dans l'intuition *a priori*. Au contraire, dans le domaine qui concerne le principe de causalité, il faudra dépouiller de toute sa matière un jugement d'expérience quelconque et remonter à une forme pure, à un cadre vide, — sauf à expliquer, avec beaucoup de subtilités et de complications, comment la nature apriorique de la forme suffit à garantir la nécessité et l'universalité du jugement lui-même. C'est un véritable tour de force qui sera ainsi accompli : ayant été conduit à reconnaître la nature synthétique *a priori* de tout un ordre de connaissance, *précisément parce qu'il l'a pu détacher des concepts de l'entendement*, et qu'il y a reconnu la donnée concrète de l'intuition sensible, Kant voudra formuler des conclusions analogues dans le domaine propre des concepts. Plus tard nous verrons des criticistes, comme Renouvier, ne songer même plus à faire une distinction de nature entre l'espace et les autres catégories de la pensée ; nous verrons des géomètres comme Helmholtz conserver à l'espace son caractère formel et apriorique, tout en laissant à l'expérience le soin de fournir sa matière, absolument comme pour la causalité. Cette évolution à laquelle Kant lui-même aura contribué ne doit pas nous faire perdre de vue que, sans sa conception spéciale de la connaissance géométrique qui devait d'abord l'amener à créer un abîme entre les intuitions concrètes de la sensibilité et les concepts de l'entendement, il n'eût probablement jamais formulé son idéalisme transcendental.

Revue de Mét. et de Mor., mai 1904.

VIII

AUG. COMTE ET LE PROGRÈS DE LA SCIENCE

Un des traits qui frappent le plus chez Auguste Comte, c'est l'unité de structure de son esprit, et l'unité de sa pensée. Non seulement il n'y a pas lieu de séparer sa philosophie scientifique de sa philosophie générale ; mais même pendant les trente ans qui se sont écoulés de ses premiers écrits aux derniers, l'évolution de ses vues essentielles est assez faible pour que ses premiers opuscules laissent entrevoir les caractères principaux de ses conceptions politiques et sociales de 1850. Dès lors il doit être possible de retrouver, quand on étudie quelque point de son œuvre, le retentissement du système tout entier. C'est, en tous cas, ce que nous voudrions essayer de faire pour cette tendance particulière de sa philosophie scientifique à enserrer constamment dans des limites assez étroites le domaine de la connaissance future.

I

Quand on lit les deux premiers volumes du *Cours de philosophie positive*, on est frappé de la facilité avec laquelle Comte découvre la faiblesse de notre intelligence et l'insuffisance de nos ressources. A chaque instant il est disposé à marquer les bornes que ne pourra dépasser l'esprit humain dans tel ou tel ordre de recherches. Si, d'une façon générale, il accorde qu'un progrès est encore réalisable au delà de l'état actuel où est parvenue chaque branche de connaissances, il déclare en même temps qu'on ne doit pas se faire illusion sur la nature de ce progrès, qu'il juge difficile et ordinairement fort restreint. Veut-on des exemples précis? Après avoir, dans la troisième leçon, dressé le tableau des fonctions qu'étudie l'analyse mathématique, il dit : « Aucune considération rationnelle ne circonscrit régulièrement *a priori* le tableau précédent, qui n'est que l'expression effective de l'état actuel de la science... Sans doute on admettra de nouveaux éléments analytiques ; mais nous ne pouvons espérer qu'ils soient jamais fort multipliés, leur augmentation réelle donnant lieu à de très grandes difficultés. » Et voici comment, quelques pages plus loin, il explique sa pensée : « Ce parti — (celui qui consisterait à créer des éléments analytiques nouveaux) — quelque naturel qu'il paraisse, est véritablement illusoire, quand on l'examine d'une manière approfondie... Il est aisé de se convaincre de son insuffisance nécessaire. En effet, la création d'une nouvelle fonction abstraite élémentaire présente par elle-même les plus grandes difficultés. Il y a même dans une telle idée quelque chose qui semble contradictoire. Car un élément analytique ne remplirait pas évidemment les conditions essentielles qui lui sont propres si on ne pouvait immédiatement l'évaluer. Or, d'un autre côté, comment évaluer une telle fonction qui serait vraiment simple, c'est-à-dire qui ne rentrerait pas dans une combinaison de celles déjà connues? Cela paraît presque impossible... » Et pour faire toucher de plus près la difficulté, Comte cherche comment s'est introduite dans l'analyse la fonction a^x. Elle a été formée, dit-il, « en concevant sous un nouveau point de vue une fonction déjà connue depuis longtemps, les puissances, lorsque la notion en a été suffisamment généralisée. Il a suffi de considérer une puissance relativement à la variation de l'exposant, au lieu de penser à la variation de la base, pour qu'il en résultât une fonction simple vraiment nouvelle... Mais cet artifice aussi simple qu'ingénieux ne peut plus rien fournir. Car, en retournant de la même manière tous nos éléments analytiques actuels, on n'aboutit qu'à les faire rentrer les uns dans les autres. Nous ne concevons donc nullement de quelle manière on pourrait procéder à la création de nouvelles fonctions abstraites élémentaires remplissant convenablement toutes les conditions nécessaires. Ce n'est pas à dire néanmoins que nous ayons atteint aujourd'hui la limite effective posée à cet égard par les bornes de notre intelligence... Mais, tout bien considéré, je crois qu'il demeure incontestable que le nombre de ces éléments ne peut s'accroître qu'avec une extrême lenteur. »

A l'occasion du problème de la résolution des équations, Comte dit : « Il y a donc lieu de croire que, sans avoir déjà atteint sous ce rapport les bornes imposées par la faible portée de notre intelligence, nous ne tarderions pas à les rencontrer, en prolongeant avec une activité forte et soutenue cette série de recherches. » Et quelques lignes plus bas : « Pour achever d'éclaircir les considérations philosophiques de ce sujet, il faut reconnaître que, par une loi irrécusable de la nature humaine, nos moyens pour concevoir de nouvelles questions étant beaucoup plus puissants que nos ressources pour les résoudre, ou, en d'autres termes, l'esprit humain étant beaucoup plus apte à imaginer qu'à raisonner, nous resterons toujours nécessairement au-dessous de la difficulté, à quelque degré de développement que parviennent jamais nos travaux intellectuels. »

A propos du calcul infinitésimal, il dit : « L'analyse transcendantale est encore trop près de sa naissance pour que nous puissions nous faire une juste idée de ce qu'elle pourra devenir un jour. Mais, quelles que doivent être nos légitimes espérances, n'oublions pas de considérer avant tout les limites imposées par notre constitution intellectuelle, et qui, pour n'être pas susceptibles d'une détermination précise, n'en ont pas moins une réalité incontestable. »

Jusqu'où s'étend le domaine où les mathématiques trouveront à s'appliquer ? Comte n'hésite pas à lui assigner les bornes les plus étroites. « La physique organique tout entière et probablement aussi les parties les plus compliquées de la physique inorganique sont nécessairement inaccessibles, par leur nature, à notre analyse mathématique en vertu de l'extrême variabilité numérique des phénomènes correspondants. Toute idée précise de nombre fixe est véritablement déplacée dans les phénomènes des corps vivants, quand on veut l'employer autrement que comme moyen de soulager l'attention et qu'on attache quelque importance aux relations exactes des valeurs assignées... La considération précédente conduit à apercevoir un second motif distinct, en vertu duquel il nous est interdit, vu la faiblesse de notre intelligence, de faire rentrer l'étude des phénomènes les plus compliqués dans le domaine des applications de l'analyse mathématique.

En effet, indépendamment de ce que, dans les phénomènes les plus spéciaux, les résultats effectifs sont tellement variables que nous ne pouvons pas même y saisir des valeurs fixes, il suit de la complication des cas que, quand même nous pourrions connaître un jour la loi mathématique à laquelle est soumis chaque agent pris à part, la combinaison d'un aussi grand nombre de conditions rendrait le problème mathématique correspondant tellement supérieur à nos faibles moyens que la question resterait le plus souvent insoluble. »

L'étude des astres ira-t-elle jamais jusqu'à dépasser les conditions géométriques et mécaniques de leur déplacement ? Sa réponse est sur ce point des plus catégoriques. « Nous ne saurions jamais étudier, dit-il, par aucun moyen la structure minéralogique des astres, et, à plus forte raison, la nature des corps organisés qui vivent à leur surface... En un mot,... nos connaissances positives par rapport aux autres sont nécessairement limitées à leurs seuls phénomènes mécaniques et géométriques, sans pouvoir nullement embrasser les autres recherches physiques, chimiques, physiologiques, etc. »

Il faudrait à chaque instant s'arrêter dans la lecture d'Auguste Comte, si l'on voulait recueillir tous les passages où il assigne, à propos de tel ou tel problème, les limites de ce que peut l'intelligence humaine. Le progrès naturel des sciences a déjà montré son erreur sur quelques points ; mais peu importe ici qu'en fait il ait été bon ou mauvais prophète : ce que nous voulons mettre en évidence, c'est cette préoccupation constante de nous mettre en garde contre l'espoir d'une connaissance chimérique. En même temps nous voyons quel est le genre habituel d'arguments par lesquels il justifie ses restrictions. Il considère d'une part tel problème nouveau que l'esprit humain peut vouloir résoudre, et d'autre part les procédés et les méthodes par lesquels la science a jusqu'ici procédé pour les questions de ce genre : ces méthodes et ces procédés n'ont pas encore donné tout ce qu'il est permis d'en attendre ; mais, par leur nature propre, ils sont insuffisants à nous faire vaincre la difficulté nouvelle ; et c'est pourquoi nous devons reconnaître notre impuissance. Quant à songer que les procédés eux-mêmes peuvent changer, que les conceptions peuvent succéder aux conceptions, de telle sorte qu'un but inaccessible aujourd'hui puisse cesser de l'être demain, c'est là une idée qui tout naturellement reste loin de son esprit. Eh bien! c'est cette modestie exagérée, ce penchant à voir des bornes étroites arrêter partout l'élan de la pensée scientifique, que nous voudrions éclairer et expliquer par les tendances générales de sa philosophie entière.

II

Il n'est pas nécessaire d'avoir recours aux derniers écrits de Comte pour sentir quel prix il attache à une réorganisation définitive de la société. Dès 1822, il expose ses projets avec assez de clarté pour ne laisser aucun doute sur l'importance primordiale qu'offre à ses yeux cette réorganisation. C'est là pour lui l'idée dominante, la pensée du premier plan. Après les siècles de destruction, après surtout l'œuvre de la Révolution, — œuvre toute négative, — il faut reconstruire. Les peuples civilisés traversent une crise, marquée surtout par la lutte de l'esprit humain contre le vieux monde. « Depuis le moment où cette crise a commencé à se manifester jusqu'à présent — (écrit-il dans son 3ᵉ opuscule, 1822) — la tendance à la désorganisation de l'ancien système a été dominante, ou plutôt elle est encore la seule qui se soit nettement prononcée. Il était dans la nature des choses que la crise commençât ainsi, et cela était utile afin que l'ancien système fût assez modifié pour permettre de procéder directement à la formation du nouveau. Mais aujourd'hui que cette condition est pleinement satisfaite, que le système féodal et théologique est aussi atténué qu'il peut l'être jusqu'à ce que le nouveau système commence à s'établir, la prépondérance que conserve encore la tendance critique est le plus grand obstacle aux progrès de la civilisation et même de la destruction de l'ancien système. Elle est la cause première des secousses terribles et sans cesse renaissantes dont la crise est accompagnée. La seule manière de mettre un terme à cette orageuse situation, d'arrêter l'anarchie qui envahit de jour en jour la société, en un mot de réduire la crise à un simple mouvement moral, c'est de déterminer les nations civilisées à quitter la direction critique pour prendre la direction organique, à porter tous leurs efforts vers la formation du nouveau système social, objet définitif de la crise, et pour lequel tout ce qui s'est fait jusqu'à présent n'est que préparatoire. Tel est le premier besoin de l'époque actuelle ; tel est aussi en aperçu le but général de mes travaux... » L'œuvre entière de Comte répond à cet aperçu et à ce plan.

On ne peut revenir en arrière dans la marche de l'humanité et essayer de faire renaître l'état théologique qui réalisait jadis l'idéal le meilleur d'unité organique ; du moins il faut substituer à l'anarchie des esprits un nouveau pouvoir spirituel qui remplisse la même fonction que l'ancien. C'est si bien là la pensée fondamentale d'Auguste Comte qu'il se déclare en toute occasion plus rapproché d'intention et de tendance des hommes qui s'attachent au passé que des esprits indépendants qui continuent par leur liberté d'examen et de critique la tradition des philosophes du xviiie siècle et de la Révolution. C'est ainsi qu'il laisse voir, toutes les fois que l'occasion s'en présente, dans quelle estime il tient le catholicisme, dont le rôle a été si bienfaisant à ses yeux, tandis que le protestantisme lui apparaît surtout comme instrument de dissolution. Il aime à se réclamer, pour justifier ses projets, d'hommes tels que Joseph de Maistre, et à rappeler que c'est des catholiques qu'il est le mieux compris et apprécié. « En pleine Sorbonne, — écrit-il à Stuart Mill, — un prêtre catholique a expressément recommandé, comme professeur à notre Faculté de théologie, l'étude générale de mon grand ouvrage, en y signalant une tentative de reconstruction où il reconnaît un esprit tout à fait indépendant de la philosophie purement négative du siècle précédent (*Correspondance de Comte et de Mill*, p. 547). — « Je viens de faire quelques études spéciales, — dit-il dans une autre lettre, — sur le catholicisme du moyen âge, et surtout en lisant, pour la première fois, le grand ouvrage de saint Augustin (*La Cité de Dieu*). Plus je scrute cet immense sujet, mieux je me raffermis dans les sentiments où j'étais déjà, il y a vingt ans, lors de mon premier travail sur le pouvoir spirituel, de nous regarder, nous autres positivistes systématiques, comme les vrais successeurs des grands hommes du moyen âge, reprenant l'œuvre sociale au point où le catholicisme l'avait portée, pour en consolider et perfectionner graduellement l'active réalisation finale, réservée, dès cette époque, à un autre régime mental...» Avec cette sorte d'affinité pour le catholicisme, se trouvent d'accord les tendances conservatrices de Comte en politique. En 1824, sous Charles X, il écrit à Valat : « J'ai des approbateurs jusque dans le gouvernement, et je compte même faire remettre un de ces jours un exemplaire à *M. de Villèle* par son beau-frère que je connais ; après quoi j'en irai causer avec lui, pour lui développer certains points sur lesquels il est, je crois, possible de nous entendre... » Plus tard, en 1845. il est amené, dans une lettre à Stuart Mill, à envisager l'éventualité de la mort de Louis-Philippe ; et il en parle comme d'un désastre : « A la vérité, dit-il, le parti rétrograde est trop radicalement impopulaire ici pour comporter alors aucun succès sérieux ; mais ce parti n'est point peut-être celui 'que je dois redouter le plus personnellement, soit à raison même de son impopularité, soit aussi par son propre sentiment de la nécessité d'une véritable organisation spirituelle, que je poursuis à ma manière ; j'en serais, je crois, respecté ou du moins toléré, comme je le fus sous Villèle et sous Polignac, où mon attitude était exactement telle qu'aujourd'hui. Il n'en est nullement ainsi du parti révolutionnaire proprement dit... » Dans la préface du *Catéchisme positiviste*, il est plus catégorique encore : « Depuis trente ans que dure ma carrière politique et sociale, j'ai senti toujours un profond mépris pour ce qu'on nomma, sous nos divers régimes, l'*opposition*, et une secrète affinité pour les constructeurs quelconques. Ceux mêmes qui voulaient construire avec des matériaux évidemment usés me semblèrent constamment préférables aux purs démolisseurs, en un siècle où la reconstruction générale devient partout le principal besoin ».

Et maintenant où doivent aboutir, dans le système de Comte, de pareilles tendances? Où trouvera-t-il les éléments de cette réorganisation définitive qu'il veut accomplir à tout prix? L'esprit humain est arrivé à cette période de son développement où seule la science pourra fournir les bases d'un pouvoir spirituel, qui réalise l'ordre intellectuel et l'unité morale. Mais pour que la science se prête à cette fonction, il faudra qu'il s'y trouve des principes suffisants de stabilité. C'est pourquoi tout naturellement Auguste Comte sentira le besoin de trouver quelque chose de définitif et d'arrêté à jamais, soit dans les méthodes où elle est parvenue, soit dans les vérités qu'elle énonce. Tout le passé a pu concourir à préparer ces méthodes et ces vérités ; les conceptions ont pu se remplacer les unes les autres, les grandes révolutions de la pensée scientifique ont pu produire tout leur effet bienfaisant dans la marche d'un progrès continu. Mais puisque le jour est venu où la science doit être le grand remède contre l'anarchie des esprits, contre le désordre, contre la dissolution intellectuelle et morale, il faut qu'en même temps elle apparaisse comme parvenue sinon au terme dernier de son progrès, du moins à cet état de consolidation où les transformations radicales ne sont plus à prévoir, où les notions fondamentales sont définitivement fixées, où les conceptions nouvelles ne sauraient plus différer beaucoup des anciennes ; bref, où il faut se borner à tirer encore tout le profit qu'il peut donner du trésor définitivement préparé par de longs siècles de recherches.

Cela s'accorde d'ailleurs tout à fait avec la notion générale du progrès telle que la définit Comte. On sait comme il raille les philosophes du xviiie siècle qui ont rêvé d'un progrès illimité. C'est là, à ses yeux, une chimère, et c'est même une contradiction. Car *progrès* signifie pour lui marche régulière vers une limite déterminée. Certes la limite elle-même est inaccessible, et l'humanité ne l'atteindra pas mieux qu'une branche de courbe infinie n'atteint son asymptote; mais comme elle, précisément, elle s'en rapprochera toujours davantage, ce qui ne se comprendrait pas si le but était lui-même à l'infini. Ainsi les transformations, les changements qui réalisent le progrès, ne vont pas au delà de toute limite, et restent en deçà d'un terme précis dont l'avènement de l'âge positif nous rapproche singulièrement. On voit à quel point cette idée générale du progrès, — dont le progrès scientifique n'est qu'une application particulière, — se rattache étroitement aux tendances conservatrices et organisatrices d'Auguste Comte.

En même temps on comprend son ardeur à détourner les savants de toute recherche qui lui paraît inutile. « Je ferais très peu de cas des travaux scientifiques, écrit-il à Valat, si je ne pensais perpétuellement à leur utilité pour l'espèce... j'ai une souveraine aversion pour les travaux scientifiques dont je n'aperçois pas clairement l'utilité soit directe, soit éloignée. » Et cela est tout naturel pour qui ne sépare pas la science du rôle très grave qu'elle est appelée à jouer, en fournissant enfin les éléments de l'ordre social. La science ne s'appartient plus, à proprement parler : elle doit renoncer à vagabonder, à errer, à s'envoler au delà de limites soigneusement tracées. Plus de vaine curiosité, plus de caprice individuel, plus d'éparpillement d'efforts ! Que les travaux s'organisent désormais, et que tout gaspillage de force intellectuelle soit évité par une indication clairement formulée des seules voies où quelque chose reste à trouver !

III

Ces réflexions nous amèneraient tout naturellement, sans changement de point de vue, à noter les répugnances extrêmes que manifeste Comte à l'égard de toute idée dont il n'aperçoit pas une attache suffisante avec la réalité concrète. Peut-être est-il plus intéressant de présenter nos dernières remarques en nous plaçant directement au cœur de sa philosophie scientifique, c'est-à-dire en nous reportant à la notion de positivité qui la domine.

Nous ne nous arrêterons pas sur les premiers caractères de cette idée, à savoir l'exclusion de tout ce qui est théologique ou métaphysique, pas plus que sur la relativité qu'elle veut désigner. Toute connaissance est relative pour Comte, comme on peut dire que pour Kant toute connaissance est subjective, ce qui n'empêche ni l'un ni l'autre de se faire une idée très nette du *réel*. Et même pour Comte, *positif*, c'est essentiellement *réel*. « Considéré d'abord, dit-il, dans son acception la plus ancienne et la plus commune, le mot *positif* désigne le réel, par opposition au chimérique (1) ». Toute conception qu'essaiera de for-

(1) *Discours sur l'esprit positif*, p. 64.

muler un savant devra donc, pour être agréée, remplir certaines conditions qui en assurent la *réalité*, et nous garantissent qu'elle n'est point une chimère. Comte passe en revue les notions qui ont joué un rôle important dans toutes les sciences ; mais dans le tableau qu'il présente de l'œuvre accomplie, il arrive tout naturellement que chaque idée a été utile, féconde, qu'elle a aidé à réaliser un progrès, et par conséquent la question de savoir si elle ne risque pas d'être un vain fantôme ne se pose même pas. Il n'y a pas lieu de se demander si elle mérite de prendre sa place dans la science positive, puisqu'on l'y trouve tout installée. Tout au plus pourrait-on chercher quels éléments de réalité concrète s'y trouvaient enfermés, grâce auxquels elle a pu jouer un rôle efficace ; mais, aux yeux de Comte, son caractère de positivité n'est pas discutable. C'est ainsi que dans les efforts passés tout a servi, tout a été utile, même les notions en apparence dépouillées de tout substratum réel, les imaginaires en mathématiques, les quantités négatives, la différentielle, en général les notions d'infini, infiniment grand et infiniment petit, en astronomie l'attraction universelle, etc. Mais tout autre est la situation de Comte en face des conceptions qui n'ont pas encore fait leurs preuves. Les ondulations de l'éther lumineux, les atomes, etc., toutes notions qui ont de plus en plus pénétré dans le langage des savants, et qui seraient très vraisemblablement traitées par Comte aujourd'hui avec les mêmes égards que l'attraction céleste, lui produisaient l'effet d'un monstrueux égarement de l'imagination.

Il eût pris une autre attitude s'il avait compris que le rôle d'une idée n'est pas dû tout entier à la part de réalité qu'elle enferme, qu'il s'explique aussi par une adaptation harmonieuse de l'idée à l'ensemble de notions théoriques qu'elle continue, de façon à prolonger le langage rationnel par lequel notre pensée essaie de traduire la vie de l'univers. Sa confiance dans les ressources de l'intelligence humaine aurait grandi, s'il avait renoncé à voir un lien trop étroit, trop rigoureusement déterminé et nécessaire entre ses conceptions théoriques et les faits qu'elles expriment ; s'il n'avait pas exigé une pénétration aussi directe des unes dans les autres, bref, s'il avait rendu à l'esprit une part d'activité créatrice dans les notions fondamentales de la science positive.

Annales internationales d'Histoire, Congrès de 1900.

IX

SCIENCE GRECQUE ET SCIENCE MODERNE

La science grecque, après avoir brillé d'un vif éclat, s'est éteinte peu à peu ; et il y avait longtemps qu'elle ne se manifestait plus que par de rares lueurs quand se sont produites dans l'occident de l'Europe les invasions des Barbares et quand s'est organisé le monde chrétien du moyen âge. Il est incontestable que l'échec de la science ancienne n'a pas attendu ces grands événements. Au fond, sans doute, elle survécut difficilement à l'esprit grec lui-même qui, par la conquête macédonienne d'abord, puis par la conquête romaine, se mélangea sans cesse d'éléments de moins en moins propres à la spéculation scientifique. En outre, ce qu'il y avait dans la pensée hellène d'ardeur désintéressée pour la recherche du vrai, ne put survivre aux grands bouleversements politiques qui tournaient les esprits vers des préoccupations d'ordre pratique. La science s'arrêta, attendant de longs siècles de pouvoir continuer sa marche. Tel est du moins notre sentiment. Or, il se trouve contredit de bien des côtés à la fois, et il n'est pas rare d'entendre soutenir que l'esprit grec lui-même a été responsable de l'échec de sa science : celle-ci pouvait à peine éclore, elle ne pouvait se développer, condamnée d'avance par les tendances mêmes de la pensée grecque. Et, tandis que le moyen âge nous semble être une période d'attente, où l'intelligence humaine tarde à recouvrer, avec sa liberté d'allure, l'indépendance de jugement et de critique nécessaire à la science moderne, on veut au contraire qu'il ait servi à corriger l'esprit dans le sens favorable à l'édification définitive de cette science. C'est là la thèse que nous voudrions discuter. — Parmi les diverses formes sous lesquelles elle s'est présentée, nous en choisirons trois qui, inspirées par des préoccupations quelque peu différentes, donnent ensemble les arguments essentiels auxquels il importe de répondre. 1° Pour Auguste Comte, c'est une conséquence naturelle de la grande loi des trois états ; 2° d'autres, comme Emile du Bois-Reymond, veulent que les religions monothéistes aient été seules capables de donner à l'homme la notion sérieuse et profonde de la vérité que n'auraient pas connue les Grecs ; 3° d'autres, comme M. V. Egger, veulent que le fidéisme catholique ait déshabitué l'esprit de certaines exigences incompatibles avec la méthode expérimentale. Pour mieux juger, voyons de près ces diverses affirmations et les arguments dont on les accompagne.

I

L'âge du polythéisme ne pouvait créer la science, nous dit Auguste Comte. Il fallait que l'esprit humain franchît quelques autres étapes, monothéisme, puis état métaphysique, pour qu'il pût décidément parvenir à l'âge positif ou proprement scientifique Ce n'est pas que le polythéisme n'autorisât et même ne favorisât en quelque mesure les explications naturelles des choses. Tandis que le fétichisme, en rapportant tout phénomène à un dieu spécial, ne laissait aucune place à la moindre manifestation de curiosité intelligente de l'esprit, le polythéisme réduisait considérablement le nombre des dieux et les faisait correspondre non plus à chaque objet, à chaque phénomène, mais à des catégories de choses, à des genres très vastes, vents, mers, forêts….). D'autre part, les préoccupations d'astrologie et le souci de la divination, s'ils étaient liés au culte des dieux et en général confiés à leurs prêtres, donnaient l'occasion incessante d'observer, de raisonner sur des faits visibles, palpables, et de formuler des inductions. C'étaient tantôt les détails de la marche des planètes qu'il fallait noter avec précision, tantôt les entrailles d'une victime dont l'examen minutieux équivalait à de rigoureuses observations anatomiques ; et cela s'accompagnait d'un effort pour prévoir, c'est-à-dire pour relier les phénomènes entre eux par des rapports généraux et constants. La constance et la détermination de ces rapports pouvaient jusqu'à un certain point se concilier avec la volonté arbitraire des dieux par la notion du destin à laquelle eux-mêmes étaient soumis. Pour toutes ces raisons, l'âge du polythéisme devait assister à l'éclosion de la science, et notamment chez les Grecs dont toutes les ressources intellectuelles n'étaient pas absorbées, comme celles des Romains, par l'esprit de conquête.

Mais on ne pouvait aller bien loin. Dans chaque ordre de phénomènes, on se heurtait bientôt à la mystérieuse intervention de quelque divinité, et les recherches risquaient de devenir très vite des profanations. C'est pourquoi le culte de l'âge polythéiste s'oppose à une conception vraiment scientifique des lois de l'univers. Les divinités ont beau être soumises au destin, leurs volontés arbitraires donnent encore l'explication d'une foule de phénomènes, et le destin lui-même a les caprices d'un dieu. La science ne peut prospérer que dans le domaine le plus éloigné des réalités concrètes, là où l'esprit est presque seul en jeu, c'est-à-dire en mathématiques. En fait, c'est bien ce que croit pouvoir constater Auguste Comte. « Hors des diverses spéculations mathématiques, dit-il, il ne pouvait alors exister aucune sphère d'activité convenablement préparée pour le véritable esprit scientifique, comme l'ensemble de ce traité l'a déjà surabondamment démontré et comme l'indique d'ailleurs spontanément le nom même déjà imposé à cette science primordiale et qui rappelle si naïvement son exclusive positivité à cette époque. Quel que soit, en réalité, l'éminent mérite individuel manifesté sous ce rapport par les travaux d'Aristote sur les animaux, et même antérieurement par les éclairs du génie médical d'Hippocrate sur l'étude générale de la vie, la situation fondamentale de l'esprit humain n'en pouvait être essentiellement changée, au point de rendre déjà vraiment possibles des sciences aussi profondément compliquées dont la création systématique devait être si évidemment réservée à un avenir alors extrêmement lointain (1) ».

Ce n'est pas tout. Si nous voulons comprendre, avec Auguste Comte, pourquoi l'âge du polythéisme grec ne pouvait créer véritablement la science, si nous voulons

---

(1) Cours de phil., LIII⁰ leçon.

connaître les éléments qui lui faisaient défaut pour cela, nous devons nous reporter à l'étude du monothéisme, tel qu'il s'est réalisé au moyen âge, préparant les voies à l'esprit positif. D'abord, tout naturellement la croyance en un seul Dieu débarrasse le champ des recherches scientifiques du principal obstacle qu'elles rencontraient, c'est-à-dire des divinités qui, dans chaque ordre de phénomènes, marquaient la limite inaccessible des élans de l'intelligence. « Au moyen âge, le régime monothéique, loin de comprimer l'essor scientifique correspondant, devait au contraire l'encourager très heureusement en le dégageant enfin spontanément des immenses entraves que le polythéisme lui présentait de toutes parts ; puisque les tentatives scientifiques n'avaient pu être jusqu'alors poursuivies, sauf l'essor initial des simples spéculations mathématiques, sans choquer presque continuellement, d'une manière plus ou moins dangereuse, des explications théologiques qui s'étendaient, pour ainsi dire, aux moindres détails de tous les phénomènes, tandis que le monothéisme, en concentrant l'action surnaturelle, ouvrait enfin à l'esprit scientifique un accès beaucoup plus libre dans cette étude secondaire où il n'avait plus à lutter contre une doctrine sacrée spéciale, pourvu qu'il respectât les formules, dès lors vagues et générales qui s'y rapportaient ; et il pouvait même être directement soutenu par une disposition religieuse à la sincère admiration particulière de la sagesse providentielle qui n'a dû exercer que beaucoup plus tard une influence vraiment rétrograde ou stationnaire (1). »

(1) Cours, LIVe leçon.

Mais, en dehors du caractère spécial de la croyance monothéique, ce qu'il y a eu de plus important aux yeux de Comte, c'est l organisation sociale qui en a été la conséquence. L'unité de croyance succédant à la dispersion des cultes polythéiques, un pouvoir spirituel se constitue qui veille à la vie morale des hommes. Il a en particulier la tâche de donner l'éducation à tous : éducation religieuse, sans doute, mais jusqu'à un certain point aussi intellectuelle. Quelle que soit la valeur de l'ensemble des croyances catholiques enseignées uniformément, c'est un bagage commun qui, chez les humbles comme chez les plus grands, forme une première assise intellectuelle. Tandis que chez les Grecs les hommes instruits étaient isolés de la foule et que l'éducation militaire seule était organisée pour la masse du peuple, le monothéisme du moyen âge sut rapprocher tous les esprits par un minimum d'instruction et préparer ainsi une base uniforme sur laquelle l'œuvre collective de la science pourrait ensuite s'échafauder. « La plupart des philosophes, même catholiques, dit Comte, faute d'une comparaison assez élevée, ont trop peu apprécié l'immense et heureuse innovation sociale graduellement accomplie par le catholicisme quand il a directement organisé un système fondamental d'éducation générale, intellectuelle et surtout morale, s'étendant rigoureusement à toutes les classes de la population européenne, sans aucune exception quelconque, même envers le servage... Si on jugeait cette admirable institution au point de vue vraiment philosophique convenable à l'étude rationnelle des révolutions successives de l'humanité, chacun sentirait aisément l'éminente valeur sociale d'une telle amélioration permanente, en partant du régime polythéique qui condamnait invariablement la masse de la population à un inévitable abrutissement, non seulement à l'égard des esclaves dont la prééminence numérique est d'ailleurs bien connue, mais encore pour la majeure partie des hommes libres, essentiellement privés de toute instruction réglée... Même au point de vue intellectuel, ces modestes chefs-d'œuvre de philosophie usuelle, qui formaient le fond des catéchismes vulgaires, étaient alors en réalité tout ce qu'ils pouvaient être essentiellement, quelque arriérés qu'ils doivent maintenant nous sembler à cet égard... Mieux on scrutera l'ensemble de cette mémorable organisation, plus on sera choqué de l'irrationnelle et profonde injustice que présente l'aveugle accusation absolue, tant répétée contre le catholicisme, d'avoir, sans distinction d'époques, toujours tendu à étouffer le développement populaire de l'intelligence humaine dont il fut si longtemps, au contraire, le promoteur le plus efficace (1). »

Telles sont, — parmi tant d'autres considérations qui remplissent les leçons de philosophie positive et touchent au cœur même du système, c'est-à-dire à la grande loi des trois états, — telles sont les raisons essentielles pour lesquelles, aux yeux de Comte, le moyen âge catholique a été nécessaire à la préparation du développement normal et définitif de la science.

*
* *

La même conclusion résulte, pour E. du Bois-Reymond, des remarques suivantes. L'humanité a d'abord passé par l'âge des idées inconscientes ; le sentiment

(1) LIV⁹ leçon.

de la causalité existait à peine. Il s'est affirmé et a donné lieu d'abord aux explications naïves de l'âge anthropomorphique. Puis est venu l'âge « spéculatif-esthétique », auquel correspond la civilisation gréco-romaine. La curiosité de l'esprit se satisfait à l'aide de théories fantaisistes, auxquelles on demande surtout d'être élégantes, mais non point de s'accorder avec un examen minutieux et rigoureux des faits. « Ces peuples, dit du Bois-Reymond, dont les créations poétiques et artistiques font nos délices, qui, dans la métaphysique, dans l'histoire et dans le droit, nous ont laissé des modèles classiques... ces mêmes peuples, dès qu'ils abordent l'étude de la nature, ne s'élèvent jamais au-dessus du point de vue enfantin d'une crédulité naïve ou d'une hypothèse capricieuse. Leur esprit planait volontiers, avec les ailes d'Icare, dans la région des spéculations transcendentes ; mais il était dépourvu de cette patience réfléchie nécessaire pour gravir la route de l'induction, route ardue, mais la seule sûre, qui des faits particuliers soigneusement observés conduit à des vérités générales... » (1). Confiné dans l'esthétique et dans la spéculation, le monde ancien n'a pas su garantir la civilisation contre l'invasion des Barbares. Quand, plus tard, la renaissance des études anciennes a donné l'impulsion au développement de la science moderne, que s'est-il donc passé ? « Comment les anciens, qui ne savaient ni expérimenter, ni observer, ni penser d'une façon scientifique, ont-ils, par leurs doctrines et leurs enseignements, suscité une lignée chez laquelle ces facultés se sont développées

---

(1) L'histoire de la Civilisation et la Science, *Revue Scientifique*, 19 janvier 1878.

d'une façon continue, et avec la sûreté d'un instinct, une lignée qui ressemble à ses ancêtres comme le canard ressemble à la poule qui l'a couvé » (1)? Bien que cela sonne comme un paradoxe, répond du Bois-Reymond, la science moderne doit son origine au christianisme. « Le polythéisme était foncièrement tolérant... Le panthéon romain accueillait tous les dieux, même ceux des peuples vaincus. Les chrétiens ne furent persécutés par les empereurs que parce qu'ils étaient considérés comme dangereux pour l'État. Il n'en fut pas de même dans le judaïsme, le christianisme, l'islamisme ; chacune de ces trois religions se considérait comme en possession de la seule foi qui sauve. Aussi c'est par elle que l'idée d'une vérité absolue est entrée dans le monde. De même que les Grecs et les Romains reconnaissaient volontiers d'autres dieux à côté de leurs dieux nationaux... de même, en matière de science, ils ne tenaient pas beaucoup à la vérité exacte. Leur sentiment de la causalité était si peu développé qu'il leur suffisait d'émettre sur la cause d'un phénomène une opinion ingénieuse et agréable à entendre ; pour eux, la recherche des causes premières consistait en conversations charmantes sur les probabilités apparentes. « Qu'est-ce que la vérité ? » ricanait Ponce-Pilate. « Je suis venu au monde pour rendre témoignage à la vérité », disait Jésus, et il se laissa attacher sur la croix... La pensée de Faust : « Il le faut, il le faut, dût-il m'en coûter la vie », fut toujours étrangère à l'antiquité. L'effrayant sérieux d'une religion qui revendiquait la vérité pour elle seule, qui menaçait ses adversaires des.

(1) L'histoire de la Civilisation et la Science, *Revue Scientifique*, 19 janvier 1878.

peines éternelles dans l'autre monde, et qui, dans celui-ci, s'attribuait le droit de les frapper d'avance de châtiments terribles, inculqua à la longue à l'humanité ce caractère mélancolique et profond, plus en harmonie avec le pénible travail de la recherche que ne l'était la gaieté légère du paganisme. Tant de martyrs avaient montré comme on meurt pour sa foi ! Comment ne se serait-il pas trouvé des hommes prêts à mener pour la science une vie de renoncement et, s'il le fallait, à mourir pour elle ? En jetant dans les poitrines humaines cette ardente passion de savoir, le christianisme réparait le tort que son ascétisme avait fait à la science » (1).

*
* *

Enfin, M. Egger a montré à sa façon comment la civilisation du moyen âge a pu corriger les défauts de la pensée grecque et rendre possible la science moderne. D'une part, ce qui a manqué aux recherches scientifiques de l'antiquité, c'est l'esprit de suite, d'organisation. Les anciens ont donné l'exemple d'une perpétuelle discussion de principes, d'un conflit permanent d'idées fondamentales, en sorte que chaque savant s'est trouvé isolé, au lieu de contribuer à une œuvre qui doit être nécessairement collective. D'autre part, et surtout, les Grecs ont été trop avides de logique et d'intelligibilité : cela les a empêchés de créer la méthode expérimentale, qui repose essentiellement sur l'observation précise et rigoureuse de tous les faits, indépendamment de l'explication qui pourra plus tard

(1) L'histoire de la Civilisation et la Science, *Revue Scientifique*, 19 janvier 1878.

en être donnée. Le moyen âge a été au plus haut degré une période d'unification et d'organisation sociale, qui a permis un groupement fécond des efforts intellectuels. Et, en second lieu, le fidéisme catholique a donné à l'esprit humain des habitudes de pensée qui, en ruinant les exigences logiques, le disposaient à une conception nouvelle de la vérité, infiniment plus favorable au développement de la science. « Pendant la longue durée du moyen âge, dit M. Egger, une idée toute différente de la vérité s'enracina à loisir dans les esprits. Nous disons de la *vérité*, et non de la *science* ; car posséder la science, c'est savoir ; et savoir, au vrai sens du mot, c'est comprendre, ne plus s'étonner, tenir la raison des choses. La vérité chrétienne ne pouvait être présentée aux fidèles comme un système de démonstrations bien liées, comme un enchaînement d'évidences ; elle leur fut enseignée comme un ensemble de croyances qu'il fallait admettre sans preuves. L'étonnement ne fut plus interdit à l'esprit instruit dans la vérité ; car on donnait le nom de vérités à une suite de propositions souvent extraordinaires et plutôt juxtaposées ou superposées que logiquement coordonnées ; bien plus : l'inexplicable, l'indémontrable, le *mystère*, étaient posés comme les caractères de la suprême vérité. Lorsque l'autorité d'Aristote cessa de stériliser l'étude de la nature, lorsque les savants s'aperçurent que c'était là un domaine ouvert à la pensée libre, ils y portèrent, sans rencontrer de bien sérieuses résistances, un genre de dogmatisme que le christianisme avait vulgarisé en l'appliquant aux idées métaphysiques et à la morale. Les esprits étaient familiarisés avec l'idée de la vérité de fait, qui s'impose sans explication et sans déduction démonstrative ; ils se trouvaient disposés à accepter, dans sa forme générale, ce que nous appelons aujourd'hui la science positive, ce mode de spéculation qui établit des lois, mais ne les prouve pas, et qui refuse de répondre aux *pourquoi* indiscrets de l'esprit logique ou mathématique. S'il est vrai, comme l'a dit M. Boutroux, que le « renoncement à l'intelligibilité des choses » soit un des caractères essentiels de l'esprit scientifique, la foi du moyen âge a bien préparé la science moderne » (1).

II

Disons maintenant pourquoi nous n'acceptons pas ces conclusions, et répondons d'abord à la thèse de du Bois-Reymond, la plus injuste, nous semble-t-il, à l'égard des Grecs.

Ont-ils été vraiment étrangers à toute notion sérieuse et profonde d'une vérité, vers laquelle on se sente attiré tout entier ? Il ne faut pas que leur scepticisme traditionnel fasse illusion. A lire certains auteurs, anciens ou modernes, presque tous les penseurs connus de la Grèce antique auraient été des sceptiques. Et cependant, sous leurs formes successives, le pyrrhonisme, le probabilisme des Nouveaux Académiciens, l'empirisme des médecins n'ont été que des tentatives de réaction contre le dogmatisme rigoureux, et parfois naïf, des philosophes et des savants. Les sophistes déjà, si tant est qu'il faille les prendre au sérieux, répondaient sans doute à l'audacieuse confiance des phy-

---

(1) *Science ancienne et science moderne. Revue internationale de l'Enseignement,* août et septembre 1890.

siologues d'Ionie, d'Abdère et de Grande-Grèce ; les pyrrhoniens succédaient aux grands rationalistes du IV° siècle ; les Nouveaux Académiciens combattaient la naïve croyance que professaient les stoïciens dans la valeur des représentations ; les Sextus et les Ménodote opposaient leurs conceptions à l'Ecole des médecins dogmatiques. Refuser de voir dans Empédocle, Démocrite, Hippocrate, Platon, Aristote et tant d'autres, des hommes qui ont cru de toute leur âme à la vérité scientifique très haute, très noble et très digne d'absorber tous leurs efforts, c'est nier l'évidence. D'ailleurs la tradition est unanime à nous montrer que, si la science a eu l'estime et la vénération des grands penseurs de l'antiquité, elle a eu aussi leur amour, leur ardeur, leur enthousiasme. Qui ne se rappelle les Pythagoriciens sacrifiant aux dieux, pour exprimer leur joie de quelque découverte géométrique, Anaxagore payant de la prison ses affirmations relatives à la lumière de la lune, et Archimède, que les légendes nous montrent perdant le sens des convenances ou même le sentiment du danger le plus immédiat, dans son ardeur passionnée pour les recherches scientifiques ? Tout cela est bien loin, et il est difficile de préciser ; mais du moins, ne trouvons-nous pas, dans la seule tradition de ces légendes, comme un écho de l'impression que ces hommes de science laissaient à leurs contemporains ?

Mais on ne voit pas dans la vie religieuse des Grecs quelque attachement profond à une vérité pour laquelle les hommes meurent et pour laquelle ils tuent, et on en conclut bien vite qu'ils devaient attendre l'influence du monothéisme pour devenir capables de tous les sacrifices qu'entraîne une croyance suprême. Faut-il cependant évoquer le souvenir de Socrate, innocent et refusant de fuir, s'offrant consciemment à la mort pour qu'un attentat ne fût pas commis contre les lois de son pays? et faut-il rappeler son langage dans l'entretien dernier? Socrate, répondant à ses amis, semble s'adresser par avance à tous ceux qui ne verront dans les beaux discours des Grecs que de l'esthétique et du dilettantisme. Ce qui a été dit si souvent dans nos discussions n'était-il donc vrai que dans la théorie? demande-t-il en substance. Quand la terrible réalité est là qui va donner à ses principes de conduite, jadis formulés et affirmés, la plus redoutable des sanctions, Socrate n'admet pas que ces principes puissent rien perdre de leur valeur, et il va mourir pour eux. Si l'on objecte que c'est là un fait isolé, nous rappellerons l'admirable résistance que fit le petit peuple grec aux gigantesques armées des Perses. Par attachement à sa liberté, il fut vraiment sublime d'héroïsme. Vouloir que les hommes de Marathon, de Salamine, des Thermopyles, aient manqué d'un attachement étroit à des idées pour lesquelles on sait mourir, c'est avoir un bandeau sur les yeux, ou c'est croire naïvement que les dogmes des religions monothéistes sont l'unique expression de l'idéal qui entraîne l'humanité vers le sacrifice et vers l'action.

Il faut faire pourtant une concession. Les Grecs ont été essentiellement artistes ; les préoccupations esthétiques se retrouvent chez tous à quelque degré. Savants ou moralistes, ils ne se séparent jamais du souci d'un ordre, d'une harmonie, d'une eurythmie, qui guide leur pensée, consciemment ou non. La vérité pour eux doit être belle à contempler, et c'est pourquoi elle est faite de clarté et d'intelligibilité ; la sagesse, la vertu, sont en conformité avec l'ordre harmonieux de la nature. Qu'en particulier leur science ait été désintéressée, qu'ils lui aient donné comme but suprême la contemplation des beautés intelligibles qu'elle découvre, cela n'est pas douteux. Mais d'abord qu'on reconnaisse au moins là la raison pour laquelle la science spéculative est née pour l'humanité. Les civilisations orientales, d'esprit beaucoup plus pratique, avaient vu s'écouler des milliers et des milliers d'années sans que se formulât chez elles le moindre principe de science théorique. Chez les Hellènes, aussitôt que l'Egypte leur fut ouverte, et que par elle leur fut transmise la quantité considérable d'observations et de règles pratiques qu'avaient accumulées les peuples d'Orient, quelques siècles suffirent à la création et au développement prodigieux de la géométrie, à la constitution de l'astronomie théorique, à l'ébauche de l'acoustique, de la biologie, de l'anatomie, d'une médecine rationnelle. Nul doute donc que le désintéressement qu'on reproche aux Grecs ne soit lié de la façon la plus étroite à la naissance même de la science spéculative. C'est parce qu'il y a eu quelque part, grâce à une foule de circonstances difficiles à énumérer, mais, à coup sûr, en particulier grâce à l'absence d'une orthodoxie religieuse trop étroite, des hommes avides d'explications rationnelles, à propos de tout ce que les peuples avaient enregistré jusque-là pour leur usage pratique, c'est à cause de cela même que notre science moderne, dont nous sommes si fiers, a pu naître et grandir.

On objectera que celle-ci a su du moins associer le souci des grandes applications à la pure spéculation. C'est vrai ; mais qu'y a-t-il d'étonnant ? Après avoir étudié le mécanisme de la nature, comment ne pas songer à le suivre pour l'utiliser ? Ici peut-être est-il nécessaire d'insister. On dit souvent que le christianisme a décidément changé l'attitude des hommes à l'égard de la nature. Les Grecs avaient pour elle une admiration purement contemplative. Contempler son ordre, ses démarches, son harmonie, étaient pour eux le but suprême de la science théorique, et cela dans tous les ordres d'idées. Le géomètre découvre, en ses théorèmes, les conditions intelligibles dans lesquelles est construit l'univers : ὁ θεός γεωμετρεῖ, dit Platon. Le médecin recherche les voies selon lesquelles procède la nature pour réaliser l'équilibre de la santé ; plus généralement le naturaliste poursuit les secrets qui expliquent toutes les démarches de la nature dans les êtres organisés. L'artiste prend la nature pour modèle ; et le moraliste enfin, qu'il soit épicurien ou stoïcien, trouve, pour résumer ses tendances, cette même formule : suivre la nature. Avec l'esprit catholique du moyen âge, la nature cesse de se poser en une sorte d'entité suprême, qui s'offre à notre contemplation ; elle n'est rien que par la Toute-Puissance de Dieu ; elle n'est que ce qu'il a voulu qu'elle fût ; il l'a tirée du néant et il l'a disposée de manière à glorifier l'homme qui en est le centre, et en même temps le point culminant. A celui-ci d'ailleurs il n'est plus dit de s'incliner devant elle et de la suivre, mais au contraire de la dominer et de la vaincre. N'y aurait-il pas là de quoi expliquer l'élan nouveau avec lequel les savants ont voulu un jour transformer, corriger la nature, accroître notre puissance sur les choses ? Nous ne le pensons pas. La science moderne, en joignant systématiquement au souci de la spéculation pure celui des applications physiques et industrielles, a-t-elle jamais entendu changer quoi que ce soit à l'ordre fondamental, aux lois de la nature ? A-t-elle jamais eu la prétention de transformer un seul des éléments premiers, substances spécifiques ou rapports constants observés, qui constituent le système de l'univers ? Le seul but qu'elle ait poursuivi a été au contraire de se soumettre plus que jamais à l'étude de cet univers, à la recherche de ses lois, à la découverte de tous ses secrets, afin de pouvoir ensuite s'y conformer, les suivre minutieusement, et obtenir, ou plutôt faire obtenir par la nature et par le simple jeu de ses lois, des résultats intéressants et nouveaux. On ne commande à la nature qu'en lui obéissant, disait très justement Bacon. La méthode de la science moderne n'est absolument pas différente au fond de celle d'Hippocrate, demandant à la nature de guérir le malade, et l'y aidant par la scrupuleuse soumission à ses démarches normales. Les plus grandes transformations matérielles du monde n'altèrent pas une seule de ses lois. C'est ce qu'a admirablement compris Auguste Comte, qui précisément ne fait que transporter ces vues dans le monde moral, et est ainsi amené à formuler tant de restrictions dans sa conception du progrès. L'idée théologique d'une puissance plus ou moins arbitraire qui commande à la nature lui impose ses volontés et change ses lois au gré de ses désirs, est absolument contraire à celle qui a guidé la pensée scientifique depuis la Renaissance. Celle-là est fort ancienne, et n'avait pas besoin, pour se manifester, du monothéisme catholique. Ne la retrouvons-nous pas, dès la plus haute antiquité, chez les peuples orientaux ? Elle est au fond de toutes les pratiques de sorcellerie et de magie, et de la croyance, vieille comme le monde, aux miracles, aux faits extraordinaires qui se produisent en dehors de toute loi déterminée. Certes cette idée de la puissance sur la nature s'est souvent mêlée, pendant le moyen âge, aux préoccupations des savants, chez les alchimistes notamment ; elle n'était alors qu'un ressouvenir lointain de traditions qui ne s'étaient jamais tout à fait interrompues. Au contraire, la notion de la puissance que donne à l'homme la connaissance scientifique des choses, semble dater de l'influence des Arabes et des Juifs dans le monde occidental ; n'apportaient-ils pas avec eux une bonne part de la culture hellénique, des instruments merveilleux, comme la boussole, et des procédés généraux de transformation chimique qui autorisaient les espérances les plus audacieuses ? Cette idée de la puissance par la science apparaît en tous cas au XIIIe siècle, avec les premières lueurs de l'esprit moderne chez les franciscains d'Oxford, et ne fait ensuite que s'accentuer toujours davantage pour aboutir aux grandes applications du dernier siècle. Loin de s'opposer à la spéculation théorique telle que l'aimaient les Grecs, elle en est la suite naturelle au contraire, si naturelle qu'en somme, pour l'avoir laissée au second plan de leurs préoccupations, les savants de l'antiquité l'ont cependant manifestement connue, et c'est bien chez eux que nous la trouvons d'abord. Nous la trouverions plus nette et plus décisive s'ils avaient eu le temps de pousser plus avant l'étude des phénomènes physiques. Du moins nous pouvons rappeler l'exemple saisissant d'Archimède : n'est-ce pas lui qui parlait de soulever le monde, si seulement on lui eût donné un levier et un point d'appui ? Quel besoin aurions-nous de rattacher le souci des grandes applications de la science théorique à une conception où la nature est maîtrisée par une volonté toute-puissante, quand il semble si aisément découler au contraire du retour pur et simple à l'étude de cette nature, de l'ordre immanent qu'elle implique, de son jeu, de son mécanisme, de ses lois ?

*
* *

Venons-en aux arguments de M. Egger. Est-il exact d'abord que les savants grecs aient été tellement isolés ? — qu'ils n'aient apporté dans leurs relations que la dispute, et qu'ils aient absolument manqué de l'esprit de suite nécessaire à l'organisation de la science ? S'il s'agit de travaux de géométrie, comment concevoir qu'ils aient pu en si peu de temps atteindre à une telle perfection, sans un effort collectif et continu d'une suite de générations ? On pensera peut-être, il est vrai, que la mathématique s'organise et s'unifie d'elle-même par l'évidence de ses propositions et l'impersonnalité des vérités qu'elle proclame. Laissons donc les géomètres et parlons des naturalistes. Ouvrons seulement les livres d'Aristote (*Histoire des animaux*, le traité de la *Génération*, les *Parties*). Certes les discussions ne manquent pas. Aristote conteste souvent les conceptions biologiques de Démocrite, d'Empédocle, de Platon, d'Alcméon, et de beaucoup d'autres. Mais l'impression qui se dégage de la lecture d'Aristote n'est pas qu'il n'y a eu, en physiologie et en anatomie, chez les Grecs, que des querelles d'écoles. Bien au contraire, les noms incessamment rappelés font sentir une communauté d'efforts très anciens, et tout à fait continus, tendant à créer les sciences biologiques. Au-dessus des divergences d'opinions dans les explications théoriques des faits (telles que nous en trouverions aujourd'hui dans les traités les plus récents de biologie), ce qui nous frappe dans les ouvrages d'Aristote, c'est le nombre colossal d'informations sur tout ce qui touche à la vie des animaux, et à la constitution de leurs organes, informations parfois extrêmement minutieuses, ayant exigé de longues et fréquentes observations, et lentement accumulées pendant plusieurs siècles. Quelle qu'ait été la part du stagyrite lui-même dans ces énormes traités, et aussi quel que soit le nombre des détails étranges qui les déparent çà et là, il est impossible de ne pas voir dans ces livres le tableau des connaissances biologiques auxquelles étaient parvenus les Grecs. A défaut d'ouvrages, les indications d'Aristote lui-même, disions-nous tout à l'heure, suffiraient presque à constituer une liste de ses prédécesseurs. Et en outre il est un ensemble d'écrits, — les écrits hippocratiques — auxquels il est fort instructif de comparer les travaux d'Aristote. Comme on sent, à travers la différence des points de vue, tout un bagage commun de connaissances, d'idées, de théories, comme on sent qu'il y a toute une science, la biologie, qui se fonde de longue date, et se poursuit avec continuité, d'Hippocrate à Aristote. On retrouve chez le premier la notion fondamentale de la nature, qui illumine l'œuvre du stagyrite, le sentiment de cette finalité immanente qui dirige en général l'organisation et la vie dans le sens le meilleur. L'étude de ses procédés et de ses démarches normales donne à l'un le secret de la santé, et le guide suprême de la médecine ; pour l'autre, cette étude constitue, dans son essence, la science spéculative des êtres vivants. Chez l'un comme chez l'autre, les parties matérielles d'un animal sont soumises, dans leurs propriétés et dans leurs actions réciproques, aux lois qui régissent les quatre éléments et leurs transformations. De part et d'autre, le fait capital du mécanisme de la vie, c'est la coction, qui pour Hippocrate aide surtout au maintien de la santé en favorisant surtout l'expulsion des humeurs en excès, et qui, chez Aristote, est l'origine de toutes les fonctions essentielles de l'organisme. Et ainsi de suite. Que le grand médecin ne soit jamais cité par le naturaliste (sauf une fois de façon insignifiante dans la *Politique*), cela ne prouve rien contre les analogies saisissantes. Peut-être même est-il permis de supposer que si Aristote ne songe pas à citer Hippocrate, c'est que, fils et petit-fils de médecin, il a sucé dans son enfance les doctrines essentielles du maître, au point qu'à ses yeux les écrits hippocratiques représentent impersonnellement, en leur temps, l'anatomie et la physiologie. Quoi qu'il en soit, il n'est pas plus possible, pour les sciences naturelles que pour la géométrie, de parler d'efforts individuels isolés, ou de travaux qui n'aboutiraient qu'exceptionnellement à autre chose qu'à des disputes d'écoles. Il faut reconnaître une tradition continue, qui s'accompagne sans doute d'esprit critique — (pas toujours d'ailleurs autant que ce serait nécessaire, il y a parfois à cet égard des choses déconcertantes dans les livres d'Aristote) — mais qui aide à la formation suivie d'un corps de science, d'un ensemble considérable de faits et de doctrines, bref d'une œuvre collective appartenant à des générations successives, résultant des efforts d'une foule d'hommes, et s'organisant peu à peu par les travaux de tous.

En second lieu, et surtout, nous dit-on, les exigences logiques de l'esprit grec l'ont empêché de s'attacher à l'expérience et l'ont rendu incapable de créer la science, telle que nous l'entendons aujourd'hui. Déclarons d'abord que ces exigences logiques n'ont pas attendu les temps modernes pour trouver des critiques sévères ; et ce sont précisément des Grecs qui dès l'antiquité non seulement les ont dénoncées, mais ont lutté de toutes leurs forces contre leur naïveté intransigeante. Tout l'effort du scepticisme a été dirigé, — nous l'avons déjà dit, — contre les dogmatiques, contre ceux qui croient à la valeur absolue de la science. Qu'on lise dans Sextus, — ou plus commodément dans le beau livre de M. Brochard, — la suite interminable d'arguments par lesquels les pyrrhoniens démontraient, en fin de compte, que toute connaissance est relative, que le vrai absolu n'est pas, que les recherches d'explication logique par les causes, ou par les choses invisibles qui se manifesteraient sous les signes apparents, ne reposent que sur des illusions, — et que l'on dise ensuite si par des efforts aussi vigoureux contre la conception trop naïvement dogmatique de la science, efforts qui font penser à ceux de Hume et des positivistes modernes, la pensée grecque ne pouvait se corriger elle-même, pourvu, bien entendu, que les circonstances lui eussent permis de mûrir. C'est si bien là ce qui devait être le résultat naturel de la critique des Nouveaux Académiciens et des Pyrrhoniens, que nous trouvons chez les sceptiques eux-mêmes, — plus particulièrement chez les médecins empiriques, — des tentatives d'édifier une science qui ne dépasse plus les faits observés. Mais c'étaient là les dernières lueurs de la pensée grecque qui ne pouvait plus profiter longtemps de son expérience. Rome et l'Orient, en écrasant ce qu'il y avait en elle de profondément original, avaient peu à peu tari la source de la libre initiative, de l'audace jeune et enthousiaste, de la curiosité ingénieuse et vraiment féconde.

Mais faut-il donc admettre que le dogmatisme rationnel des penseurs grecs, en se traduisant par un besoin exagéré d'explication logique et d'intelligibilité, ait pu les détourner de l'observation des faits, et les empêcher d'expérimenter? Si nous allons tout droit à ceux, comme Parménide, Platon, Aristote, qui ont le plus fortement affirmé le caractère rationnel de la science, et qui ont le plus vivement conçu la connaissance scientifique comme une vue claire et directe de l'intelligence, nous sommes frappés du soin qu'ils ont pris de noter, à côté des vérités rationnellement établies, une quantité innombrable de faits non intelligibles, parfois contradictoires, en tout cas exceptionnels, anormaux, monstrueux. Tous ont fait une place, à côté du démontré, du rationnel, du normal, à ce qui n'est que vraisemblable, ou ne relève que d'une croyance plus ou moins vague, ou ne se réalise qu'accidentellement, ou se trouve être contre nature, plus généralement à ce qui est étranger à la véritable science. Une bonne partie du poème de Parménide traitait du domaine de l'opinion, par opposition à celui de la vérité ; et, même quand les apparences du monde des sens contredisaient les affirmations de la raison, elles étaient du moins signalées. Platon nous donne dans le *Timée* toute une physique générale, et entre dans le détail d'une infinité de phénomènes variés, sans avoir la prétention d'apporter aucune explication vraiment scientifique. Aristote a donné dans ses ouvrages de biologie une foule d'indications sur des monstruosités de toutes sortes ; le sentiment qu'il sortait alors de la science pour parler de ce qui est contre nature ne l'empêchait nullement de donner des descriptions aussi minutieuses que possible, soit d'après ses propres observations, soit d'après les témoignages d'autrui. En somme, tous ces penseurs faisaient deux parts dans la connaissance : ils mettaient d'un côté ce qui à leurs yeux pouvait rentrer dans des explications rationnelles systématisées, de l'autre ce qui y était irréductible. Nous avons montré ailleurs que cette attitude n'est pas tellement éloignée de celle d'un savant du XIXe siècle, Cournot, qui a réfléchi d'une manière très pénétrante sur la science de son temps, et qui n'hésite pas à distinguer dans l'ensemble des faits, ceux qui relèvent de la science et ceux qui relèvent de l'histoire. On peut dire, il est vrai, que Cournot lui-même prévoit, avec le progrès continu de la connaissance, que les données historiques se fondront partiellement dans les théories rationnelles, — tandis que la séparation du fait scientifique et de l'accident est plus radicale chez Aristote. Mais encore la différence, qu'on ne peut nier, entre le point de vue ancien et le point de vue moderne, se trouve-t-elle réduite, si l'on remarque que les explications théoriques des anciens reposaient jusqu'à un certain point sur l'observation et l'expérience.

Pour ce qui est d'abord de l'observation, comment n'être pas frappé du rôle qu'Aristote lui attribue dans la recherche de la vérité scientifique ? Il n'est certes pas le seul, ni le premier, et Platon lui-même ne demande-t-il pas au monde des sens de servir de point de départ dans l'élan de notre âme vers l'Idée ? — Mais enfin il est incontestable que chez Aristote au moins nous sentons, quand il s'agit de saisir toute l'importance de l'observation, une maturité particulièrement avancée. Il n'est pas un de ses livres qui ne le montre constamment préoccupé d'en appeler directement aux faits eux-mêmes. Quand il discute quelque théorie antérieure, — et on sait si cela lui arrive souvent, — le grand reproche qui vient tout naturellement sous sa plume, c'est que la théorie ne s'accorde pas avec l'expérience ; c'est qu'on a conclu trop vite, sans se soumettre assez rigoureusement au contrôle des faits. Et, pour appuyer lui-même ses explications et ses théories, il accumule les observations. C'est particulièrement saisissant dans les ouvrages relatifs aux animaux, où le nombre de ces observations est fantastique. Mais dans le *Ciel*, dans la *Météorologie*, dans le *Traité de la Production et de la Destruction des choses*, elles abondent aussi, et viennent fort à point, dans les questions les plus diverses, donner des arguments décisifs. C'est ainsi, par exemple, que les idées plutôt métaphysiques sur la forme circulaire et le mouvement sphérique, que nous trouvions déjà en partie chez Platon, et que nous retrouvons en tout cas chez Aristote, nous font aisément deviner qu'il dut affirmer après tant d'autres la forme sphérique de la terre ; mais du moins il nous donne dans le *Ciel* une preuve qui a sa valeur, à défaut d'observation directe : dans une éclipse de lune, la ligne qui limite la lune est toujours ronde. C'est ainsi encore que, par l'étude de l'arc-en-ciel, dans la *Météorologie*, il songe à citer l'arc-en-ciel artificiel que constitue un jet d'eau éclairé de certaine manière. Et ainsi de suite.

Nous aurions eu beau jeu à citer les médecins, et les observations en quantité innombrable, que renferment les écrits hippocratiques ; mais c'est inutile, croyons-nous. En général, on ne conteste guère que les Grecs ont observé ; ce qu'on leur reproche surtout, c'est de n'avoir pas su expérimenter. Du moins, s'ils ont expérimenté, pense-t-on, ce fut comme par hasard, et non point méthodiquement pour mettre à l'épreuve quelque explication scientifique proposée. — Quoi de plus méthodique pourtant que les expériences faites par les médecins sur les malades ? Quand il s'agissait des médecins empiriques, on peut admettre qu'elles n'avaient pas d'autre but que de constituer un art pratique et utile, plutôt qu'une science théorique ; mais que dire quand c'est Hippocrate, le grand rationaliste, qui les prescrit et les réalise lui-même ? Et quoi de plus méthodique que les minutieuses observations d'Aristote, pour suivre l'évolution du petit poulet dans l'œuf? Observations préparées, organisées, de telle façon qu'elles peuvent bien s'appeler *expériences*, pour parvenir à des connaissances embryogéniques précises. Certes nous concevons mieux que cela en fait d'expérimentation ; mais n'oublions pas que les seules sciences concrètes que les Grecs aient encore constituées sont l'astronomie et les sciences naturelles. Pour l'astronomie, la seule expérimentation possible est une observation assez rigoureusement préparée de faits qui ne dépendent pas de nous. Et quant aux sciences naturelles, on sait quelle a été la difficulté de la méthode expérimentale en biologie, en physiologie, en anatomie. Les phénomènes physiques, beaucoup plus simples, se prêteront infiniment mieux à des expériences savantes et précises ; mais les phénomènes physiques demandent plus de maturité d'esprit pour se constituer en faits scientifiques, que les êtres vivants ou les astres, lesquels s'offrent d'eux-mêmes à notre attention. C'est une erreur qui dérive d'Auguste Comte que de vouloir retrouver, dans l'histoire de la pensée, les sciences échelonnées chronologiquement dans l'ordre de complexité croissante des objets qu'elles étudient. Il y a là une vue excellente pour une classification rationnelle, mais qui ne saurait être conforme à la réalité historique. Un animal, un chien par exemple, se pose tout de suite comme objet d'étude parce qu'il apparaît à la fois comme une chose une, nettement délimitée, — et comme le type d'une multitude de choses analogues ; l'esprit y voit immédiatement une occasion bien définie de s'exercer pour atteindre au général. Il en est bien autrement des propriétés physiques de la matière, qui ne se signalent pour la plupart que par des impressions subjectives, et qui ne peuvent se soumettre à la science que du jour où, convenablement séparées, elles se trouvent correspondre à quelque représentation spatiale qui en garantisse l'objectivité. A cet égard, quelque chose avait déjà été fait chez les Grecs ; l'acoustique s'était partiellement constituée, — précisément parce que les pythagoriciens avaient eu l'idée d'introduire les rapports des longueurs des cordes vibrantes pour l'étude des accords. Mais nous ne saurions nous étonner d'avoir à constater que, dans ses quelques siècles d'existence, la pensée grecque ait à peine ébauché l'étude des phénomènes physiques et par conséquent qu'elle n'ait pas été en possession des seuls faits qui, d'eux-mêmes, une fois posés, se prêtent avec aisance à la véritable expérimentation. Il faut au contraire admirer les exemples, rares, mais fort intéressants, où, en dehors de la biologie, nous trouvons chez Aristote des tentatives d'expériences, que ne désavouerait pas la science moderne. En voici un, entre autres. Aristote pense et veut établir que l'eau de mer est un composé d'eau ordinaire et d'une matière, à laquelle elle doit son goût salé. (*Météorologie*, II, 3). Après un certain nombre d'arguments, il propose de plonger dans la mer un cylindre en cire, dont les parois ne laissent pas passer la matière mélangée, s'il en existe ; on devra constater, si la thèse d'Aristote est vraie, que l'eau intérieure au tube est potable, et c'est ce qui arrive. Quelques lignes plus loin, vient l'expérience inverse de synthèse. Si l'on mêle à l'eau ordinaire du sel, on obtient une eau comparable à l'eau de mer, car un œuf qui allait au fond avant le mélange va surnager maintenant : sauf que ces expériences sont très simples, et n'exigent aucun appareil savant ni compliqué, en quoi diffèrent-elles, par leur esprit, des procédés scientifiques modernes de recherches.

Mais n'insistons pas plus qu'il ne faut sur l'importance de ces premiers germes de la méthode expérimentale. Ce qui nous importe, c'est de savoir si vraiment il y avait dans la pensée grecque des tendances logiques capables d'en empêcher le développement. Or, n'est-il pas étrange d'accepter que ces tendances pouvaient à la rigueur laisser se faire et s'accumuler les observations, et de les déclarer incompatibles avec l'expérimentation ? Laquelle des deux, de l'observation ou de l'expérience organisée, répugne-t-elle donc le plus aux exigences logiques, au besoin d'intelligibilité ? Laquelle des deux risque-t-elle de heurter le plus vivement le désir de tout voir à travers des explications rationnelles ? Ce qui se produit spontanément échappe le plus souvent à toute théorie, à toute conception intelligible ; très facilement un fait nouveau sera inattendu, paraîtra exceptionnel, anormal. Dans une expérience organisée, au contraire, les résultats sont à peu près prévus ; une idée directrice préside à la disposition des choses ; c'est, en général, une conception nettement déterminée que l'on veut confirmer. Et, en tout cas, l'intervention du savant se traduit par un arrangement logique de certains éléments, par une élimination manifeste du hasard, de l'accident, par une simplification de certaines circonstances qui permettent de projeter dans les choses de l'ordre intelligible, ou plutôt, ce qui revient au même pour le résultat, qui permettent, en l'isolant, d'éclairer quelque parcelle de l'ordre naturel. Ce n'est donc pas l'expérimentation, c'est bien plutôt l'observation spontanée qui aurait dû être combattue par les tendances logiques de l'esprit grec, et précisément, nous l'avons dit et on ne le conteste guère, les Grecs n'ont jamais hésité à noter et à décrire les faits qui leur semblaient les plus incompréhensibles. C'est la direction systématique, rationnelle, logique, de l'observation qu'on leur reproche de n'avoir pas su réaliser. Comment songe-t-on à en accuser ce qu'il y avait de profondément logique dans leur pensée ?

Enfin, sent on bien à quel point notre science moderne se laisse pénétrer par ces éléments logiques que l'on juge incompatibles avec la méthode expérimentale ? L'idée, la notion définie, le concept clair et intelligible ne sont-ils pas les fondements de notre physique générale ? Tout comme le géomètre, le physicien ne cesse de poser des définitions; sa science ressemble plus que jamais à une langue bien faite. Sous la suggestion de l'expérience, il la dépasse et introduit à la fois la rigueur et l'objectivité par la création continue de notions dont la précision rend possible une claire intelligibilité. C'est là un point sur lequel nous avons trop insisté ailleurs pour y revenir une fois de plus.

On dira que du moins, en dehors de nos théories, ce qui est au premier plan de la science moderne, c'est, dans tous les domaines, l'examen minutieusement critique des moindres faits, quels qu'ils soient. C'est très vrai ; mais si, par nos exigences critiques, nous montrons infiniment plus de maturité que les Grecs, comment songer à rapprocher cette tendance de la pensée religieuse du moyen âge ? Nous acceptons les faits sans en comprendre la raison, soit, mais non point sans un examen attentif de toutes les raisons de croire à leur réalité ; nous voulons plus que jamais qu'ils soient prouvés, démontrés. Le besoin d'intelligibilité est déplacé ; mais, pour ne plus viser les causes profondes qui expliqueraient la production d'un fait, il n'en est pas moins très intense dans l'appréciation des motifs d'admettre son authenticité. C'est bien ici la raison, au vrai sens du mot, la raison tout entière, tout ce qui en nous peut nous aider à distinguer le vrai du faux, qui s'exerce en pleine liberté d'examen et de critique. Cette attitude nous rejette bien loin du fidéisme ; et, en dépit de ce qu'il y avait encore de jeune et d'inexpérimenté dans la pensée hellène, c'est aux Grecs que nous relie, par-dessus de longs siècles, le besoin de la science de demander sa lumière à la raison.

*
* *

Pour Auguste Comte, le polythéisme était trop éloigné de l'âge positif pour autoriser des recherches scientifiques avancées. Ne fallait-il pas s'incliner tôt ou tard dans chaque ordre d'idées devant la volonté arbitraire de quelque divinité ? En fait, il s'est trouvé que, chez les Grecs, l'attachement aux croyances religieuses n'a jamais été un obstacle à la liberté de penser. Sauf quelque rares exceptions comme Socrate, aux yeux de qui la science de l'univers était impie, les Grecs n'éprouvaient à l'égard des dieux ni cette terreur qui impose le silence et brise l'élan de l'esprit, ni même cette respectueuse admiration qui tient au moins à distance. Dès les premiers penseurs ioniens, et surtout à partir de Pythagore, nous voyons les efforts des savants se porter sur l'étude du ciel, sur le mouvement des astres, sur la forme de la terre, sans qu'apparaisse la crainte de profaner des choses divines. Nous imaginons difficilement un Démocrite, un Empédocle tels que la tradition nous les fait connaître, et tels aussi que nous pouvons les juger dans leurs doctrines, arrêtés dans leurs recherches par la crainte de déplaire aux dieux. Nous voyons difficilement des hommes comme Platon et Aristote imposer une limite à leurs conceptions physiques ou métaphysiques pour ne pas froisser les habitants de l'Olympe. Quand on lit les écrits des Grecs, on se demande si jamais il y eut au monde un peuple mieux préparé à la libre pensée. Comment Auguste Comte ne sent-il pas cela ? Lui qui sait quelle résistance l'Église monothéiste a faite à la science, comment songe-t-il à parler des obstacles que le polythéisme grec opposait aux élans de l'esprit scientifique et qu'à ses yeux devait briser le monothéisme catholique du moyen âge ? Et puis, en supposant même de part et d'autre la même foi ardente, en supposant chez les autorités politiques ou religieuses la même intolérance, n'est-ce pas une naïveté de croire le champ plus ouvert aux travaux des savants quand c'est un seul dieu tout-puissant qui dirige toutes choses, que lorsque chacun de ses attributs était l'apanage d'une divinité distincte ? Tout au plus l'unité de la nature entière, l'harmonie totale risquait-elle d'être compromise ; mais il restait assez à découvrir dans chaque domaine séparé pour que les recherches pussent se continuer au delà de toute limite. C'est pourquoi les raisons théoriques tirées de l'insuffisante capacité du polythéisme grec à créer la science nous touchent assez peu.

Quant aux constatations de fait auxquelles se livre Auguste Comte sur les connaissances acquises par les Grecs, elles sont étranges. Seuls les travaux mathématiques comptent à ses yeux ; ceux des médecins et des naturalistes ne doivent pas fixer notre attention parce qu'ils s'attaquaient à des objets trop complexes pour leur temps ; après les mathématiques et l'astronomie, l'esprit humain devait passer par les sciences physiques avant de pouvoir créer la biologie ; celle-ci était donc réservée à des temps très éloignés, et nous avons très peu de compte à tenir de l'ébauche, si brillante qu'elle ait été, réalisée par Hippocrate et Aristote. Nous avons déjà mentionné cette erreur de Comte, de croire apercevoir dans l'évolution de l'humanité la succession des sciences se faisant dans l'ordre rationnel où il les a classées. Il ne le peut qu'en négligeant, comme il en donne ici l'exemple, les recherches considérables des naturalistes grecs sur la biologie, sur l'anatomie, sur la génération, sur l'embryogénie, sur les lois générales qui posent chez les diverses classes d'animaux des rapports de concordance entre une foule de caractères propres. Au fond, il y a, dans la conception qu'Auguste Comte se fait de la marche suivie par l'humanité, quelque chose à la fois de théologique et de hégélien. Nous reviendrons tout à l'heure sur le sentiment qu'il a du progrès continu et de la raison d'être de chaque moment de l'évolution passée. Son opinion sur la succession nécessaire des diverses branches de la science nous le montre instinctivement attaché à une sorte de logique immanente : l'esprit ne peut aller à ses yeux que du simple au composé ; s'il essaie d'échapper à cette loi, ses efforts se détruiront d'eux-mêmes. Quoi qu'il en soit, nous estimons l'œuvre scientifique des Grecs bien au-dessus de l'idée qu'il en a ; et si nous devions juger de ce qu'ils pouvaient faire par ce qu'ils ont fait, notre conclusion ne serait pas celle d'Auguste Comte.

Si le monothéisme n'était donc pas indispensable en lui-même, l'organisation morale et sociale que l'unité de croyance a évidemment contribué à réaliser au moyen âge n'était-elle pas nécessaire au développement de la science ? Il est inutile d'insister, parce que cela est trop évident, sur l'appui que pouvait fournir aux savants toute circonstance capable de grouper leurs efforts et sur les secours que devaient rencontrer les vérités déjà proclamées dans tout moyen de diffusion des idées. Ce sont là des facteurs très importants du progrès de la pensée scientifique ; mais nous croyons qu'ils ne sont ni indispensables ni suffisants et qu'en eux ne se trouve pas la condition la plus essentielle de ce progrès.

D'abord, n'est-il pas manifeste que tout ce qui tend à unifier les esprits, ou seulement à les rapprocher, à les grouper, à créer en eux des tendances communes, risque de favoriser l'erreur autant que la vérité ? Cette éducation uniforme que répandait l'Église, et que vante si hautement Auguste Comte, comme la base sur laquelle devaient s'échafauder ensuite toutes les connaissances, aurait peut-être pu, en dépit de sa légèreté, préparer le terrain pour l'édification de la science ; en fait, elle semble bien avoir servi à propager l'erreur et le préjugé. Elle a consolidé, de façon à les rendre inébranlables, les opinions si naturellement incomplètes et inexactes des anciens sur tous les problèmes que pose l'étude de l'univers ; en particulier elle a enfoncé si profondément dans les esprits la croyance à l'infaillibilité d'Aristote, qu'il a fallu de longs et vigoureux efforts pour faire renaître le goût des recherches personnelles ; elle a été le grand obstacle à l'astronomie moderne, en faisant proclamer à tous, comme un dogme absolu, que la terre est immobile au centre de l'univers ; elle s'est opposée aux véritables conceptions relatives à notre monde, en propageant la croyance à l'impossibilité des antipodes ; elle a empêché longtemps la physique de naître en maintenant à travers les siècles les formes substantielles, les entités, les vertus occultes, et en retardant le jour où Galilée, après la lecture des œuvres d'Archimède, allait tout simplement travailler à sa suite. — Quant au livre, il a fait son apparition au moment où allaient éclater de toutes parts des protestations précisément contre cette éducation uniforme du moyen âge, et contre l'orthodoxie de croyance et de pensée qu'il proclamait : dans ces conditions, il n'a pas tardé à être un agent du progrès de la science. Mais supposez que l'imprimerie, — qui, en somme, est une découverte ingénieuse, mais non pas une application de la spéculation scientifique, — supposez que l'imprimerie eût été trouvée deux siècles plus tôt : elle eût aidé à renforcer l'orthodoxie, et eût servi surtout à propager, en dehors de la *Somme* de saint Thomas, et de quelques ouvrages de ce genre, les bulles d'excommunication et les décrets du Saint-Office, comme le remarque très justement M. Egger.

Au reste, l'antiquité nous donne à cet égard une leçon très satisfaisante. La science est née, s'est développée, et a fait preuve d'une vigueur et d'une originalité exceptionnelles du viie siècle au ive avant Jésus-Christ, quand les penseurs et les savants étaient disséminés aux limites extrêmes du monde grec. Milet, Éphèse, Clazomène, Cos, Abdère, Elée, et bien d'autres cités de la mer Egée ou de la grande Grèce sont autant de centres différents, d'où émanent des conceptions diverses, des travaux de toutes sortes, médecine, biologie, mathématiques, systèmes généraux sur l'univers. Ce n'est pas que ces conceptions et ces travaux restent indépendants les uns des autres ; ils se corrigent, se complètent, concourent en tous cas à la formation de certaines idées, à l'énonciation de certains pricipes, qui désormais serviront de notions fondamentales à la pensée scientifique. L'accord, l'unité, se font tout naturellement par la seule force de la raison, et le progrès est rapide. Or, il arrive un jour que la Grèce conquise par Alexandre, puis par Rome, entre dans une des organisations les plus solides dont l'histoire donne l'exemple. On connaît la belle page où Bossuet, après nous avoir montré les peuples se groupant autour de Rome, finit par ces mots : « Et Jésus-Christ vint au monde. » Quand la Grèce, devenue province romaine, apporte son génie à un empire admirablement groupé, unifié sous la même loi, nous rêverions de pouvoir écrire une page analogue, qui fît sentir tout un monde palpitant du besoin de savoir, de connaître, et se tenant tout prêt à s'assimiler, avec l'œuvre des Grecs, leur esprit de science et de raison :

inutile de rappeler à quel point la réalité se trouva éloignée d'un tel rêve, et que la science acheva de mourir, quand la Grèce connut les bienfaits d'une solide organisation. On peut dire, il est vrai, que tout le mouvement intellectuel se réfugia et se centralisa à Alexandrie. Mais, à part quelques grands noms isolés, la science ne sut y manifester aucune originalité ; et ses efforts échouèrent bientôt devant l'utilitarisme grossier et la superstition de l'esprit oriental. N'est-ce pas qu'avant tout, avant l'ordre, avant l'organisation, au-dessus de toutes les conditions extérieures de groupement et d'unification, il faut à la science, pour naître, pour vivre et pour grandir, un attachement passionné des hommes à la vérité et à la raison ? Là où s'avive cette foi dans la raison, la science se fait et progresse, en dépit de l'isolement et de la dispersion ; là où elle manque, les moyens de groupement et de propagation les plus efficaces ne sauraient donner le souffle de vie à la pensée scientifique. Et c'est là le point essentiel où il suffit d'avoir porté l'attention pour rejeter la thèse d'Auguste Comte.

.˙.

Nous avons discuté les arguments principaux à l'aide desquels on justifiait une conclusion que nous n'acceptons pas. Mais, en dehors des raisons clairement invoquées, n'y a-t-il pas chez ceux dont nous avons parlé, et chez bien d'autres, comme un reflet plus ou moins lointain de cette idée que, pour comprendre toutes les manifestations de l'activité humaine, on ne peut impunément supprimer aucun moment de son évolution ; qu'il n'est pas une tranche du passé, si mince qu'on la suppose, qui n'ait eu son retentissement sur toute la vie intellectuelle et morale des peuples. C'est là un principe qui, très manifeste chez Auguste Comte, a inspiré ensuite la plupart des penseurs du xixe siècle. Il semble actuellement enraciné dans nos esprits, et explique notre tendance à rechercher constamment les conditions historiques de la formation des mœurs, des croyances, des institutions. On peut bien dire qu'il y a là une méthode définitive, pourvu seulement qu'on y voie le renoncement à la conception absolue de l'homme et de l'humanité ; pourvu qu'on y voie l'un des nombreux aspects de la relativité qui caractérise l'esprit de la science moderne. Mais il faut alors en ôter résolument cette autre idée, — qui n'est qu'un autre absolu, et qui ne pourrait avoir sa place que dans une explication théologique du monde, — d'un perfectionnement continu et régulièrement progressif. Précisément Auguste Comte, malgré son affirmation que le progrès est à ses yeux un simple développement, ne cesse d'y voir une marche vers le mieux. Il n'est pas un détail du passé dont il ne veuille montrer non seulement les conséquences naturelles, mais aussi les conséquences heureuses pour le bonheur des hommes, et pour l'amélioration intellectuelle et morale de la société. Non seulement il n'est rien qui ne se trouve lié aux événements qui suivent, et qu'il ne faille faire entrer dans la chaîne totale des faits, pour les comprendre, mais même il n'est rien qui n'ait servi le progrès, qui n'ait poussé l'esprit humain vers plus de science et de vertu. Ainsi en particulier le moyen âge non seulement explique une foule d'aspects de l'humanité actuelle, ce qui est très naturel, mais même était indispensable, était nécessaire, pour préparer la pensée moderne, et plus spécialement l'accroissement grandiose de la science. C'est introduire ici l'autre absolu dont nous parlions, c'est sortir de la méthode vraiment scientifique. La croyance au progrès, telle que nous la comprenons, exclut cette notion d'une sorte de marche fatale, de détermination passive vers un mieux toujours plus accentué ; elle ne se sépare pas de l'énergie des hommes à vouloir réaliser ce progrès. Nous pensons, avec Renouvier, que l'abandon de soi-même, l'abaissement du caractère, l'indifférence à l'égard des superstitions et de tout ce qui risque de dégrader notre âme, auraient vite fait de changer le sens du progrès, et qu'en tous cas pour le passé rien n'assure que mille circonstances dépendant de la volonté humaine n'auraient pu assurer autrement une marche infiniment plus rapide vers l'état actuel de la société. Dans son livre si curieux et si intéressant qui a pour titre *Uchronie*, Renouvier essaie d'en donner un exemple saisissant, par la simple hypothèse que Marc-Aurèle mourant déshérite Commode et laisse le trône à Pertinax. Supposez encore qu'après le XIIe siècle, après Abélard, après Roger Bacon, en plein épanouissement de l'art gothique, quand ceux qui furent des serfs commencent à conquérir leurs droits de citoyens, quand enfin la culture hellénique ne demande qu'à pénétrer de toutes parts, apportée par les Arabes et par les Juifs, supposez quelque homme assez généreux et assez puissant sur le trône de saint Pierre pour s'élever contre l'idée de l'Inquisition, ou imaginez telle autre circonstance qui en eût empêché la lugubre apparition, la Renaissance daterait du XIIIe siècle, et certaines idées pour lesquelles il faut lutter encore aujourd'hui seraient devenues banales depuis longtemps. Supposez qu'Aristote ait eu pour professeur de mathématiques un Pythagoricien qui lui eût enseigné le mouvement de la terre, et que ne se fût pas enracinée dans les esprits la conception si naïvement anthropologique d'un monde qui ne sert que d'auréole à notre planète, c'est-à-dire à nous-mêmes, on ne peut mesurer le changement qui en fût résulté dans les idées religieuses, morales et scientifiques des hommes...

Ces réflexions qui visent la marche générale de l'humanité sont plus particulièrement fondées s'il est question d'une forme spéciale de la pensée, telle que la science ; et il ne nous répugne nullement de croire qu'elle a pu s'éclipser, qu'elle a pu décroître tout au moins, que l'idée que s'en sont faite les hommes a pu dégénérer, et qu'elle a dû, pour reprendre sa marche et donner une suite aux travaux anciens, attendre le retour des circonstances qui jadis l'avaient fait naître, c'est-à-dire avant tout de l'esprit de raison et de liberté.

Comptes rendus de l'Académie des sciences morales et politiques, 1904.

TABLE DES MATIÈRES

	Pages.
INTRODUCTION. — L'idée de science.	1
I. — La géométrie grecque, œuvre personnelle du génie grec.	21
II. — Platon : le géomètre et le métaphysicien.	77
III. — Aristote et les Mathématiques.	101
IV. — Le hasard chez Aristote et chez Cournot.	137
V. — La Raison chez Cournot.	159
VI. — Les préoccupations scientifiques de Kant.	177
VII. — La connaissance mathématique et l'Idéalisme transcendental chez Kant.	197
VIII. — Auguste Comte et le progrès de la science.	221
IX. — Science grecque et science moderne.	235

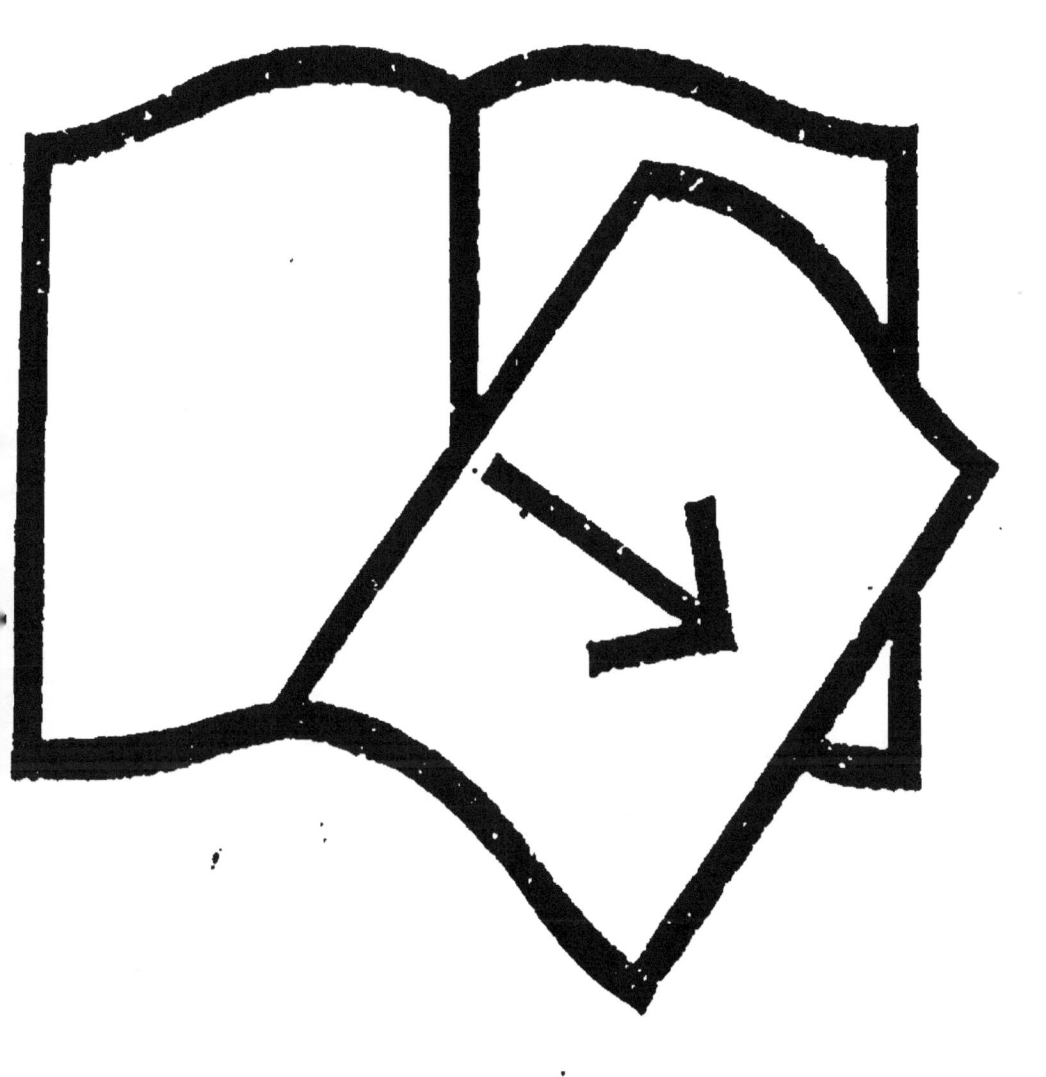

Documents manquants (pages, cahiers...)
NF Z 43-120-13

www.ingramcontent.com/pod-product-compliance
Lightning Source LLC
Chambersburg PA
CBHW050639170426
43200CB00008B/1087